21 世 纪 交 通 运 输 发 展 论 丛

国家科学技术学术著作出版基金资助出版

技术变革与交通发展

TECHNOLOGY INNOVATION AND
TRANSPORTATION DEVELOPMENT

王庆云　毛保华　编著

人民交通出版社

北京

内 容 提 要

本书作为作者们多年的智库研究成果,从战略视角研究论述了科技、交通与经济协同发展的机理,研究提出了新时期我国交通运输行业抓住技术发展机遇,推进交通强国建设的基本思路与路径。

全书分 4 篇 14 章。第 1 篇研究技术及其发展,回顾三次技术革命影响,总结技术变革带来的经济机遇;第 2 篇从多视角研究技术对交通运输业的影响,分析其对经济与交通系统的作用;第 3 篇探讨当前交通运输领域的技术变革及改变;第 4 篇调研美、欧、日等交通运输行业趋势,提出我国需关注的技术要素和发展方向。

本书可为我国科研与工程技术人员开展交通智库问题研究、交通政策与发展战略研究、交通发展规划与管理研究提供参考和借鉴,也可作为相关专业研究生研究交通发展规划与政策、交通运输发展历史的教材或参考书。

图书在版编目(CIP)数据

技术变革与交通发展 / 王庆云,毛保华编著. — 北京:人民交通出版社股份有限公司,2024.12
ISBN 978-7-114-19326-2

Ⅰ.①技⋯ Ⅱ.①王⋯②毛⋯ Ⅲ.①交通运输发展—技术革新—研究 Ⅳ.①F503

中国国家版本馆 CIP 数据核字(2024)第 027761 号

Jishu Biange yu Jiaotong Fazhan
书　　名:**技术变革与交通发展**
著 作 者:王庆云　毛保华
责任编辑:高鸿剑
责任校对:赵媛媛
责任印制:张　凯
出版发行:人民交通出版社
地　　址:(100011)北京市朝阳区安定门外外馆斜街 3 号
网　　址:http://www.ccpcl.com.cn
销售电话:(010)85285857
总 经 销:人民交通出版社发行部
经　　销:各地新华书店
印　　刷:北京印匠彩色印刷有限公司
开　　本:787×1092　1/16
印　　张:17.75
字　　数:368 千
版　　次:2024 年 12 月　第 1 版
印　　次:2024 年 12 月　第 1 次印刷
书　　号:ISBN 978-7-114-19326-2
定　　价:88.00 元

(有印刷、装订质量问题的图书,由本社负责调换)

PREFACE 前 言

纵观人类社会发展史，技术进步与交通运输的互动推动着人类文明进程。反过来，人类需求和社会生产力的进步也促进了技术和交通运输的变革与发展。近代世界科技、文化、政治、经济和生活的方方面面，深刻影响着交通运输的演变，日新月异的科学技术使交通运输不断实现阶段性突破发展。每次科技革命既带来了经济的发展和社会的繁荣，也对交通运输产生了巨大的需求：全新的技术推动了社会经济的发展和交通运输的变革。

众所周知，现代交通运输系统的标志，是机械力取代人力、畜力或自然力，成为运输方式的驱动力，而这一变化正是技术变革的效果。自1807年美国人罗伯特·富尔顿制造了第一艘蒸汽船——机械力驱动的第一种运输方式出现，到运输系统中五种运输方式都依赖于机械力驱动，历时近百年。目前尽管进入了现代交通发展的繁荣时代，这五种运输方式的基本形态仍没有实质性改变。不过，在技术变革作用下，交通运输系统的技术要素正发生巨大变化，交通基础设施网络、枢纽、站场、码头、机场的技术含量，载运工具的技术水平，运营组织管理的技术能力以及交通运输的服务水平和效果显著提升；交通运输系统的整体性、系统性、协同性和集成性不断加强；交通运输系统一体化、智能化的技术水平和与产业链、供应链、价值链的融合能力大为提升。交通与技术已成为我们生活中不可或缺的基本元素。

作为交通运输发展的第一驱动力，技术变革对交通运输的直接作用是提高交通运输系统的技术效率。技术变革作用于由运输网络、载运工具和运输组织管理组成的运输系统时，其技术效率的敏感度是不同的，其中载运工具的敏感度最高。技术变革还提高了要素生产效率，促进产业结构升级，加快规模经济形成和交通运输系统优化，并促进需求结构的变化等。我国交通运输的发展充分佐证了技术变革的上述作用。现代化的高速铁路、高速公路和不同功能的枢纽（空港、海港和内陆港）等世界一流的基础设施，不同型号的高速客运列车和货运重载列车，各种类型的载货汽车、载客汽车、大型专业化船舶和各式大型客货运机队，以及满足城市不同群体出行的城市交通方式等，为我国经济发展和人民出行提供了全方位的服务。

亚里士多德（Aristotle）曾这样描述技术："一切技术都具有这样的特点，促成某种作品的产生，寻找生产某种属于可能性范畴的事物的技术手段和理论方法，这些事物的产生根源于生产者而不是被生产的作品"。技术进步通常存在四大要素：以发明为标志的技术进步、以革新为标志的技术进步、经济和社会的进步、科学的进步。在市场经济条件下，技术形成的过程大多是一个经济过程，技术只有面向人类社会的实践应用，才有生命力，才能实现其技术的价值。技术变革与交通发展的关系也基本遵循这一逻辑。未来的交通发展，首先要面向有生命力的前沿技术，把握好全球新一轮技术革命和产业变革大势，紧盯并引领交通科技发展方向；其次要主动面向经济发展主战场，在融合技术上不断创新和探索，强化服务产业链、供应链和价值链，增强交通运输自身的韧性；最后要积极面向交通运输行业发展需求，在发展动力变革上做文章，从高质量发展上提高技术含量。

科技是支撑大国经济可持续发展的核心要素。当前正值全球科技发展突飞猛进的机遇期，新技术正以较过去更快的速度发展，并显著改变着人类社会运行效率、质量与发展模式。人工智能、物联网、第五代移动通信技术（5G技术）、机器人、增材制造技术等改变了传统工艺流程和产业链组合，也改变了客货运输需求的发展规律与趋势，甚至形成了滚雪球式的效果。研究总结18世纪以来历次技术革命的内涵及其对科技发展引领国经济与行业发展的作用，对于抓住技术发展带来的机遇、实现弯道超车具有重大战略意义。未来大数据、物联网、共享技术等给人类社会带来的不仅是效益与效率的改变，还将涉及大量与传统观念甚至社会伦理不同的变革。在技术进步推动下，交通运输业的发展需要更多地关注长期战略与长期规划，从顶层战略角度去研究相关问题的解决方案，以避免短期策略带来的重复投资与可能的浪费。

本书通过调研国际、国内相关研究成果，在对相关统计数据进行系统分析的基础上，以技术、经济与交通运输发展三者的关系为主线，从历史发展视角分析阐述了人类社会科技发展与交通发展的关系。通过不同侧面解读科技进步对交通运输效率、能力及其发展方式、结构演变的作用，提炼可借鉴的历史发展经验。本书还系统分析及预判了信息、能源和载运工具等领域的新技术对未来交通发展的影响，针对相关问题的解决方案提出了我国如何抓住技术发展机遇、加快成为世界交通强国的相关对策与建议。全书共分4篇14章。第1篇研究了技术及其发展问题，通过对相关统计数据的变化进行分析，回顾了过去三次技术革命及其对技术革命引领国与跟踪国经济与社会发展的影响，总结归纳了技术变革给部分国家经济发展带来的机遇。第2篇从交通运输供给、运输需求、全球贸易格局以及运输系统结构角度重点研究了技术对交通运输业的影响，分析归纳了技术变革对经济运行与交通系统效率与服务水平提升的作用。第3篇从载运工具、信息技术与能源技术三个视角研究了当前交通运输领域正面临的技术变革及其可能带来的改变。第4篇从交通运输行业角度调研分析了美国、欧盟与日本等发达国家或地区交通运输行业的发展趋势；同时，分析提出了我国交通运输行业发展中需要关注的技术要素及发展方向。

前言

本书是由北京交通大学中国综合交通研究中心（国家交通发展研究院）与交通运输部"综合交通运输大数据应用技术交通运输行业重点实验室"（北京交通大学）完成的。相关研究得到了教育部基本科研业务项目（2019JBM334）和国家自然科学基金创新团队项目"城市交通管理理论与方法"（71621001）的资助。北京交通大学中国综合交通研究中心的部分教师及博士、硕士研究生参加了本书资料收集、图表绘制及研讨工作，本书还引用了相关同行的大量研究成果，在此一并表示衷心感谢。

作　者

2024年6月于北京

CONTENTS 目 录

第 1 篇 | 技术及其发展

第 1 章 技术与交通概论 ……………………………………………………… 3
- 1.1 技术的概念 ………………………………………………………………… 3
- 1.2 技术对人类社会的影响 …………………………………………………… 4
- 1.3 交通发展中的技术 ………………………………………………………… 5
- 1.4 案例分析 …………………………………………………………………… 9
- 1.5 小结 ………………………………………………………………………… 10

第 2 章 历次技术革命的内涵分析 …………………………………………… 12
- 2.1 第一次技术革命 …………………………………………………………… 12
- 2.2 第二次技术革命 …………………………………………………………… 15
- 2.3 第三次技术革命 …………………………………………………………… 18
- 2.4 第四次技术革命 …………………………………………………………… 21
- 2.5 小结 ………………………………………………………………………… 23

第 3 章 技术革命给全球发展带来的变化 …………………………………… 24
- 3.1 对经济总量的影响 ………………………………………………………… 24
- 3.2 对产业结构的影响 ………………………………………………………… 28
- 3.3 对全球运行格局的影响 …………………………………………………… 32
- 3.4 小结 ………………………………………………………………………… 37

第 4 章 技术革命引领国的社会经济与科技特征 38
　　4.1　引领国的社会治理模式 38
　　4.2　引领国和跟踪国的经济运行指标比较 40
　　4.3　引领国和跟踪国的科技水平差距 47
　　4.4　小结 50

第 5 章 关键技术行业的先进性及其市场化机制演变 52
　　5.1　制造行业的变化 52
　　5.2　计算机行业的主要变化 57
　　5.3　小结 59

第 2 篇 ｜ 技术对交通运输业的影响

第 6 章 技术对交通运输供给的影响 63
　　6.1　交通运输效率 63
　　6.2　运输能力 75
　　6.3　小结 84

第 7 章 技术对运输经济性与需求的影响 87
　　7.1　技术对运输经济性的影响 87
　　7.2　技术对运输需求规模的影响 90
　　7.3　技术对运输需求时空特征的影响 96
　　7.4　小结 99

第 8 章 全球贸易格局变化 101
　　8.1　全球贸易总量变化 101
　　8.2　英国贸易市场变化 102
　　8.3　美国贸易市场变化 116
　　8.4　日本贸易市场变化 129
　　8.5　小结 136

第 9 章　技术变革导致的运输系统结构演变 ……… 137

9.1　第一次技术革命前后运输系统结构变化 ……… 138
9.2　第二次技术革命前后运输系统结构变化 ……… 143
9.3　第三次技术革命前后运输系统结构变化 ……… 149
9.4　运输系统结构变革中的政策驱动因素 ……… 155
9.5　运输系统结构变革的直接与间接效益 ……… 162
9.6　小结 ……… 172

第 3 篇 ｜ 未来交通新技术

第 10 章　载运工具技术 ……… 177

10.1　自动驾驶技术 ……… 177
10.2　高速列车技术 ……… 185
10.3　城市空中交通技术 ……… 188
10.4　智能船舶技术 ……… 192
10.5　小结 ……… 194

第 11 章　信息技术 ……… 195

11.1　信息技术的概念 ……… 195
11.2　人工智能技术 ……… 198
11.3　大数据与云计算技术 ……… 201
11.4　量子技术 ……… 205
11.5　小结 ……… 209

第 12 章　能源技术 ……… 211

12.1　氢能汽车 ……… 211
12.2　氢燃料电池列车 ……… 218
12.3　新能源飞机 ……… 223
12.4　小结 ……… 231

第4篇 | 未来交通发展

第13章　发达地区未来交通进展 235
- 13.1　美国未来交通发展 235
- 13.2　欧盟未来交通发展 241
- 13.3　日本未来交通发展 243
- 13.4　小结 249

第14章　我国交通运输系统发展展望 251
- 14.1　当代新技术发展概况 251
- 14.2　交通运输系统中的技术要素回顾 255
- 14.3　技术对交通运输业发展的影响 256
- 14.4　交通运输中技术的作用 259
- 14.5　技术变革下的未来交通运输 260
- 14.6　小结 264

参考文献 269

第1篇

技术及其发展

第 1 章
技术与交通概论

1.1 技术的概念

在分析"技术"概念之前,有必要澄清"科学""技术""工程"等几个常用概念的含义。一般认为,"科学"是在可检验和解释的基础上描述客观事物的形式、组织等的知识系统,是已系统化、程式化的知识。一般来说,科学可分为自然科学、社会科学、思维科学、形式科学和新兴交叉科学。"技术"指用于解决人类遇到的实际问题的方法及方法原理,是人类在长期利用和改造自然的过程中逐步积累起来的知识、经验、技能和手段的总和,也是人类改变世界上既有事物功能、性能的方法。"工程"则指人类按照其设定目标,运用已获取的、成熟的科学原理、知识和技术手段,通过有组织的活动,将某个(或某些)现有实体(自然的或人造的)转化为符合其设定目标、具有预期价值的人造产品的过程。因此,不难看出:"科学"强调的是人类发现的"原理"与"知识";"技术"强调的是基于知识的"手段";"工程"强调的则是人类依靠(或运用)科学与技术进行的"改造过程"。

交通运输系统既是国民经济的组成部分,也是经济发展的载体,服务于人类社会运行与各种生产活动开展过程对人与物的移动需求。技术本身既能影响交通运输本身的发展,又会通过交通运输服务进一步影响人类社会与经济的发展。

美国经济学家布莱恩·阿瑟在《技术的本质》一书中指出,技术是某种组合体,其中的每个组件本身又是更细微的技术,技术的应用会导致或产生新的效应或现象。人类使用技术造物或改造物质世界的历史源远流长,人类依赖技术推动产业、基础设施、环境等万物再生重组。技术对社会与经济发展的影响主要来自两方面:一是改变人们的出行行为;二是改变社会生产方式和产品、产量等。

从另一方面看,技术可以说是支撑、辅助人类实现其目的的一种手段。技术作为一类特殊的知识体系,通过运用人类发现与掌握的科学原理、科学方法,特别是结合人类智慧的构思和积累的实践经验,开发出某种新的、效能更强大的工艺方法、生产装备、信息处理与社会经济控制系统等,最终服务于人类预设目的的实现。因此,技术可以说是一类经过人类"开发""加工"过的装备（工具）、方法与技能体系。

与科学注重一般基础知识、公共目标不同，技术很大程度上有其经济属性和产业特征。现实中人们很容易将技术与工程混淆。其实，技术与工程是两种性质不同且相对独立的活动。技术类活动以发明、革新为核心；技术可以是知识形态的，也可以是实物形态的。工程类活动以集成、建造为核心，多以可触摸的实物形态出现；推动知识形态向实物形态转化的过程实际上就是典型的"工程"。实践中的任何技术在研发阶段都蕴含了一定的价值观、目标和妥协。技术越强大、越复杂，就越需要深刻认识和理解这些因素，尤其是在新技术革命阶段。区块链、物联网、人工智能与机器人、神经技术和算法等都是蕴含特定价值观的专业化技术，其应用过程需要采用新的思维方式、缔造新的运行环境。换言之，这些技术的应用实际上需要涉及许多理念、机制的革新。

1.2 技术对人类社会的影响

技术对近代人类社会发展的综合影响可以从以下几方面来概括：

（1）技术更全面、显著地决定着人类的未来

技术影响着人类的过去和现在，也决定着人类的未来。众所周知，技术关乎人类能力体系建设，技术发明提高了人们的工作能力。正如布莱恩·阿瑟所言，技术在加速创造这个时代的议题和巨变。随着人们学习、应用新技术，人类渐渐地从适应自然、发展自然到干预自然。现代技术不仅是独立的生产方式集合，而且已进化成创造经济结构与功能的开放语言。曾经的生产技术手段，正在成为一种"化学物质"。

（2）先进技术越来越快地被广泛应用于人类社会的各行各业

纵观人类发展史，技术进步与文明进化息息相关。技术不仅丰富了人类的生活，而且不断辅助人类将生活与发展引向正轨，走向美好未来。

科学技术体现了人类对大自然和社会运行的认知程度与水平。从技术本身的效能看，技术可以分为4个时代：手工时代、机械化时代、自动化时代、智能化时代。随着工具技术水平的提高，人类的工程实践水平也不断提高。交通运输也不例外，对应着社会经济发展的不同阶段，成熟技术必然会运用于交通运输并转化为运输技术。人类社会进程中，技术进步不断提升运输技术，也不断提高运输生产力。实际上，运输技术水平变化的根本目的就是提高运输效率。这既是将知识和技术看作直接生产力因素的理由，也是人类发展进步的产物。

（3）新技术加快了人类的生活节奏

进入21世纪后，技术开始作用于技术本身，技术不断使自身更加技术化。如今最先进的技术程序是在远离传统的技术生产线上进行的。不仅科学成就转化为应用技术的速度加快，而且更加远离我们的日常生活经验。相应地，其转化为实际的威力更大，并加快了人类的生活节奏。如生物工程、计算机技术和网络技术等显示了对人类的改造能力，汽车、

火车、飞机等交通工具显著提升了出行效率等。

1.3 交通发展中的技术

交通运输是经济发展的支撑，也是社会生活的载体，研究交通发展中的技术必须要明确技术与经济发展的关系。经济性是人类技术活动的主要目标，而技术是改善经济性的重要手段，经济上的需求是技术发展的直接驱动力。技术与经济相互促进、相互制约又相互渗透和转化，技术与经济间的协调互动是两者发展的条件。经济经常被表述为技术的一种内涵，并随技术的进化而发展。当一种新的技术进入经济（这里可以理解为社会应用），说明该技术也具备了应用的经济性，它往往同时会要求进行应用所需要的组织模式与运行机制的变革。

1.3.1 技术与交通运输

交通运输是经济的组成部分。人类社会发展中，经济与技术是相互作用的，技术研发需要经济支撑，技术对经济也有推动作用；而技术对经济的推动，无疑会作用到交通运输中。技术进步改造物质技术基础，新技术的推广应用也大幅度提高运输效率，使运输技术体系结构及不同运输方式技术进步速度发生变化，导致运输资源向生产效率高的方式转移，从而改变运输资源的配置。

1.3.2 交通运输中的技术含量

（1）交通运输的生产效率

从交通运输与技术的关系分析，交通运输的技术含量直接影响着生产效率。如载运工具的装备技术水平、交通基础设施建设的技术应用、运输组织管理手段的先进技术应用以及交通运输安全措施的提升等，都与交通运输的技术含量分不开。实践中，交通运输中的成熟、先进技术能够得到协同发展并充分发挥，那么交通运输的技术含量就较高。如在实践中将各种运输方式的技术经济比较优势充分发挥出来，使交通运输相关技术能够系统集成，并将计算机技术、互联网技术和人工智能技术等共同应用于交通运输，这些都将提高交通运输的技术含量，提高交通运输的生产效率。

（2）交通运输的技术效率

通常人们将影响生产效率提升的技术含量（水平）称为技术效率。交通运输的技术效率是指在一定的运输资源配置和技术水平支撑下，单位产出的产品量与实际所能达到的最佳值之间的比例关系。一般来说，技术效率既包含生产技术水平因素，也体现着管理技术水平的作用。具有技术含量的交通基础设施，如果其技术优势带来的额外收益大于其建造成本，则可认为它具有技术上的效率，具有技术效率的产品也必定具有技术含量。

(3)技术对交通运输的贡献

与经济社会发展阶段相对应的成熟、先进技术的应用程度,在交通运输中的体现程度就是交通运输的技术含量。在人类社会的演进过程中,交通运输从人力、畜力等肌肉力的使用阶段,发展到火车、轮船、汽车、飞机等机械动力驱动阶段,技术革命发挥了不可估量的作用,其中包括由技术体系变革引起的产业组织变革和运营模式的改变。一般来说,一个国家某项运输新技术的率先使用,不仅能带来整个国家运输效率的提高和服务成本的降低,还会加快该国各种运输方式的专业化和标准化水平的提升。

1.3.3 交通运输技术含量的判断

(1)科学技术与生产力要素关系的描述

现代科学技术与生产力诸要素的关系,可用下面的公式表达:

$$\text{生产力} = \text{科学技术} \times (\text{劳动力} + \text{劳动工具} + \text{劳动对象} + \text{生产管理}) \quad (1\text{-}1)$$

从式(1-1)不难看出,科学技术具有乘法效应,可放大生产力要素的作用。科学技术发展越快,倍增效应越显著。人类早期对科学、技术和生产相互作用关系的认知,往往遵循需求刺激发展的逻辑,即按照"生产→技术→科学"的顺序发展,生产和技术的实践为科学理论的形成奠定了基础。16世纪末,仅靠人力、畜力已经满足不了人类社会的生产需求,在寻找更大"动力"目标的驱动下,人类于1782年发明了往复式蒸汽机。然而,作为蒸汽机理论依据的热力学原理实际上到19世纪中叶才建立起来。目前,生产、技术、科学的相互作用机理与技术革命已完全不同,关系更加复杂和多元化。在人类智慧的驱动下,科学理论不仅可以超前于技术和生产提出的需求,而且还能为技术和生产发展开辟更多途径、带来更多启示,形成"科学→技术→生产"的新作用顺序。比如,近代量子理论的出现,推动了运用量子力学研究固体中电子运动过程而建立的半导体能带模型理论的发展,进而推动了半导体和电子技术的蓬勃发展,最后促进了计算机技术与产业的发展。现代科学成为现代技术研发的知识与原理基础,现代技术也同时成为一种新的知识密集型技术。

(2)技术含量的评估方法

准确地评估交通运输的技术含量是非常困难的。目前评估交通运输技术含量的方法大多借鉴判断产品设备技术含量的方法来估算。从某种意义上讲,交通运输也是一种服务产品,只不过衡量这种产品的技术含量需要考虑其结构的特殊性,即交通运输系统整体的技术含量,是交通运输系统固定设备子系统与移动设备子系统匹配后,最佳技术效率状态下的技术含量。这要比衡量单一产品的技术含量复杂得多。单一产品的技术含量,国内外不少专家学者做过分析研究。总体上讲,专家们认为产品的技术含量,通常可用产品单位质量价值比来衡量。比如20世纪50年代,代表性产品是钢材,每千克不到1元;20世纪60年代,代表性产品是汽车和家用电器等,每千克30~100元;20世纪70年代，代表性产品是微型计算机，每千克1000元；20世纪80年代，代表性产品是软件，人工编程将人的智能转化为程序，使人工智能和机器人能从事人的部分工作，其单位价值是无量的。

（3）交通运输技术含量的评估

交通运输系统的特性决定评估交通运输系统技术含量的方法不同于其他行业和产品，需要更多采用纵向比较法来评估交通运输系统的技术含量。如与传统铁路相比，高速铁路从建设阶段开始，采用先进的施工机械技术，大大提升了单位工时的施工进度；采用最成熟的机械化、专业化和自动化技术，并通过计算机、互联网和遥感、卫星定位、人工智能等技术辅助作业，极大地改善了工作人员的作业环境，科学地解决工程中的疑难问题，使工程安全和质量得到了充分保障。

高速列车以300km/h的速度安全行驶，离不开先进的牵引系统。然而，要使先进的牵引系统充分发挥出其技术效率，轨道设施设备、安全控制系统、输电系统、通信信号系统以及新型材料等都要协同一致地提高到某一技术水平。北京至上海高速铁路（京沪高铁）就是一个很好的实例，其固定设施的建设如果不能为当期移动设施成熟的先进技术留有充分的发展空间，那么，京沪高铁就不能实现全线350km/h的设计速度目标，也就不能充分体现出当期先进技术的水平。

集装箱运输领域也有类似的情况。40多年来，单船载箱量由几百标准箱发展到过万标准箱，目前最大集装箱船舶载箱量已超2万标准箱。如此大型的集装箱专用船舶，无论是造船技术，还是动力机械和新型材料等，都较传统船舶有了较大的技术进步。就此而言，可以说现代化大型集装箱专用船舶的技术含量远高于传统船舶。但同样的问题是，现代化大型集装箱专用船舶要发挥出其技术含量的技术效率，必须与现代化港口的专用集装箱码头的技术含量相匹配，才能使两者的技术效率最高。

人类交通发展进程充分体现了技术含量的重要性。从人力运输到畜力运输，再到轮车、火车、汽车问世，再到飞机、航天飞行器的使用，以及真空磁悬浮列车等的研究，这些人类交通进程中隐藏着一种巨大的动力，即技术。

1.3.4 交通运输中的关键技术

1）广义上的交通技术

广义上讲，技术包含硬技术和软技术。前者包括机器、设备、基础设施等生产条件和工作条件的物质技术，后者包括工艺、方法、程序、信息、经验、技巧和管理能力的非物质技术。交通运输领域成熟、先进技术的应用程度，可以代表当今科技发展的水平。换言之，现代新兴科学技术无不体现在作为社会经济大系统组成部分并支撑人类社会经济发展的交通运输行业中。如物联网技术下的车联网依托于云计算技术、大数据技术、通信技术、搜索技术、导航技术、多媒体技术等，提供更加现代的人性化服务，无人驾驶汽车的行驶技术需要广义上的技术给予支撑。

2）交通运输系统的两大子系统

从系统工程的角度分析，交通运输系统的设备结构可分为两大子系统，即固定设备子系统和移动设备子系统。

固定设备子系统包括各种运输方式的线路、站场等相关技术装备，具体而言包括铁路、公路、航道、管道、桥梁和隧道、车站、码头、船闸客货运设施、航空港、机场、转运站及枢纽等相关的设施设备。交通运输系统的固定设备子系统，其最大特点是必须具有超前性，尤其是关键性技术的应用，必须进行超前考察和判断。这一特点是由基础设施投资巨大和建成后不易更改的特征决定的。

移动设备子系统是依附于固定设备子系统产生作用的，包括用于承载货物和乘客的动力装置和载运工具。它们的技术含量必须与固定设备子系统相匹配，才能使交通运输系统发挥出最大的运输效率。

综上所述，交通运输系统中的关键技术主要体现在交通基础设施、载运工具与装载设备、运输组织管理和服务水平等四个方面。

（1）交通基础设施

交通基础设施关键技术涵盖工程建设、工程维护和管理，涉及系统规划、设计、施工建设和项目管理全过程。具体关键技术如：规划设计阶段的激光勘测、卫星定位、遥测遥感、计算等技术，建设阶段的各类建筑材料、施工设备（如各种建筑构件制造器械、大型盾构机、高铁铺轨机、压路机、摊铺机、水上特种船舶等）、施工技术（如塑料模板施工技术、混凝土地坪一次成型技术等）等。

（2）载运工具与装载设备

载运工具关键技术包括铁路机车（如大功率内燃机车、大功率电力机车以及高速列车和轨道交通动车组）和车辆（如重载专用车辆、集装箱车辆、现代化客车车辆）、公路汽车、水上船舶、航空飞机和航空器等。

装载设备关键技术包括服务于车站、码头、机场、中转枢纽等现场作业的各类装卸机械、搬运设备和工具，以及与这些装备配套的专业化、自动化和智能化软件系统，还包括标准化转运载体（如集装箱等）技术等。

（3）运输组织管理

运输组织管理关键技术支撑整个运输系统的运行，是决定运输效能水平与服务质量的关键，包括各类运输计划编制技术、计算机技术、互联网技术、卫星定位技术等，还包括在这些技术辅助下的运输调度指挥、组织优化、安全监督和控制技术等。

（4）服务水平

服务水平关键技术主要包括提升旅客安全舒适和方便程度，以及在货主便捷程度等方面中不可或缺的成熟技术。

1.4 案例分析

现代车辆与物联网技术的融合,催生了成长中的无人驾驶技术,使人类理想中"不会碰撞的汽车"走向现实。实际上,无人驾驶技术就是汽车功能的强化,依赖各类先进、可靠的技术手段使驾驶员从早期的半自动化、自动化过渡到"彻底解放"阶段,这将开创人类移动方式的新纪元。目前,尽管无人驾驶还没有取代人类手动驾驶,但无人驾驶技术已在很多场合验证了车辆在道路自动驾驶、停车场自动泊车的阶段性突破。随着全球各汽车厂家对各种新技术的不断研发与陆续应用,无人驾驶汽车正逐步走向人类现实生活。当然,无人驾驶技术的推广应用无疑也将带来交通基础设施建设、道路交通管理与控制、交通立法、人车路关系甚至社会伦理等领域的一系列变革。

目前还没有无人驾驶技术的全球标准,但日本和欧洲的汽车制造商都在向美国汽车工程师学会(Society of Automotive Engineers,SAE)自动驾驶汽车标准(表1-1)靠拢。该标准中,驾驶辅助系统被划分为L0~L5六个等级,无人驾驶使用的是L3以上的技术。

SAE J 3016 自动驾驶汽车分级标准 表1-1

分级		L0	L1	L2	L3	L4	L5
名称		无自动驾驶	驾驶支持	部分自动化	有条件自动化	高度自动化	完全自动化
定义		由驾驶员全权驾驶汽车,行驶过程中有各类警告或警示	通过行驶环境对方向和加速减速中的某项操作提供支持,其余由驾驶员操作	通过行驶环境对转向、加速、减速中的多项操作提供支持,其他由驾驶员操作	无人驾驶系统可完成所有驾驶操作;驾驶员根据系统与环境要求可提供适当的响应	无人驾驶系统完成所有的驾驶操作;驾驶员根据系统要求不一定提供应答;限定道路和环境条件	无人驾驶系统完成所有操作;可能的情况下,不限定道路和环境条件
主体	驾驶操作	人类驾驶员	驾驶员/系统	系统			
	周边监控	人类驾驶员			系统		
	支援	人类驾驶员				系统	
	作用域	无				系统	

资料来源:SAE INTERNATIONAL. Taxonomy and Definitions for Terms Related to Driving Automation Systems for On-Road Motor Vehicles:SAE J 3016[S]. 2021。

德国奥迪(Audi)是全球第一家宣布在2018年实现"L3级无人驾驶"技术的厂商。L3级水平的汽车在设定情景下可实现车辆的无人驾驶功能,驾驶员在紧急情况下可恢复手动驾驶。除了德国奥迪,美国的特斯拉(Tesla)也在积极开发新技术,日本丰田、本田、日产等厂家也加快了无人驾驶技术的研发。

无人驾驶技术实际上是多种自动化技术的集成。除了自动制动技术外,无人驾驶技术还包括自动变更车道技术、自动泊车技术等。这些技术离不开人工智能(AI)和三维激光雷达（LiDAR）等技术的支撑。LiDAR技术的应用让人类离"不会碰撞的汽车"的理想更近了一步。三维扫描技术检测车辆四周，可以分辨出遇到的障碍物是车辆还是行人。激光雷达技术帮助驾驶员夜间识物，相比以往的摄像头，毫米波雷达性能更加优越。通过车辆上装载的雷达、摄像头等高精度传感器收集的数据，车辆控制系统利用AI手段分析并反馈、输出操控信息，最终打造出"不会碰撞的汽车"。

为实现L3级无人驾驶技术，业界研发并使用了多项自动化技术，其中革命性的是与安全密切相关的自动制动技术。丰田汽车2015年开始引入自动制动系统"安全感应系统（Safety Sense）"，这是一种主动安全系统，并于2017年普及美国、欧洲等地区的市场。2016年，美国国家公路交通安全管理局（National Highway Traffic Safety Administration，NHTSA）与20多家汽车制造商达成协议，计划2022年9月前实现整车全部搭建自动制动系统，以避免停车撞击事故。美国公路安全保险协会（Insurance Institute for Highway Safety，HHS）将搭载最高安全车型（Top Safety Pick）+自动刹车技术作为用户最高级别的配置选择。

自动变更车道、自动泊车等技术，在一些世界级的汽车制造商中已得到普遍重视，德国的戴姆勒、美国的特斯拉和日本的丰田、日产、斯巴鲁等汽车制造商在2016年就开始陆续在其产品上搭载此类功能。法雷奥（Valeo）公司于2017年投产的LiDAR产品"SCALA"已得到奥迪采用。另外，围绕监测精准和小型化、低成本等方面，丰田汽车和丰田中央研究所也在积极研发新一代的激光雷达技术。

2022年3月，我国国家标准《汽车驾驶自动化分级》（GB/T 40429—2021）开始实施。该标准基本采用了美国的六级分类方法，即应急辅助的0级驾驶自动化、部分驾驶辅助的1级驾驶自动化、组合驾驶辅助的2级驾驶自动化、有条件自动驾驶的3级自动驾驶、高度自动驾驶的4级自动驾驶以及完全自动驾驶的5级自动驾驶。近年来，我国各城市与汽车生产厂家都在大力研发自动驾驶技术，北京、武汉、上海、广州、深圳等20余个城市发布了自动驾驶测试地方政策，60余家企业获得了自动驾驶测试牌照。据统计，2023年全球出售的近1400万辆电动汽车中，中国占比将近60%，这离不开我国电动汽车先进驾驶技术的加持。

1.5 小结

通过本章分析可以得到以下几方面的结论：

（1）科学研究的是人类社会共同、普遍的规律与原理，如物理学、化学、数学的基本规律等；技术强调的是解决问题的具体方法。因此，人们常说科学无国界，是人类的共同财富；而技术属于技术的发现者、发明者或技术发明的资助者（如国家与企业），有专利和权利保护机制。

（2）与科学相比，技术直接服务于人类社会运行，紧密关联经济与生产，推动生产力的变革，改变人类社会生产效率与生活方式。例如近代日本全球顶级水平的科学家队伍并不强大，科学水平领先全球的领域也不多，但日本研究人员善于发现新技术并将其用于提高生产力，实现了弯道超车、综合国力保持在世界发展第一方阵的目标。这一成功经验值得我们借鉴。

（3）技术封锁是技术水平领先国家维系更长时间领先、防止赶超者超越的重要手段。历史经验表明，每次技术革命都带来了世界发展格局的重组，实际上也是核心技术领先阵营的重组。其涉及核心技术的识别、核心技术发展方向的判断、核心技术专家队伍的打造以及核心技术研发资助机制建设四大方面。要实现利用新技术革命带来的机遇赶超发达国家，需要有一个良好的顶层战略设计，并着力解决上述四方面的问题，形成完全拥有自主运行能力的、长期稳定的核心技术创新体系。

（4）科学、技术与工程的主导者是人类，科学与技术的发展需要人才支撑，这离不开教育的发展。从人类成长与教育角度看，教育的初级阶段是人类学习基本科学知识的阶段，也是基础教育阶段；而中级阶段正是以技术与技能学习为主，强调个人一方面为社会做贡献、另一方面为个人谋生的阶段；高级阶段则是学习将科学与技术应用于工程、改造大自然的阶段，如图1-1所示。

图1-1 科学、技术、工程与教育的关系

诚然，对整个社会来说，每个层次都是社会发展的组成部分。初级阶段教育强调的是"普及（宽度、惠及面）"，起着支撑后两个层次教育的作用；中级阶段教育强调的是"厚度"，重点解决人类的就业与谋生问题，与经济发展和产业关系紧密；高级阶段教育强调"研发"与"改造（创新）"，是评估一个国家科技领先能力的重要基础。毫无疑问，一方面三个层次的作用存在差异，另一方面三个层次之间相互支撑，都是国家科技发展与整个教育体系设计的重要组成部分，没有必要也没有可能让所有人都达到第三层次。

对一个国家来说，做好三个层次人才培养的顶层设计、建立人才培养的良性机制是促进科学技术服务于国家与经济发展的重要基础。未来国家的发展与综合实力的评估，将更多地取决于国家整体优势所形成的整体性、系统性和集成性，这是一个复杂的社会、经济与科技系统工程问题，值得深入思考。

第 2 章

历次技术革命的内涵分析

在历史的长河中,人类不仅依靠技术实现进化,而且通过新的资源创造新的技术手段来对工业进行再造,从而完善工业化,实现行业"质的进步"。技术带来的这些进步在特定时期内根深蒂固,并产生巨大影响,我们称之为"革命"。

人类历史上公认的技术革命有三次,分别是 18 世纪 60 年代至 19 世纪中期英国引领的机械工业革命,19 世纪下半叶至 20 世纪初美国、德国引领的电气革命,以及 20 世纪中期各发达国家引领的信息、数字革命。下面以技术革命中的引领国为研究对象,阐述三次技术革命中主要技术的发展史及技术革命带来的社会影响,并分析促使技术革命产生的因素,为新技术发展提供历史依据。

2.1 第一次技术革命

第一次技术革命即第一次工业革命,始于英国。18 世纪中叶,英国是世界上领先的商业国家,许多技术革新都发源于英国。第一次技术革命的重要成果是产业崛起和贸易扩张,技术引领国因而获得了巨大红利。18 世纪末,美国的技术创新也得到大发展,北部地区实现了工业革命。第一次技术革命开创了以机器代替手工劳动的时代,对人类社会的经济、政治、文化、军事、科技和生产力产生了深远影响。

蒸汽机是第一次技术革命的核心技术产物,蒸汽动力引发的机器革命冲击着人类生活的各个领域:蒸汽机代替人力,大大提高了生产效率;以蒸汽为动力的轮船和机车代替马车,改变了人类的交通方式。得益于此,英国率先进入蒸汽时代,社会生产力因此大幅度提升,产业结构发生变革。重要的是,工业革命使依附于落后生产方式的自耕农阶级消失了,工业资产阶级和工业无产阶级形成和壮大起来。

2.1.1 蒸汽机的发展

(1)蒸汽机的诞生

蒸汽机的起源最早可追溯到公元 1 世纪,古希腊的希罗发明了一种叫汽转球的蒸汽装置，但最早的煤动力蒸汽泵应该说是 1698 年托马斯·萨弗里发明的第一台实用的蒸汽提水机和 1712 年托马斯·纽科门制造的大气式蒸汽机。托马斯·萨弗里发明的蒸汽提水机用于矿井抽水。由于蒸汽提水机只能将水位提高 9～10m，要从几十米深的矿井汲水，需要将其装在矿井深处，用较高的蒸汽压力才能将水压到地面上，这在当时无疑是困难而又危险的，因此没有什么实际意义。不过，他申请的专利几乎涵盖了任何使用蒸汽来提升水的方法。托马斯·纽科门设计的大气式蒸汽机也称纽科门蒸汽机，于 1712 年首次安装在一个煤矿中。该蒸汽机有很强的抽水能力，能够可靠地将水提升到 50m 以上，对采矿业非常有用。

（2）瓦特改良蒸汽机

1765 年，英国人詹姆斯·瓦特实现了蒸汽机发展的重大突破，他的团队成功改良了纽科门蒸汽机，大大提高了蒸汽机的效率，蒸汽机此后才作为新动力被人类在各个领域内广泛应用，使人类进入蒸汽时代。不过，蒸汽机的改良并非一蹴而就，这个过程蕴含了不懈的努力。

1763 年，詹姆斯·瓦特在格拉斯哥大学承担着修理和制造仪器的工作。他在修理用于课程教学的纽科门蒸汽机模型时，分析并发现了这类蒸汽机效率低下的原因，通过实验分析出了蒸汽浪费的原因。1765 年，詹姆斯·瓦特设计了将汽缸和冷凝器分开的分离式冷凝器，实现了使汽缸保持高温，同时使蒸汽在冷凝器中可降低温度。他为此制造了一个简单装置验证自己的理论设计。可以说，格拉斯哥大学为瓦特改良蒸汽机提供了土壤，直接促成了分离式冷凝器的创新和高效蒸汽机设计方案的产生。

除了实验仪器和学术支持外，蒸汽机的改良离不开资金的支持。詹姆斯·瓦特的蒸汽机不是仅对纽科门蒸汽机的简单改造，他实际上制造了一个全新原理的蒸汽机，而不仅是冷凝器。这样复杂的项目当然需要资金、人员、物力的投入。詹姆斯·瓦特只是一个技术人员，其收入显然难以支撑这笔费用，他也缺乏大型机械的制造经验。1765 年，在詹姆斯·瓦特一筹莫展的时候，格拉斯哥大学教授约瑟夫·布莱克为詹姆斯·瓦特介绍了事业心强、对科学研究有巨大热情的企业家约翰·罗巴克。在约翰·罗巴克的资助下，詹姆斯·瓦特申请了第一份专利——分离式冷凝器的发明，并基于此制造出第一台新式蒸汽机。不过，加工工艺不足和优秀技术工人缺乏限制了蒸汽机功能的发挥，且约翰·罗巴克在 1773 年破产了。所幸詹姆斯·瓦特开始了与伯明翰富商马修·博尔顿的合作。马修·博尔顿是英国当时一流的工厂主，拥有最新式的机器和熟练的工人。约翰·罗巴克破产时将合同转给了马修·博尔顿，而后者果断对这项新技术继续投资。依靠马修·博尔顿的优良设施及资源支持，瓦特蒸汽机终于逐渐从构想变成了现实。

（3）蒸汽机推广的制度因素

蒸汽机的改良与发展离不开英国政府法规的支持。1624 年，英国实施的《垄断法》曾规定技术专利权期限不超过 14 年，但新式蒸汽机产品的中试过程就花了 6 年时间。这时，詹姆斯·瓦特和马修·博尔顿提交了"关于个人利益的议案"请愿书，申请延长分离式冷凝器的专利保护期限。英国政府于 1775 年 5 月颁布法令，将其专利权期限延长到 1800 年。

英国政府此次的政策支持成为瓦特蒸汽机后续创新和成功的重要条件。专利期限的延长保证了瓦特蒸汽机未来市场的推广，也坚定了詹姆斯·瓦特继续推进攻关的决心，巩固了与马修·博尔顿的合作。据估算，马修·博尔顿为詹姆斯·瓦特研发的总投入超过了 4 万英镑，这在当时是个天文数字。如果没有专利保护权延期法令的支持，这种投入是难以想象的，由此可以看出政府制度的力量多么重要！政府在这个项目中虽未投入资金，但发挥了不可或缺的推动作用。

瓦特蒸汽机的出现使英国引领了第一次技术革命，实现了国力的大幅度增长。英国之所以成为蒸汽机的发源地，成为第一次技术革命的引领国，与其实行的制度密不可分。在第一次技术革命的整个过程，英国政府都在为其制造有利的政策环境。18 世纪中叶，英国已经形成了一种灵活的制度，使其相对欧洲大陆当时的竞争对手具有更大的优势：包括更健康的公共财政体系、优越的内部交通系统、相当明确和可执行的土地产权（必要时由议会法案加强和修改），以及有利于富人和有产阶级的权力结构，且没有内部关税壁垒。此外，这种制度还具有可支撑经济发展的、具有决定性意义的特征，即无须政治暴力和破坏就可灵活调整其经济和法律制度，从而以较低的社会成本调整那些不够合理的运行规则和法律。

2.1.2 蒸汽机应用引起的社会变革

到 18 世纪末，瓦特蒸汽机开始在英国全面取代托马斯·萨弗里的蒸汽提水机和托马斯·纽科门的大气式蒸汽机。1700 年，英国的煤产量约 300 万 t；引入蒸汽机后的 1800 年，英国煤产量翻了一番；1850 年，蒸汽机已成为英国工业的主要动力，英国煤产量为 1700 年的 20 倍。这体现了技术创新驱动经济发展的巨大作用。

蒸汽机的出现代表着人类进入了全新的动力时代，也推动了交通运输业的进步。随着蒸汽机的发展而建立起来的热力学和机构学为汽轮机和内燃机的发展奠定了坚实基础，也直接引发了后来蒸汽船和蒸汽机车的出现。

（1）蒸汽船的发展

1807 年，罗伯特·富尔顿使用瓦特蒸汽机建造的北河汽船，首次从纽约逆流而上到奥尔巴尼，历时 32h，总行程约 150mile（1mile=1609.344m），单次行程最多可搭载 100 名乘客，在使蒸汽船旅行成为现实方面发挥了重要作用。罗伯特·富尔顿虽然没有发明蒸汽船，但他通过将蒸汽机和船体设计技术结合，设计出了第一艘商业上得到成功应用的蒸汽船。

蒸汽船取得多次成功试验后很快被采用，并导致水上运输方式发生了更快的变化。1814 年，新奥尔良市记录有 21 艘蒸汽船抵达，且在接下来的 20 年中，抵达船数激增至 1200 多艘。蒸汽船作为主要运输来源的角色得到了保证。

随着蒸汽船的出现，美国需要改进河流系统。天然河流系统面临急流、沙洲、浅水和瀑布等障碍。为了克服这些自然障碍，美国建造了一个由运河、水闸和水坝组成的运河系统。这增加了对沿河劳动力的需求，导致了巨大的就业增长。蒸汽船的普及也直接带动了煤炭和保险业的增长，以及对沿河维修设施的需求增长。此外，蒸汽船向新目的地的运输既广泛又高效，总体上增加了对货物的需求。蒸汽机的应用，使蒸汽船、运河系统得到快速发展，改变了美国的贸易格局。

（2）蒸汽机车的发展

1814 年 7 月 25 日，乔治·斯蒂芬森建造的蒸汽机车"布鲁克号"在科林伍德铁路上进行了测试。这是一条长 450ft（1ft = 0.3048m）的上坡铁路，乔治·斯蒂芬森的蒸汽机车以每小时约 4mile 的速度拖曳着 8 节总质量达 30t 的运煤车辆。这是第一台在铁路上运行的蒸汽机车。这一成就鼓励发明人尝试进一步的试验。乔治·斯蒂芬森总共制造了 16 种不同的发动机。

蒸汽机车是在 1800 年瓦特蒸汽机专利到期时引入高压蒸汽发动机后发明的。高压蒸汽发动机将使用过的蒸汽排放到大气中，不需要冷凝器和冷却水，其中一些早期的机车用于矿山。蒸汽机车运输的公共铁路始于 1825 年的斯托克顿—达灵顿铁路。事实证明，蒸汽机车在铁路上的使用非同寻常，这使得将大量货物和原材料运送到城市和工厂成为可能。

蒸汽机车不仅改变了交通方式，还改变了人们的生活方式。它使乘客能够以舒适和快速的方式旅行，并提供许多乘客以前从未见过的便利设施。货物很容易跨陆运输，因为蒸汽机车非常强大，即使是早期的蒸汽机车也可以拉动多达 30 节车厢。在蒸汽机车出现之前，旅行选择的交通方式主要是骑马或乘船。对许多人来说，乘火车旅行要方便得多，因为它们很容易到达目的地，而且在大多数情况下，速度比海上旅行更快。

2.2 第二次技术革命

19 世纪后期，第二次技术革命在美国及欧洲国家兴起，以电气化和大规模生产相结合为基础，创造了迄今为止对生活水平仍有较大影响的发明。内燃机的使用以及通信事业的发展，使世界由"蒸汽时代"进入"电气时代"。

第二次技术革命极大地推动了人类社会生产力的发展，对社会经济、政治、文化、军事、科技和生产力产生了深远影响。资本主义国家生产的社会化程度大大提高，垄断也应运而生。下面以内燃机发展为例，阐述其对人类社会带来的巨大变革。

2.2.1 内燃机的发展

（1）内燃机的发展史

由于蒸汽机的燃料是在发动机外燃烧，因此被视为一种外燃机。意大利人尼科尔·巴桑蒂和马特奇在 1856 年发明了第一个在汽缸内燃烧燃料以迫使活塞移动的内燃机。内燃机背后的原理与蒸汽机相同，即活塞由膨胀气体与真空的交替来驱动。第一台大量生产的内燃机是发明家艾蒂安·勒努瓦于 1860 年制造的燃气发动机。该发动机缺乏动力且消耗大量燃料，因为燃料和空气混合物在点燃之前没有被压缩。1862年，法国工程师罗卡斯为四冲程内燃机申请了专利，该内燃机涉及燃料和空气混合物的压缩。1876年，德国发明家尼古拉斯·奥托独立发明了四冲程发动机。与艾蒂安·勒努瓦的发动机相比，尼古拉斯·奥托的发动机可以产生更多的动力并消耗更少的燃料。

1883年，曾与尼古拉斯·奥托合作过的戈特利布·戴姆勒设计了一种以汽油为动力的四冲程内燃机，这款增设了化油器的发动机比四冲程发动机转速更快，其中化油器将汽油蒸气混合于空气后在第三冲程中被点燃，迫使活塞活动。卡尔·本茨进一步改进了用于点燃燃料混合物的电感应线圈。

内燃机对社会的影响是巨大的。与蒸汽机相比，它的主要优势在于其功率质量比。四冲程发动机的质量达440lb（1lb = 0.454kg）。到1900年，汽油驱动的内燃机质量仅为9lb。较大的功率质量比使内燃机可以用于驱动机动车辆、飞机、拖拉机、潜艇和坦克。在20世纪，机动车辆取代铁路成为主要的陆路交通方式。发达国家的普通公民享受了前所未有的新的旅行自由，飞机在性能和安全性方面取得了长足的进步。它们成为了一种新的战争武器，同时也促进了20世纪下半叶国际旅游业的显著增长。随着以内燃机为动力的拖拉机和其他农用机械的发展，农业生产力大大提高。发动机的发展也为石油生产国带来了前所未有的财富和在国际事务中的影响力。这些社会和文化作用是内燃机发明的必然结果。

（2）内燃机发展的制度因素

内燃机等一系列的新技术使得美国成为第二次技术革命的引领国，新技术的产生及应用既依赖于基于工业的科学，也依赖于更常见的基于科学的工业概念。制订能够鼓励发明的制度并非易事。经济学家认为，人们会对经济激励做出反应。一个相对安全的知识产权制度被广泛认为是先决条件。没有这个先决条件，即使有用的技术会得到宣传，也不会有大规模实施新技术所需的投资和创业精神。在更具体的层面上，知识产权的作用以及对发明人的奖励也至关重要。技术变革经济史上的一些论文将专利制度视为保护发明人财产权的一种方式。Kenneth Sokoloff 和 Zorina Khan 在一系列论文中剖析了美国专利制度如何体现市场制度的特征：发明者以需求为导向，以保证他们的发明能取得收益；发明权的交易许可遵循市场规则。

与英国专利制度相比，美国专利制度更开放且使用成本更低，知识产权保护不仅吸引了专业发明家，也吸引了普通工匠和农民。与1852年改革之前的英国专利制度相比，美国的专利制度对用户友好得多。然而，尽管美国制度与英国制度相比具有明显的优势，而且美国人因此更倾向于申请专利，但1791—1850年，英国在发明专利方面的优势仍达到世界顶峰。1900年之后，美国技术领先地位不断增强的同时见证了美国人均专利申请率的停滞和下降，美国其他分配研发回报的方法相对更具吸引力。在英国，麦克劳德研究表明，第一次技术革命期间的专利制度只能为发明者提供微弱且不稳定的保护，而且大部分前沿领域实际上都很难获得专利。专利的商业化和以利润为导向的精神的兴起有关，但它与技术进步的确切关系仍不清楚。

专利保护将技术信息置于公共领域，实际上降低了社会获取成本。在美国，《科学美国人》公布了 1845 年以来的新专利清单，这些清单被广泛查阅。尽管专利对应用程序施加了限制，但这些列表降低了获取其中包含的知识的成本。

（3）内燃机应用引起的社会变革

蒸汽机自发明以来，就一直被试验于驱动马车。然而，蒸汽机太重，无法驱动任何类型的公路车辆。直到以汽油为燃料的内燃机问世，才出现了足够轻便和强大的发动机，可以在道路上驾驶车辆。

汽车的发展给社会带来了重要变革。1885 年，卡尔·本茨制造了第一辆以汽油为燃料的内燃机驱动的公路车辆。该车速度可以达到 15km/h，其发动机提供的功率不到 1hp（1hp = 745.7W）。这辆车有一个非常不可靠的电点火装置，带有电池线圈和火花塞。这辆车还有一个齿轮系统，包括不同尺寸的皮带轮，以提供不同的前进速度。皮带还用于将动力从发动机传输到车轮。这辆车只有三个轮子，两个在后面，一个在前面。使用单个前轮是为了避免正常马车转向时出现问题，在这种情况下，马车转弯很容易，但对人来说却很困难。

1888 年，英国人爱德华·巴特勒制造第一辆解决转向问题的汽油燃料汽车。爱德华·巴特勒使用了阿克曼系统，该系统通过传动杆连接前轮，以使它们围绕一个公共中心转动。这避免了车辆转弯时打滑，使转弯更安全、更轻松。在引入阿克曼系统之后，几乎所有的汽车都有四个轮子，而且几乎所有汽车都使用了阿克曼系统。

戈特利布·戴姆勒专注于生产以汽油为燃料的内燃机，直到 1895 年才正式生产出汽车。1889 年，戈特利布·戴姆勒制造的两缸发动机可提供 3.5hp 的功率，转速为 800r/min，成为早期汽车的标准发动机。戈特利布·戴姆勒生产了将摩擦离合器和滑动小齿轮引入现代传动系统的试验汽车，以便允许一定范围的前进速度。相对于卡尔·本茨在 1885 年制造的汽车，该传动系统可以传输更多的动力。19 世纪 90 年代，卡尔·本茨开始使用阿克曼系统生产改进的四轮汽车。

汽车对社会的影响是巨大的。它使公众可以自由地在他们喜欢的时间和地点旅行，不再受时间限制，并且汽车相对马车等早期的交通工具隐私性更好。汽车发明之前，工人阶级家庭几乎没有机会从农场到城市，或者从城市到农村。拥有传统马匹和马车是富人和精英的特权。汽车改变了这一切，而且对农民的影响比对城市居民的影响更大。到 1926 年，美国艾奥瓦州已有 93% 的农民拥有汽车。发达国家专门为内燃机驱动的机动车辆修建了公路。汽车的发明意味着创造了一个拥有数百万个工作岗位的重要新产业。

内燃机的发明为汽车的诞生奠定了坚实的技术基础。动力足、重量轻的发动机才能驱动公路车辆。可以说，如果没有 19 世纪发明的内燃机，就不会有 20 世纪广泛使用的汽车。高效的内燃机技术是整个汽车技术体系的核心，也是人类取得的重大技术变革。而其余部分如变速器、传动装置、制动、转向和悬挂系统是为适应发动机技术的应用而诞生的附属技术。

2.2.2　第二次技术革命引起的社会变革

总体上看，第二次技术革命的"伟大发明"在半个世纪内彻底改变了人们的生活和工作条件，尤其是在美国城市。这些发明可以分为以下五个领域：

（1）电力及其所有衍生产品；

（2）内燃机及其所有附属改进产品；

（3）自来水、室内管道和中央供暖系统；

（4）化学工业，包括与石油、化学品、塑料和药品有关的产品；

（5）1885—1900年，在极短时间内发明的一系列通信和娱乐设备，包括电话、留声机、流行摄影、收音机、电影放映机等。

创造性的发明替代了传统人类"蛮力"的应用。自来水取代了运输水；石油和天然气取代了煤和木材；1870年后，更换外墙、更换平炉和窗纱的发明使人类生活更加舒适和便利；电灯使阅读更容易；电动工具在1910—1920年得到普及；1920年，早期的洗衣机和冰箱出现，家用电器开始激增；购物模式也发生了变化，1870年后，原来占据主导地位的地区垄断性杂货店逐渐被百货公司、超市和目录邮购所取代。

第二次技术革命使交通工具速度得到了提升。1860年，马车的行驶速度为3mile/h。1870年，城际列车速度达到了25mile/h；马拉有轨电车被电动有轨电车和摩托车取代。1890—1900年出现了芝加哥高架电动车和纽约地铁系统，此后许多其他城市也开始推广。1904年，纽约IRT（跨区快速交通）地铁线特快列车最高运行速度是40mile/h；1940年，芝加哥铁路列车的速度达到了80mile/h。1926年，一架脆弱的燕子双翼飞机从华盛顿帕斯科飞往内华达埃尔科，这是美国第一趟商业航班：满载98lb邮件、速度达到了90mile/h。1958年，波音707的速度为550mile/h（为节省燃料，目前飞机的飞行速度并不比1958年快）。所有这些发展不仅有助于各行业的发展，也深刻影响了人们的日常生活模式与生活质量。

2.3　第三次技术革命

第三次技术革命是第二次世界大战结束后几年开始的，标志是可编程逻辑控制器的应用和计算机的部分自动化。这些技术的出现和应用推动了整个生产过程的自动化、无人化。典型示例是无须人工干预即可执行编程序列的机器人，以及给人类社会运行带来巨大变革的卫星导航系统。

第三次技术革命也称为"计算机革命和数字革命"，它带来了半导体、大型计算机、个人计算机和互联网等技术，极大地颠覆了全球通信和能源行业。从模拟电子和机械设备到无处不在的数字技术应用，电子和信息技术的推广实现了生产自动化并使供应链全球化。

下面以卫星技术为例，阐述其带给人类生活的重大变革。

2.3.1 卫星技术的发展

通信卫星是以通信为目的而驻扎在太空中的人造卫星。通信介质使用卫星作为终端之间的主要链路，以提高传输效率，地球站或终端被称为卫星链路的末端。第一颗人造卫星 Sputnik 1 于 1957 年 10 月 4 日由苏联成功发射。由于电池耗尽，它在轨道上只运行了三个月，传输了 22 天的信号。但它的发射引发了美国和苏联之间的太空竞赛。

1958 年 12 月 18 日，美国在佛罗里达州卡纳维拉尔角发射了世界上第一颗中继语音信号卫星——"斯科尔号"。"斯科尔号"卫星可存储和播放录音信息。美国电话电报公司（AT&T）贝尔实验室的约翰·皮尔斯和休斯飞机公司的哈罗德·罗森在 20 世纪 50—60 年代开发了使商业通信卫星成为可能的关键技术。

美国国家航空航天局（NASA）于 1958 年成立时，它开始了一项开发卫星技术的计划。美国国家航空航天局的第一个项目是与美国电话电报公司的贝尔实验室协调开发 Echo 1 卫星。约翰·皮尔斯领导贝尔实验室的一个团队开发了 Echo 1 卫星，该卫星于 1960 年 8 月 12 日发射。皮尔斯团队还开发了 Telstar 1 卫星，该卫星于 1962 年 7 月 10 日由 Delta 火箭发射到近地轨道，是第一颗能够进行双向通信的主动通信卫星。

卫星技术的成功发展为全球通信卫星产业铺平了道路。美国于 1962 年通过了《通信卫星法》，以发展卫星通信工业。1969 年 7 月 20 日人类首次登陆月球，通过国际通信卫星 Intelsat 的全球网络向超过 6 亿电视观众进行了现场直播。

其他国家也开始建立和运行自己的国家卫星系统。加拿大于 1972 年 11 月 9 日发射了通信卫星阿尼克（Anik）1 号。1972 年 11 月至 1978 年，加拿大委托美国国家航空航天局代为发射地球同步卫星，建立了 50 个卫星通信地球站，成为世界上第一个实现国内卫星通信的国家。1976 年 7 月 8 日，印度尼西亚发射了帕拉帕 1 号卫星。

卫星技术使当时的人们有机会广泛地收集和传播信息。例如，通过使用卫星技术，偏远村庄的人们可以通过收音机收听新闻，并了解世界上的最新动态。

我国是世界上第五个独立研制和发射静止轨道卫星的国家，于 1984 年 4 月 8 日成功发射第一颗通信卫星"东方红二号"。此后，我国通信卫星应用范围和领域不断扩大，包括金融、经贸、交通、气象等行业。

2.3.2 卫星技术引起的社会变革

（1）全球卫星导航系统

卫星技术为全球卫星导航系统的自主定位提供了核心技术，全球卫星导航系统（Global Navigation Satellite System，GNSS）是卫星导航系统的通用术语，可提供覆盖全球的自主地理定位，GNSS 1 是系统早期的名称，GNSS 2 包括了额外的第二代系统［例如欧盟的伽利略卫星导航系统（Galileo Satellite Navigation System，GALILEO）、中国的北斗卫星导航系统（Beidou Navigation Satellie System，BDS）、日本的准天顶卫星系统（Quasi-Zenith Satellite System，QZSS）和印度的区域导航卫星系统（Indian Regional Navigation Satellite System，IRNSS）等］。

1957 年 10 月 4 日，人造卫星 Sputnik 1 的发射标志着太空时代的开始。约翰斯·霍普金斯大学的应用物理实验室设想根据已知轨道上的卫星接收到的多普勒信号来确定地球上的准确位置。由于美国军方需要准确定位潜艇以发射北极星导弹，该项目得到了美国国防部（DoD）的推动。1958 年 12 月，美国国防部资助该项目，并于 1959 年以子午仪卫星定位系统（Transit navigation satellite system，TRANSIT）启动研发。该系统又称"海军卫星导航系统（NNSS）"，以 5～6 颗卫星组成的星网工作，是全球首个卫星导航系统。其于 1964 年 1 月投入使用，1967 年 7 月解密部分电文提供民用服务。TRANSIT 项目证明航天器非常可靠，还推动了卫星轨道预测算法的开发。TRANSIT 于 1996 年 12 月 31 日退出历史舞台，其应用被全球定位系统（GPS）取代。

1972 年，美国国家航空航天局发射了一颗名为"TIMATION"的卫星，主要用于时间导航。然而，TIMATION 与 TRANSIT 一样，仅提供二维修复。与此同时，美国空军（USAF）研究了"621B 项目"下的三维导航系统，展示了使用伪随机噪声进行测距的可能性。1973 年 4 月 17 日，美国国防部发布了一份合并这两个项目的文件，并成立了"卫星导航全球定位系统（GPS）联合项目办公室（JPO）"。1993 年 12 月 8 日，GPS 在 6 个轨道平面上使用 24 颗 Block I 和 II 卫星实现了初始操作能力（IOC），宣布 GPS 可用于民用服务。1995 年 7 月 17 日，GPS 在距地 20200km 的中地球轨道（MEO）中拥有 24 颗 Block II 卫星，具备完全可操作能力（FOC）。2004 年 12 月 8 日，美国总统批准了一项新的国家政策，为天基定位、导航和授时计划提供指导。这取代了 1996 年关于 GPS 的总统决定指令。

欧洲理事会于 1993 年发布了一项关于欧洲 GNSS 的决议，指定其自主研发的星基导航增强系统"欧洲地球同步卫星导航增强服务"（European Geostationary Navigation Overlay Service，EGNOS）和苏联/俄罗斯研制的格洛纳斯卫星导航系统（Global Navigation Satellite System，GLONASS）为民用 GPS。

（2）交通运输领域的智能化

导航给交通运输领域带来了巨大变革，下文以交通运输领域中的智能交通系统（ITS）为对象，阐述该技术带来的巨大的社会变革。

GNSS 的开发、部署和不断增强对 ITS 的设计和开发具有重要意义。在过去十年中，欧洲国家一直处于 ITS 技术研究和实施的前沿。ITS 应用程序的设计和实施旨在减少交通拥堵、节省宝贵的资源、保护环境并提供公平的可持续交通网络，以协助交通管理，帮助人员和货物的流动。

欧洲地球同步卫星导航增强系统（EGNOS 和 GALILEO）等卫星技术的开发和实施，

与 GPS 和 GLONASS 相结合，一是显著提高了 GNSS 的精度，可以在时间和空间上准确地确定车辆、人员和物体的位置，精度达到 1m 以内；二是形成更强大的系统，提供更高的整体覆盖率，减少因城市峡谷造成信号接收阻塞的影响，从而提高服务可用性和可靠性，用于许多相关的交通指南和旅行者位置应用程序。

道路客运方面，新型车载导航设备能够与完美的数据集、有用的位置信息（例如酒店、餐馆、停车场）相匹配，并且还可以链接到当前的拥堵信息，避免因路线效率低下浪费燃料和时间资源。卫星技术在提供准确的交通和事故数据方面发挥着重要作用，有助于未来服务和运营的规划。卫星导航还可用于道路自动收费系统（避免造成人员浪费）、智能公交电子站牌系统（时刻关注公交车的实时位置）。

铁路客运方面，卫星通过跟踪铁路列车，可以向乘客提供有关列车到达和出发时间的最新信息以及延误通知。铁路轨道测量也是卫星技术提供准确定位数据的一个领域，其有助于收集轨道状况数据、维修轨道等。

道路货运方面，卫星导航系统车队车辆跟踪功能应用于公共交通、货运和车队车辆行业。此类系统的优势包括：优化车队使用；优化服务，降低运营成本；提高驾驶员安全性以及对车队进行集中监控。

GNSS 在提高道路安全方面的最大应用之一是智能速度自适应（ISA）系统，通过车辆限速器控制强制执行法定速度限制。交通安全系统将车辆功能与当地环境数据相结合，以提高机动性和安全性。卫星技术将通过提供有关车辆周围环境的额外数据来帮助此类系统。高级驾驶辅助系统（ADAS）可警示驾驶员即将发生的危险，并可以部分控制车辆，例如在能见度低的情况下完成车辆减速，或在交通繁忙时调整车道和车距。

随着 GNSS 的进一步发展，交通领域出现了更准确、更可靠的新机遇。下一代交通远程信息处理应用将更好地整合交通方式，提供更多选择，提高效率和可持续性。目前，GNSS 技术在交通方面的应用前景非常光明，将为全球公民带来更好的生活质量。

2.4 第四次技术革命

当前正处于第四次技术革命（也称"工业 4.0"）时期。尽管关于其开始时间与准确内涵仍存在争议，但其基本特征已达成共识。总的来看，第四次技术革命以"多种技术集成发展"为特征，如增材制造、物联网、人工智能、机器人、虚拟现实等技术相互融合形成的智能化、信息化革命。相比数字信息技术，"工业 4.0"是对当代技术模式的颠覆性变革。它将彻底改变现有的感知、计算、组织、行为和交付方式，从而改变产品与服务的生产和运输方式，最终改变沟通、协作和体验世界的方式。

第四次技术革命的主要技术包括以下四个方面。

（1）数字技术及其应用。这方面的技术涉及大数据及其利用的相关技术，包括新兴计算技术、区块链技术、物联网技术等。与第三次技术革命中的信息技术相比,这些技术从根本上改变了信息获取、信息关联、信息处理与传递的方式方法,甚至颠覆了人类社会对传统信息技术及其应用理念的认识。

(2)改革物理世界方面的技术。涉及人类生产手段、生产过程的变革,如人工智能与机器人技术、先进材料技术、增材制造技术等。与之前科技发展导致的渐进变革相比,这些技术可能改变人类在社会生产过程中的作用与定位。

(3)改变人类自身生存方式的技术。涉及生物技术、神经技术、虚拟现实与增强现实技术等。这些技术可能导致人类社会伦理层面的变革。

(4)拓展人类发展环境的技术。涉及人类社会运行所需能源的获取存储和输送、地球工程技术、空间技术等。这些技术拓展了人类生存与发展的视野,也可能极大地改变人类的发展竞争观。

图2-1描述了各次技术革命给交通运输行业发展带来的影响。

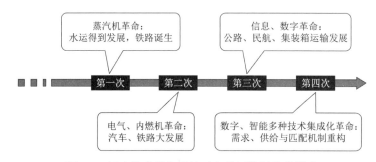

图2-1 历次技术革命及其对交通运输行业的影响

从交通运输系统角度看,这些技术的影响可以归纳为以下几个方面:

(1)改变运输需求的技术。其主要涉及客(货)运输需求产生及其分布规律的变化,例如制造业(生产)的本地化可能导致制造业版图重组,从而影响货运需求时空分布规律的变革;发展中国家较低的劳动力成本曾使制造业向发展中国家转移,而发达国家技术领先与机器人技术的大量应用使技术成本降低,可能促进制造业向发达国家回流,从而改变货运需求的流向。

(2)改变运输供给的技术。乘客出行的高速与超高速运输技术、大型船舶与铁路重载化货物运输技术的发展极大地改变了交通运输供给的效率与成本,促进节能并降低运输排放,这导致了运输结构的变革,进而改变了交通运输行业的发展模式。具体来说:近年来高速铁路建设及其运行的准时性扩大了铁路运输的市场空间,推动了铁路运输的新一轮发展;船舶大型化进一步降低了远洋海运的成本,同时也压缩了陆桥运输的市场空间等。

(3)改变供需机制的技术。这包括国际货物贸易模式的变化和运输链(模式)的变化,原来由大型跨国企业主导的大宗货物贸易向分散化、通用化的平台模式转变。新兴经济体国内产业供应链的成熟也将削弱全球贸易强度，降低对外贸易依存度。直接后果是运距大幅缩短，制造业产运系数降低，原材料、能源类大宗散货运输需求减弱，生鲜食品运输需求上升。运输过程更加倾向快速化、灵活化。

2.5 小结

通过对历次技术革命的分析可以得出以下几方面的结论。

（1）从第一次技术革命开始到现在不过200多年，这是人类社会发展的一个极短时间。然而，这200多年人类生产力水平的提升与生活方式的改变已经超过了过去数千年。技术革命推动了世界格局的重组，也是核心技术领先阵营的重组。技术因素已经成为较以往更重要的、决定一个国家综合实力的核心要素，这也是近年来一些技术水平领先国家更加频繁地采用"技术保密"甚至"技术封锁"手段来堵截后来者追赶，以维系其领先优势的重要策略，值得我们从战略上充分重视。

（2）革命性的技术突破离不开科技队伍的长期积淀和奉献。由于人类社会复杂性的不断提升，技术本身的复杂性也在不断发展；而技术革命是科学、技术知识积累发展到一定程度的产物，革命性的技术需要大团队的长期作战积累。因此，建立合理的机制，培养一代又一代能耐住寂寞的研发队伍是获取领先技术、突破性技术的基础。

（3）完善的知识产权保护机制是培育技术发明的温床。个人的生命与学习能力都是有限的，革命性技术往往不是一个人能完成的，需要技术人员前赴后继的研发或者大团队的积累，这也是牛顿所说的要站在巨人的肩上才能看得更远的道理。例如，蒸汽机的改良与发展并非詹姆斯·瓦特一个人的功劳，它不仅涉及技术本身，也涉及技术的社会化推广应用的复杂系统工程。英国政府延长了詹姆斯·瓦特和马修·博尔顿申请分离式冷凝器的专利保护期限，是瓦特蒸汽机后续创新和成功的重要条件。知识产权滥用可能获得一时的产业上的（应用）繁荣，但这无疑饮鸩止渴，从根本上摧毁了技术研发人员的积极性。知识产权（专利）保护机制建设对于鼓励、催生新技术的研发具有深远意义。

（4）技术革命是政府、科技界与产业界共同努力的产物。技术研发的主体是科研人员，而技术的社会化应用则需要产业界的合作与政府政策的扶持，后者甚至与前者同样重要。历次技术革命表明，技术革命引领国既是技术革命相关领域的开拓者，也是技术成功应用的引领者，更是技术革命最大的获益者。要利用技术革命机遇赶超先行者，政府需要一个良好的顶层战略设计，着力解决新时期核心技术的识别、核心技术发展方向的判断、核心技术专家队伍建设以及核心技术知识产权保护与研发机制建设等问题，形成长期、稳定的核心技术创新体系。

第 3 章

技术革命给全球发展带来的变化

技术革命对人类的生产生活产生了巨大影响，对经济发展起着至关重要的作用。现代科学技术对经济增长的贡献已显著超越资本和劳动力的作用，成为世界经济发展的决定因素。

卡尔·马克思将技术创新视为经济发展的驱动力，他在《资本论》中指出技术变迁决定制度变迁，制度变迁反作用于技术变迁。亚当·斯密在《国富论》中也诠释了技术进步对经济增长的作用，指出技术进步是资本、劳动、土地之外更深层次的经济增长要素。新古典经济学家爱德华·丹尼森在研究经济增长计量时指出，经济总增长率远大于资本和劳动要素投入的增长率，而技术进步是该"剩余增长"的原因。爱德华·丹尼森测算，1929—1969年美国经济年均增长率为3.14%，其中技术因素占27%。保罗·罗默的新经济增长理论给出了技术进步内生增长模型，指出不同国家经济发展水平的差异源于知识（技术）和人力资本的差别；技术可提高资本的投资回报率。新制度经济学家西蒙·库兹涅茨指出，要用好技术并提高运行效率，必须进行制度和意识形态改革，让人类知识中先进部分产生的创新效益付诸现实。

约瑟夫·熊彼特最早解释了技术进步与经济周期的关系，提出了"长波技术理论"，即技术革命是资本主义经济长期波动的主要诱因。尼古拉·康德拉季耶夫进一步指出，技术革命的冲击具有时效性：当新技术的效果达到高峰或趋于饱和时，新产品成为老产品；若此时人们期待的新产业、新产品还未出现，整个经济活动将会从繁荣经过衰退走向萧条。因此，技术的不断创新及其带来的新产业、新产品已成为人类社会与经济发展的源泉。

综上所述，技术进步对世界经济、产业结构和全球格局均有着十分显著的影响。本章从全球经济、产业结构角度入手，探索技术对全球经济的影响，并进一步分析经济形势变化导致的全球格局变化。

3.1 对经济总量的影响

生产力发展是推动人类社会前进的根本动力。这里，科学技术无疑扮演着"第一生产力"的角色。近代社会发展历史表明：技术革命前的全球经济增长是缓慢的、渐进的；过去 200 多年来发生的三次技术革命使人类社会生产力有了巨大进步，也推动全球经济进入了快速发展的黄金时期，其标志是世界人均收入增速达到了前所未有的水平，如图 3-1 所示。

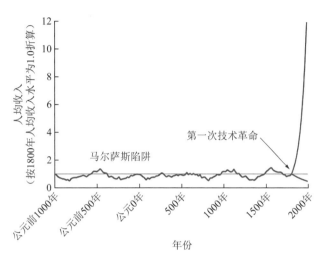

图 3-1　公元前 1000 年—公元 2000 年世界人均收入变化趋势

资料来源：GREGORY CLARK. A Farewell to Alms: A Brief Economic History of the World[M]. Princeton: Princeton University Press, 2007。

马尔萨斯陷阱指人口按几何级数增长，而生存资料仅仅是按照算术级数增长，人口不能超出（农耕时代）相应的发展水平。从图 3-1 可看出，在第一次技术革命发生前，人类社会的生产力一直未发生大的变化，世界人均收入水平变化不明显；第一次技术革命发生后，人类社会生产能力较过去有了大幅度提升，人口增长可以超出农耕时代相应的发展水平，马尔萨斯陷阱被打破，此后，受技术革命的推动，经济高速增长，世界人均收入水平呈垂直式上升趋势。

（1）经济总量的变化

技术是驱动经济发展的重要因素。下文通过 1000—1998 年世界人均生产总值（图 3-2）的变化说明三次技术革命对全球发展的促进作用。

以蒸汽机为标志的第一次技术革命实际上是一次围绕纺织工业展开的产业革命。纺织业机械化带动了近代机械制造业的发展，再拉动冶金和煤炭业的快速发展，最后扩展到交通运输等领域。这次技术革命将依赖自然力的生产转变为机械生产，极大地刺激了生产力的发展，推动了社会的进步和经济的发展。经过第一次技术革命，世界人均生产总值年均增长率由 1700—1820 年的 0.07% 上升到 1820—1870 年的 0.5%。由图 3-2 中可以看出，1820—1870 年这 50 年间世界人均生产总值增长量约为 1500—1820 年这 320 年间世界人均生产总值增长量的两倍。

19 世纪 60—70 年代，以电力、电动机和内燃机的发明与推广应用为特征的第二次技术革命在西欧与北美同时兴起,世界进入以电力为动力、以石油为能源、以电信为传播手段的电气化时代。电力逐步取代蒸汽成为效率更高的生产动力,同时,电力应用还带动了诸多相关行业的发展,如电气设备工业、石油工业、钢铁工业、汽车工业、化学工业等,交通运输和通信等行业也全面向现代化转变。第二次技术革命为工业生产规模的扩大提供了技术基础,使工业生产和社会经济发展达到新高度。由图 3-2 中可以看出,1870—1913 年世界人均生产总值增长的速度相比于第一次技术革命期间又有了极大的提升,世界人均生产总值年均增长率从 1820—1870 年的 0.5%上升至 1870—1913 年的 1.3%。

以计算机、原子能、空间技术和生物工程的发明和应用为标志的第三次技术革命,涉及信息、能源、材料、生物、空间和海洋等技术领域,是信息与控制技术领域的革命。由于科学的技术化、技术的产业化过程加速,第三次技术革命显著改变了生产力各要素的面貌,显著提高了世界生产力水平,直接加快了战后世界经济的恢复和发展。从图 3-2 中可以看出,1998 年世界人均生产总值水平相当于 1950 年的 2.7 倍,年均增长率达到 2.65%。

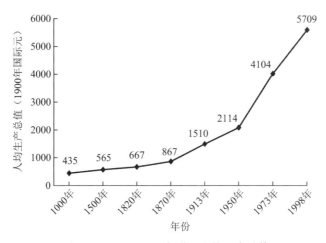

图 3-2　1000—1998 年世界人均生产总值

资料来源:麦迪森. 世界经济千年史[M]. 伍晓鹰,许宪春,叶燕斐,等,译. 北京:北京大学出版社,2003.

技术革命总是在少数国家发生。第一次技术革命的引领国是英国,第二次技术革命的引领国是美国和德国,第三次技术革命的引领国是美国,这些引领国对世界经济的发展产生了巨大的影响。

第一次技术革命源自 18 世纪的英国,詹姆斯·瓦特的改良版蒸汽机被广泛应用于各工厂,几乎成为所有工业机器的动力,促进了生产力的巨大发展。1500—1998 年主要国家人均生产总值如图 3-3 所示。由图 3-3 可以看出,英国借助在第一次技术革命中的首发优势,确立了它在世界经济中的领先地位,1700—1870 年英国人均生产总值领先其他国家。第一次技术革命在英国取得成功之后,空间上不断向北美洲、欧洲大陆扩展。美国在 18 世纪末、法国在 19 世纪初、德国在 19 世纪 30 年代也先后开始了技术革命。

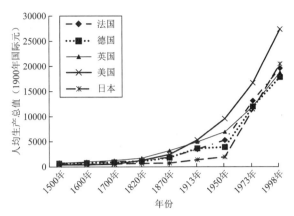

图 3-3　1500—1998 年主要国家人均生产总值

资料来源：同图 3-2。

19 世纪 70 年代以美国为中心掀起的电力技术革命是美国、德国在第一次技术革命的基础上开始的第二次技术革命，使这些国家工业生产和技术水平再次呈现出直线式的急剧增长。从图 3-3 可以看出，19 世纪末美国、德国和法国抓住第二次技术革命的机遇，实现了工业的跳跃式发展，成为新一轮的世界经济大国。

20 世纪中叶从美国开始并迅速向全球扩散的第三次技术革命直接使美国成长为超级大国，日本、苏联等国也步入经济强国行列。日本工业革命比欧美国家晚，但工业化刚起步的日本敏锐地抓住了新一轮技术革命的机遇，将科技作为振兴国民经济的抓手。从图 3-3 可以看出，到 20 世纪初，日本已跨入世界经济强国行列，1973 年其人均收入水平为 1950 年的 6 倍，年均增长率达 8%。

（2）经济增速特征

苏联经济学家尼古拉·康德拉季耶夫 1928 年在《大经济循环》中提出，资本主义经济体的每一次循环基本都有繁荣和衰退两个阶段：新技术革命的出现及其带来的新产业与新产品将促进经济发展的繁荣；而当上一轮新技术的作用达到顶峰后进入衰减期时，若下一代新产业、新产品还未出现，则经济将从繁荣经衰退走向萧条。这说明了创新在经济循环中的重要作用。

世界和主要国家、地区的人均生产总值增长率如图 3-4 所示。从图中可以看出，人均生产总值复合增长率趋势与新技术密切相关：当新技术从出现到发展比较成熟时，经济就会从衰退走向繁荣；当技术革命的作用达到高峰时，经济发展就会从繁荣走向衰退。因此，人均生产总值复合增长率随着技术革命的发生呈现"上升—下降—上升"的趋势。

以图 3-4 中西方衍生国为例，分析技术革命对人均生产总值复合增长率的影响。1820—1870 年这段时期为第一次技术革命的末期和第二次技术革命的初期，由于美国在刚完成第一次技术革命的基础上，不间断地开始了第二次技术革命，所以以美国为代表的西方衍生国的人均生产总值复合增长率由 1500—1820 年的 0.34% 上升至 1820—1870 年的 1.42%。1870—1913 年第二次技术革命正处于发展阶段，相较于 1820—1870 年、1870—

1913 年西方衍生国的人均生产总值复合增长率上升了 0.39%。1913—1950 年间发生了第一次世界大战和第二次世界大战，导致了西方衍生国人均生产总值复合增长率由 1.81%下降至 1.55%。1950—1973 年受第三次技术革命的影响，人均生产总值复合增长率有了大幅度的提升，增加至 2.44%。

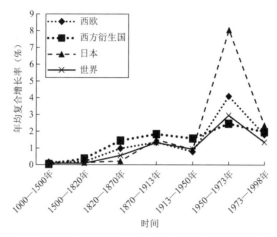

图 3-4　世界和主要国家、地区的人均生产总值增长率
资料来源：同图 3-2。

3.2 对产业结构的影响

罗纳德·费希尔 1935 年在《安全与进步的冲突》中提出了三次产业结构的最早定义。他根据生产活动发展以及对劳动对象加工顺序，将国民经济部门划分为三次产业：产品直接取自自然界的部门称为第一产业，对初级产品进行再加工的部门称为第二产业，为生产和消费提供各种服务的部门称为第三产业。随着技术结构和社会生产关系的变化，不同时期三次产业结构的具体内涵也随全球工业化程度有所调整。

1）技术对产业结构演变的影响

产业结构与经济发展存在重要联系。不同经济发展阶段中，区域特定的主导产业支配着经济的运行，主导产业种类决定了区域产业结构类型和产业结构演变的规律。技术变革是促进新技术群形成和主导产业不断更迭的驱动要素。

从技术层面看，产业结构关联于一定的生产技术结构。技术变革首先改变生产技术结构，进而影响产业结构。产业结构变革的动力来源于劳动生产率的比较差异，即生产要素从低生产率部门向高生产率部门转移带来的红利，进而导致产业结构转型和升级。另一方面，产业结构优化是整个经济结构合理化的基础。经济结构合理化的动力是迎接新技术革命的必要条件，促进创新活动的开展，形成发展的良性循环。

技术进步对产业结构的具体影响体现在以下三个方面：一是通过改变主导产业生产方式推动产业部门变革，推动相关产业的技术改进；二是促进产业部门细分形成新的产业部门，拓宽劳动对象；三是技术进步引发的市场新需求将带动新产业的发展。

技术结构决定着产业结构。这里，产业结构既是技术结构外在的体现，也决定着技术结构的变革方向，是技术结构存在的环境要素和发展条件。以第一次技术革命为例，英国的技术革命始于纺织业。随后为了进一步提高纺织效率，詹姆斯·瓦特改良了蒸汽机。随着蒸汽机在工业中的广泛使用，机器制造技术的革新逐步开始，大量机床被发明出来。进入19世纪，蒸汽机被应用在交通运输技术上，蒸汽船和蒸汽火车投入使用。工业效率的提升伴随着资源消耗的提升，各项采煤炼铁技术也逐渐发展成熟。围绕着社会经济的运行，英国开展了一系列拓展，其技术体系表现出三个特点：一是与工厂制关联的加工手段的变革，推动了机器生产和机器生产体系的发展；二是与商品流通相关联的载运方式的变革，推动了铁路运输和轮船运输业的发展；三是与资源开发和消耗相关联的采掘手段的变革，加快了新燃料的广泛应用。

从技术集约化角度看，第二次技术革命末期，工业进入了高加工度化阶段，技术取代资本和劳动力因素，成为工业增长最主要的生产要素。这个时期，微电子技术、计算机技术、原子能技术、新材料技术、信息技术等高技术工业得到快速发展，之后开启了第三次技术革命。传统工业占比的下降，导致整个第二产业比重下降，第三产业逐渐成为经济的主导产业。

2）技术革命前后产业结构变化

如前所述，技术革命之前，世界经济受到农业发展水平的影响，始终处于马尔萨斯陷阱之中。技术革命使部分国家开始进入工业化时代，而工业化的进程引发了这些国家的产业变化，进而改变了全世界的产业结构。

刘雷和何传启通过整理三次产业增加值与就业比例的历史数据，揭示了上述历史进程，如图3-5所示。19世纪以前农业占据主导地位，随着19世纪技术革命的进行，工业、服务业逐渐超越农业，成为经济的主导力量。20世纪70年代之后，随着第三次技术革命的开始，以信息化为内涵的服务业发展开始加速，农业和工业增加值的占比进一步下降，服务业占据了绝对优势。

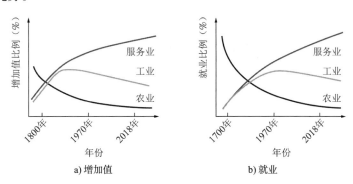

图3-5　1700—2018年三次产业增加值和就业比例的变化

资料来源：刘雷，何传启. 世界产业结构现代化的历史与分析[J]. 理论与现代化，2019(4): 5-13。

根据钱纳里工业化阶段理论，社会的发展历程可以分为五个阶段。第一阶段是以农业为主,第二、三产业占比较低的经济不发达阶段。第二阶段是初级工业化阶段,产业从以农业为主的结构向以轻工业和基础工业为主的结构转变,逐步过渡到第二产业主导状态,第三产业开始发展。第三阶段是工业化中期阶段,制造业由轻工业转向重工业和高加工度工业,该阶段第二产业仍位居第一,但第三产业发展迅速。第四阶段是工业化后期,第二产业占比开始下降,第三产业开始持续增长,并成为经济与就业的主要部分。第五阶段是后工业化阶段,制造业由资本密集型产业主导向技术密集型产业主导转换,产业知识化成为主要特征,第三产业占据绝对优势地位。

(1)第一次技术革命对产业结构的影响分析

英国作为第一次技术革命的发起国,率先进入工业化阶段,其产业结构在百年间发生了巨大变化(表3-1)。1770年,英国农业占比为45%;随着工业化程度的提高,农业占比逐渐降低,于19世纪20年代被工业超越。1770—1881年,农业占比由45%降至10.4%,工业占比由24%上升至37.6%,工业超越农业成为英国经济的新增长点。

1770—1881年英国产业结构　　　　表3-1

年份（年）	1770	1801	1811	1821	1831	1841	1851	1861	1871	1881
农业占比（%）	45	32.5	35.7	26.1	23.4	22.1	20.3	17.8	14.2	10.4
工业占比（%）	24	23.4	20.8	31.9	34.4	34.4	34.3	36.5	38.1	37.6
其他产业占比（%）	31	44.1	43.5	42	42.2	43.5	45.4	45.7	47.7	52

注：其他产业指除统计的工业和农业外,以服务业为主的其他产业。

资料来源：许冰. 工业革命与产业结构演变：基于历史与逻辑的视角[J]. 信息系统工程, 2017(12): 135-136。

第一次技术革命中,蒸汽机技术与煤炭、采矿冶金、机器制造、纺织、运输等领域技术快速进步,形成了全新的工业技术体系,使生产力得到了前所未有的提高。机械代替人力,使工业生产由手工业过渡到机器大工业,并初步形成了国际分工。因此,产业结构显著地由农业主导转变为了工业主导。

(2)第二次技术革命对产业结构的影响分析

第二次技术革命时期,美国后来居上成为世界技术领先国。从表3-2可以看出,美国产业结构从19世纪50年代开始,经历了和英国相似的演变过程。1849年,美国农业占比为41.9%,占据主导地位,工业占比仅为17.8%;到了1950年,美国农业占比降低至10%,工业占比上升至39%。

1849—1950年美国产业结构　　　　表3-2

年份（年）	1849	1859	1869	1879	1889	1900	1920	1930	1940	1950
农业占比（%）	41.9	40.8	33.9	29.7	23.7	29	21	14	12	10
工业占比（%）	17.8	16.2	21.8	20.1	28.3	25.4	32	31	35	39
其他产业占比（%）	40.3	43	44.3	50.2	48	45.6	47	55	53	51

注：资料来源及指标含义同表3-1。

第二次技术革命以内燃机和电力技术为主要标志。工业由第一次技术革命后的轻工业、基础工业主导，转变为重化工业主导，资本密集型的工业仍然是国民经济中的重要组成部分。此外，交通运输业和通信业发生了较大的变革。铁路成为全球各国陆地运输的主要方式，轮船海运的发展形成了更加紧密的国际交通运输网络。电信业的发展则强化了各国之间的经济联系，国际分工进一步深化。服务业在世界经济中的作用开始凸显，1950年，美国服务业成为国民经济的主导因素。

（3）第三次技术革命对产业结构的影响分析

根据世界银行的统计，表3-3给出了2000年及2010年全球、高收入国家及中国农业、工业、服务业增加值占生产总值的比重数据。从表中看出：2000年，高收入国家服务业已占据主导地位；世界服务业平均占比达到58.6%；我国工业化开始较晚，服务业仅占39.8%。2010年，高收入国家和世界工业、农业占比进一步下降，服务业占比进一步上升；我国服务业占比快速上升，农业占比快速下降，工业占比基本保持稳定，第三次技术革命后期已基本形成了以服务业为绝对主导的产业结构。

2000年、2010年农业、工业、服务业增加值占生产总值比重　　　表3-3

产业	2000年			2010年		
	全球	高收入国家	中国	全球	高收入国家	中国
农业	5.7%	1.8%	14.7%	4.3%	1.3%	9.3%
工业	30%	26.1%	45.5%	28.5%	25.1%	47%
服务业	58.6%	66%	39.8%	61.7%	68.7%	42.2%

资料来源：https://datacatalog.worldbank.org/search/dataset/0037712。

第三次技术革命是在第二次技术革命的基础上发展来的。第三次技术革命前期，第二次技术革命建立的标准化、自动化、规模化工业生产模式已无法适应人们个性化消费需求。计算机及互联网等信息化技术的诞生，使这种个性化消费需求得到表达，促进了工业生产模式的进一步升级。

此外，第二次技术革命带来的巨大资源消耗和环境问题，使人们逐渐关注可持续发展问题，这决定了新的技术变革的方向。第三次技术革命诞生的原子能技术正是取代传统化石能源的重要手段，而太阳能、风能、潮汐能等可再生能源技术及相关产业在这一阶段也得到了快速发展。

随着信息化及运输工具升级，第三次技术革命改变了国际产业分工体系。发达国家由于掌握了高端的智能化技术和装备，承担价值链高端环节，劳动密集型、低附加值的产业转移至发展中国家，这直接导致高收入国家工业占比降低、服务业水平上升。同时，经济全球化使更多国家和地区参与到产业链、价值链中，这正需要金融、交通等服务业的支持。因此，全球服务业水平超过50%，成为世界产业结构的主导。

3.3 对全球运行格局的影响

技术革命过程中，掌握最先进科学技术的国家可实现经济跳跃式发展，成为主导全球发展的经济中心和新的发展引领国。上一轮技术革命的强国，可能因未能抢先利用新的科技成果，或脱离技术创新的主流方向而式微，这引发了全球经济发展格局的重组。

第一次技术革命促进了英国的发展，英国取代了此前的工业强国荷兰。美国和德国抓住了第二次技术革命机遇，实现了跳跃式发展；全球经济中心于 20 世纪初从英国转向美国，英国成为发展的跟踪国。事实上，第二次世界大战后世界经济多极化发展与第三次技术革命的作用密不可分，这期间日本通过引进先进技术并大力发展制造业迅速成为经济强国。

1）第一次技术革命前后全球格局变化分析

15 世纪开始的地理大发现，开启了欧洲开拓殖民地的历史进程，新兴资产阶级完成原始资本积累后势力渐大，开始占领历史舞台。英国于 18 世纪中叶发起了技术革命，通过实施重商主义政策，率先完成了资产阶级革命。凭借海上贸易和殖民扩张，英国形成了良好的经济基础和较高的生产力水平，先后击败西班牙和荷兰，成为一流强国。

18 世纪中叶到第二次技术革命开始前的 19 世纪中叶，世界呈现以英国为中心的单极格局。率先开启工业化的英国建成了强大的近代工业体系，纺织、机器制造、采煤、冶金、造船一系列工业品的制造能力世界第一，成为全球第一代"世界工厂"。表 3-4 给出了英国、美国、法国、德国 1850 年的工业指标。

1850 年英美法德四国工业指标对比　　　　　　　　　　表 3-4

国家	英国	美国	法国	德国
煤（×10^{6}t）	62.5	7.6	4.4	6.8
生铁（×10^{3}t）	2250	572	406	210
铁路营业里程（km）	9797	14518	2915	5856
蒸汽船（艘）	1187	526	126	22

资料来源：根据文献[52]和文献[53]整理。

从表 3-4 可以看出，英国在煤、生铁产量及蒸汽船保有量上都位居第一，且与其他世界强国存在较大的差距；英国铁路营业里程小于美国，但美国国土面积较大，因此英国的铁路网密度远大于美国。1850 年，英国在世界工业生产中所占比重达到 39%。

凭借强大的工业实力，英国在世界市场、国际贸易方面处于主导地位。其他正在进行工业化的国家，需要依赖英国的技术装备和工业生产资料，殖民地国家接受英国工业制成品，并向英国输送农产品等原材料。1840—1860 年，英国对外贸易额由 1.19 亿英镑增加到

3.18 亿英镑，占全球贸易总额的 21% 左右。

第一次技术革命也给英国带来了军事技术的革新。19 世纪 30 年代后，英国率先完成了从帆船舰队向蒸汽铁甲舰队的过渡，以蒸汽机和螺旋桨为标志的新动力系统代替了传统的风帆动力系统；钢铁替代木材成为新的造船材料。在 19 世纪中期的克里米亚战争中，英国海军战斗装备有 1/3 是蒸汽船，且装备了新式膛线枪炮。强大的军事实力和资本实力，一方面使英国快速地拓展其殖民地；另一方面，使英国得以控制全球重要战略通道，确保其海外贸易安全。技术的力量使英国能够削弱敌人、开辟领地、拓展市场，进一步发展其工商业。

2）第二次技术革命前后全球格局变化分析

（1）英国的衰落

19 世纪末，英国技术革命时期经济制度的缺陷开始凸显，一方面，其自由主义的经济政策，使英国没有形成大规模的企业和资本实体，同时经济金融运作也缺乏政府的引导，为了在海外市场寻求资本回报，英国资本大量外流，但缺乏合理的经济、政治制度来维持海外殖民地市场。另一方面，随着美、德、法三个后起的工业大国纷纷对英国实施贸易保护主义政策，阻止了英国企业规模扩大，保护了其本土制造业的快速成长。

在第二次技术革命前夕，英国技术创新能力显著下降。1776—1825 年英国重大发明占全球的 43.6%，1876—1926 年这一比例下降到了 14.0%。尽管英国在技术创新方面仍取得了一定成就，但既有的政治、经济、国际贸易背景使企业缺乏舍弃旧的机器装备、将新技术用于生产的动力，这使其产业结构无法转型升级。从图 3-6、图 3-7 可以看出，英国生铁产量和原钢产量在 19 世纪末期先后被美国和德国超越，其工业实力及工业规模开始落后于两个新兴的工业强国。

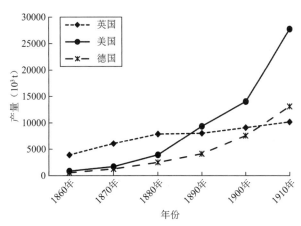

图 3-6　1860—1910 年英美德三国生铁产量变化趋势

资料来源：根据文献[52]和文献[53]绘制。

经济及工业水平的停滞不前，也反映在英国军事实力停滞上。虽然英国在第一次技术革命期间拥有绝对的技术领先地位,但资产阶级势力强大,经济自由放任,政府被要求降低开支,导致其领先的技术没能转化为军事实力。第二次技术革命前夕,英国的领先地位已丧失,美国和德国则相继走上历史舞台。

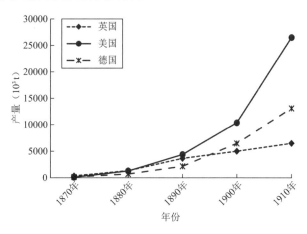

图 3-7　1870—1910 年英美德三国原钢产量变化趋势
资料来源:根据文献[52]和文献[53]绘制。

（2）美国、德国的兴起

美国通过技术的引进和发展,充分利用后发优势,于 19 世纪末从经济上实现了对英国的超越,成为世界强国。从技术创新上,美国在第二次技术革命期间并不是技术创新大国。1901—1920 年,美国经济尽管已跃居世界第一,但诺贝尔自然科学奖获奖者人数仍低于英国、法国和德国。不过,美国在技术引进和发展过程中的制度保障和激励机制确保了美国工业快速、大规模发展。保护性关税政策是美国民族工业得以快速发展的重要基础。1861—1864 年,美国三次调整关税,使关税达到了 47%,19 世纪末颁布的《麦金莱关税法》让钢铁、玻璃、棉织品等重要工业品的关税达到了 50%～60%。

此外,美国是当时资本主义国家中最重视教育的国家,其教育经费由 1870 年的 6000 万美元,提升至 1915 年的 6 亿美元。在科技创新方面,美国政府率先建立专利局,推行知识产权保护,提高科研人员的积极性;政府推出奖励政策以鼓励技术产业化,使美国在引进先进技术的同时,快速实现技术的本土化。利用其国土优势、人口优势、后发优势,美国成功实现了自由资本主义向垄断资本主义的过渡。

德国在经济领域的成就与科技进步密切相关。德国的科研体系较为先进,主要包括三个部分:第一部分是国立科学院、国立物理研究所、国立化工研究所等国家扶持的学术团体;第二部分是以大学为基础建立的科研中心;第三部分是企业家创办的研究所。良好的科研体系使德国的科技从理论研究快速、高效、平稳地过渡到实践应用,而理论和实践的紧密结合正是德国经济繁荣的巨大推动力。据日本学者汤浅光朝统计,这时期德国在化工和电气方面的实用性发明最多,电气方面的关键性发明和改良大多是由德国人完成的。

大学的发展为德国科技水平的上升不断注入新鲜血液。1891年，德国的技术学院学生有4209人，1902年达到13151人。从1901—1912年，德国11所技术学院每年为工业部门培养3000名工程师，当时英国每年获得科技院校毕业证书的只有530人。1913年，德国技术学院学生达到了16000名。

不难看出，德国依靠其先进的科研体系，使理论创新和应用创新能力达到了世界领先水平。一方面自身科学理论研究与发明成果能快速应用于生产实践；另一方面国外引进的先进技术也能够快速吸收和迅速改良，使技术能够源源不断地作用于工业，推动工业快速发展。

3）第三次技术革命前后全球格局变化分析

经济发展伴随着产业的传导和扩散。在全球工业化浪潮中，以制造业为主体的产业转移不仅强化了转出国/地区与转入国/地区间的分工，也带动着资本和技术输出，造就世界工业中心从美洲到欧洲再到东亚，勾勒了世界制造业发展的路线图。在全球制造业大规模转移影响下，1970年以后呈现出以美国为中心的一强多极贸易格局，德国[①]、日本贸易份额迅速增长，以"亚洲四小龙"为标志的亚洲贸易份额迅速上升。

（1）亚洲的兴起

20世纪50年代，日本通过产业承接迅速恢复工业基础，并形成有特色的工业化模式。日本承接美国产业转移的同时积极吸收其制造业的先进技术和创意，以外向主导战略为指引，大规模改造传统产业，大力发展电子、石化等新兴、轻型工业行业。从图3-8可以看出，日本经济在1960—1970年持续保持了10%以上的增长率，1968年成为仅次于美国的第二经济大国，推动全球竞争格局从欧美国家向亚洲地区延伸。

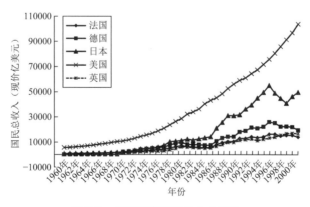

图3-8 主要国家国民总收入变化

资料来源：根据世界银行统计数据绘制（德国、英国1960—1969年数据有缺失）。

20世纪60—70年代，受制于劳动力成本，制造业开始从美国、日本、德国等发达国家向韩国、新加坡、中国香港和中国台湾（俗称"亚洲四小龙"）这四个资源要素缺乏、市

---

① 本书涉及的1949年5月23日—1990年10月3日的德国统计数据，仅指联邦德国统计数据。

场狭小且工业基础薄弱的经济体转移,内容以纺织、日化、服装等轻工业为主。"亚洲四小龙"在承接产业转移过程中逐步建立了以出口为导向的劳动密集型产业体系,成为重要的新兴工业化市场。以韩国为例,其1980年对外贸易出口总额是1960年的534倍。

综上所述,第三次技术革命带来了信息化程度的全面提升,产业中心由美洲、欧洲向亚洲转移(图3-9)。日本经济的兴起带动了"亚洲四小龙"的发展,东亚及太平洋地区的生产总值占全球生产总值的比例由14%上升至26%,亚洲成为新的全球制造业中心。

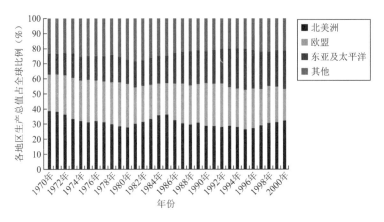

图3-9 1970—2000年各地区生产总值占全球比例趋势图
资料来源:根据世界银行统计数据绘制。

(2)日本的崛起

第二次世界大战使日本社会经济遭受重创,战后日本政府采取了一系列政策以发展经济。日本在第二次世界大战后迅速崛起,成功实现了经济赶超以及国家的现代化,到20世纪80年代,其已成为举世瞩目的世界制造业中心。

1946年,日本工业生产水平只有第二次世界大战前的30%左右。日本政府通过解散财阀等一系列政策促进市场竞争,同时采取"倾斜生产方式"战略,优先发展煤炭、钢铁、电力等原材料和基础产业。1950年朝鲜战争期间,美国在日本大量采购军用物资,使日本诸多濒临崩溃的产业起死回生。1955年,日本制造业已恢复到1934—1936年的水平,制造业中重化工业所占比重从1955的50%提高到1970年的68.9%,超过欧美发达国家。1980年,日本提出"技术立国"战略推动制造业从劳动密集型、资源消耗型向高附加值的知识密集型转化。这一时期,以机械工业为核心的制造业发展迅猛,1980年日本汽车产量超过美国居世界第一,1982年日本机床年产量居世界第一位,1983年日本机械工业出口超过美国居世界第一。过去二十年,尽管面临发达国家和发展中国家的各类挑战,日本仍保持了极高的国际竞争力,巩固了其世界制造业中心的地位。

日本政府鼓励日本企业技术引进及研发,使工业生产能力在新技术基础上迅速提高。20世纪50年代战后初期,日本从美国、英国等技术领先国家引进半导体、电视机、电冰箱等新型生产技术,快速发展了一系列新兴产业,如:电子管黑白电视机、晶体管收音机、电冰箱、洗衣机、吸尘器、冷风机等。20世纪60年代，日本的技术引进向微型电子技术、彩色成像技术、数控技术等世界先进技术转变。20世纪70年代，日本通过技术引进发展了光导纤维、智能机器人、大规模集成电路、新型陶瓷等。20世纪80年代以后，日本不仅引进发展了所需的先进技术，还自主研发并出口一些新技术。第二次世界大战后，日本通过购买国外先进技术，吸收和学习国外的先进技术，并加以改进和创新，优化本国产业结构，从而使本国工业技术达到世界一流水平。

3.4 小结

本章从技术对全球社会经济发展的影响角度，首先分析了技术变革对全球经济总量和增速的影响，随后进一步分析技术变革对产业结构的影响，最后探讨了在技术影响下导致的全球经济格局变化，并得到如下结论：

（1）技术变革打破了人类生产发展的马尔萨斯陷阱，促进社会经济进入持续、高速发展时期。每一次技术革命都大幅提高了全球经济增速。世界人均生产总值年均增长率从1820—1870年的0.5%，到1870—1913年增长为1.3%，再到1950—1998年达到2.65%。从增速来看，历次技术革命之间经济增长总是经历一个"上升—下降—上升"的过程，技术革命初期经济增长逐渐加速，到后期经济增长放缓，这正是上一轮技术革命作用衰退的表现，下一轮技术革命到来之后经济增长再次加速。此外，历次技术革命均先在少数国家发生，这些不同时期的引领国对世界经济的发展产生了巨大的影响。

（2）第一次技术革命之后，英国经历了产业结构的转型升级，传统农业主导的产业结构向工业主导的产业结构转变。第二次技术革命期间，美国也经历了与英国同样的产业结构升级过程。第三次技术革命期间，随着信息技术的广泛应用，世界产业结构从以工业为主导向以服务业为主导转变，2000年全球服务业平均占比达到58.6%，成为新的主导产业。每一轮技术革命带来的变化总是先在少数引领国和跟踪国发生，然后再向其他国家不断扩散。

（3）技术革命成为全球经济和政治格局变迁的重要因素。每一轮技术革命在不同的时期发生在不同的国家，带来了世界发展格局的变化。第一次技术革命发生在英国，使英国成为第一代"世界工厂"，全球形成了以英国为中心的单极格局。第二次技术革命，美国和德国相继超越英国，成为技术革命的引领国，其中美国发展成为全球最大的经济体。第三次技术革命，随着信息技术和交通运输业的技术革命，催生了新的国际发展格局。在美国科技与经济持续领先全球的背景下，部分轻工业和重工业向重技术的日本、低劳动力成本的"亚洲四小龙"等地区转移，推动了亚洲工业的快速发展，形成了一强多极的世界经济发展格局。

第 4 章

技术革命引领国的社会经济与科技特征

4.1 引领国的社会治理模式

1）社会治理模式的含义

社会治理指政府、社会组织、企事业单位、社区甚至个人等管理主体对社会事务、社会组织和社会生活实施的全面、系统的管理。一般来说，社会治理应当与所在社会历史发展阶段、社会基本状况相匹配。合理的社会治理模式选择，需要把握社会结构的内在需求与社会经济文化特征，实现社会公共利益的最大化。

社会治理模式作为社会公共管理的一种形式，是在一定的政府与市场、政府与社会、政府与公民基本关系基础上诞生的。纵观历次技术革命，引领国的技术进步与制度供给有较大关系。道格拉斯·诺斯在《制度、制度变迁与经济绩效》一书中认为技术的竞争实际上是拥有该技术的组织之间的竞争，即制度的竞争。技术体现的是人与自然之间的关系，而制度体现的是人与人之间的关系。制度与技术水平协调时可推动技术进步，反之则不利于发挥技术进步对社会发展的促进作用。

社会治理模式变化的主要表现形式为制度创新和制度转型。一般来说，制度创新是社会治理主体针对技术提出的制度改革需求的一种反应。技术革命时期引领国的制度与其他跟踪国相比具有先进性，成为提升技术发展竞争力的有效策略。制度转型指从一个成熟状态向另一个成熟状态的转变。无论制度创新还是制度转型，均体现在文化、政治、经济和技术四个方面。下面以历次技术革命为时间线索，从制度变革角度切入社会治理模式变化，梳理历次技术革命引领国的制度变革。

2）历次技术革命典型引领国的代表性制度变革

（1）第一次技术革命

第一次技术革命的引领国是英国，其优势表现在四个方面：第一是英国的资本余量。17世纪以来，英国大规模的圈地运动以及对圈地运动起到保护作用的《公有地围圈法》使圈地运动得以顺利开展。圈地运动为英国建立了资本优势，国家资本余量富余。第二是英国社会阶级的灵活性。与以往社会阶级分为两层不同，当时英国的社会阶级为土地贵族、中产阶级和农民农奴，灵活的中产阶级为经济社会的变化提供了保障。第三是居民观念的变化。当时英国人自由主义观念盛行，生活较为务实，价值观以逐利为主。第四是煤炭价格低。较低的煤炭价格为蒸汽机的广泛运用提供了可能。

技术制度变革事件：随着英国工业机器的广泛运用，机械制造逐步取代了手工操作。当时英国存在作坊制、家庭生产、手工工场三种生产形式，它们都是现代工厂制的起源。手工工场是现代工厂的雏形，其特点包括固定资产资本高度集中、劳动力高度集中、制度规范化。第一次技术革命的生产形式趋向于分工化，这与亚当·斯密在《道德情操论》和《国富论》中提到的"分工是社会进步的源泉"的观点是一致的。

经济制度变革事件：第一次技术革命促进了个人财富的增加，英国逐渐出现私有财产形式。商品经济的发展客观上要求对个人财产和合同予以保护。1679年，英国颁布了《人身保护法》，强调对私人生命财产予以法律保护。此外，对于科技人才的科技成果保护，英国也予以初探。1624年，英国颁布了《垄断法》，强调要明确合法的专利垄断范围，即只限于新发明，并且规定了专利的主题、专利权人、专利期限等条件。该法案的颁布开启了现代专利制度的大门。

（2）第二次技术革命

第二次技术革命的引领国由英国转向德国、美国，这与英国当时的资本外流和技术停滞有较大关系。首先，资本家在英国领先其他国家的条件下，固守现有利润，拒绝继续提升生产力，不愿加大科技创新投入，设备水平的领先性逐渐下降。其次，英国进入垄断资本主义时期后，资本输出增多，而这种输出并非扩大工业市场规模，而是对外信贷，赚取短期利润。这些输出资本恰恰成为德国、美国等国家进行科技创新和扩大产业规模的财力支持，从外部不经意地助推了德国、美国的超越。

技术制度变革事件：鉴于第二次技术革命技术的复杂性以及产品制作生产流程的延长，以美国工程师弗雷德里克·泰勒提出的"泰勒制"为代表的标准化作业模式得到发展，并于19世纪末20世纪初逐步流行。该制度强调"标准操作方法"，提高了劳动生产率，推动了管理的科学化与现代化。

经济制度变革事件：第二次技术革命使得工业迅速发展，企业规模扩大，对资本的要求越来越高，催生了股份制企业。股份制有利于资金聚集，同时推动"大企业更大"机制的建立，"垄断"也由此应运而生。由于垄断企业造成经济分布不均匀，各地方政府不得不出台地方保护主义政策，这妨碍了全国经济的发展。1890年，美国国会制定并通过了第一部反垄断法——《谢尔曼法》。1891年，纽约成立了世界上第一个保护消费者利益的组织，即纽约消费者协会。从19世纪上半叶开始，德国注重改善国内交通运输基础设施，大力发展铁路运输；建立中央银行，加强货币管控；实行关税保护，提高货物进口税率，保护本国企业发展。

（3）第三次技术革命

第三次技术革命的引领国仍是美国。信息技术是第三次技术革命的关键因素，是第三次技术革命区别于前两次革命的新特征，其增长与各国信息技术政策紧密相连。

技术制度变革事件：信息技术是产业革命的推动器，在智能制造中作用重大。信息管理系统可降低市场交易成本、提高企业工作效率，信息管理技术及其制度变革（创新）得到全面、全方位应用。法国1979—1983年的"新信息化政策"为信息管理技术投资了22亿法郎。苏联在"八五"计划期内，建立了417个信息管理系统，通过计算机信息管理系统管理国民经济各部门和工业企业，使苏联的劳动生产率提高了5%以上。

经济制度变革事件：鉴于传统融资无法满足第三次技术革命对于资金的高需求，因此将资金投向蕴藏着较大失败危险的高新技术以期成功后取得高资本收益的风险投资行为应运而生，该商业投资行为随着第三次技术革命的展开而完善。

由以上分析可以发现，历次技术革命无论是正式还是非正式规则意义上的制度变革，变革背后的根本驱动力都是对经济利益的追求。

4.2 引领国和跟踪国的经济运行指标比较

1）三次产业结构比较

（1）第一次技术革命

英国作为第一次技术革命引领国，产业结构自18世纪80年代末开始变化，如图4-1所示。法国为第一次技术革命跟踪国，产业结构自19世纪20年代才开始变化，如图4-2所示。

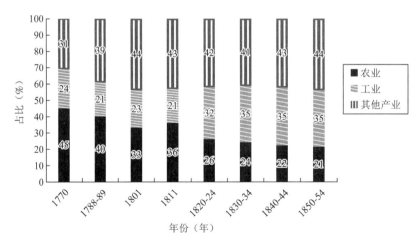

图4-1 英国各产业在国内生产总值中的占比

注：1. 横坐标1788-89指1788—1789年，其对应的数据为1788—1789年的平均值，其余同理。
2. "农业"指以农业为代表，包括农业、林业、渔业等；
"工业"包括制造业、采掘业和建筑业等；
其他产业包括交通通信业、商业等，后同。

资料来源：1770年数据来自"许冰. 工业革命与产业结构演变——基于历史与逻辑的视角[J]. 信息系统工程, 2017(12): 135-136"，其他数据来自文献[53]。

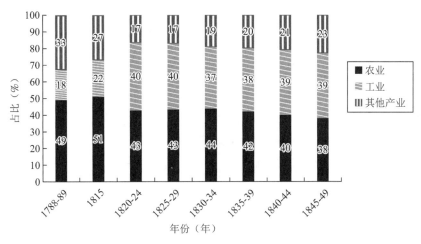

图 4-2 法国各产业在国内生产总值中的占比
资料来源：根据文献[53]绘制。

英国农业在国内生产总值（Gross Domestic Product，GDP）中的占比呈显著下降的趋势，于 1770 年至 1840 年间下降了 23%左右；法国农业在第一次技术革命期间的占比下降幅度较小，在第一次技术革命结束后占比仍有 38%，其农业陷于停滞落后状态，小农经济将农民束缚在当地市场，限制了自由劳动力的形成，且小农经济力量薄弱，难以购买新技术或进行大规模的土壤改良和水利建设等。

英国和法国工业在 GDP 中的占比呈显著上升趋势。英国工业在 GDP 中的占比增加了约 10%，并于 1821 年超过农业。其背景是该时期改良蒸汽机广泛用于制造业各领域，社会生产力迅猛增长。1811 年英国工业占比减少的原因是法国、美国对英国进行的贸易战，严重影响了英国的出口贸易，使英国纺织业出现危机。法国 1789—1815 年受法国大革命影响，火炮、轻武器和其他武器装备产量大量增加，促进了钢铁和纺织品贸易，工业在 GDP 中的占比在此期间有小幅提升。因法国大革命减少了法国的经济活动，为恢复战争导致的经济问题，法国于 19 世纪 20 年代开始技术革命，工业在 GDP 中的占比突增，之后始终维持在相对较高的水平。

19 世纪以来，英国其他产业在 GDP 中的占比始终保持较高水平，增长速度表现为先快后慢，蒸汽船、蒸汽火车等新型交通工具的研发与使用，提高了运输能力。英国的对外贸易主要是进口原料和粮食，大量出口纺织品、铁制品等其他制品。贸易开展的同时促进了航运、保险、银行等相关业务的发展。法国其他产业受工业迅猛发展的影响，在技术革命开始前有所降低，之后呈缓慢增长态势。

（2）第二次技术革命

第二次技术革命的引领国为德国和美国，日本作为跟踪国在明治维新后才引进西方先进国家的技术设备，技术革命开始时间较晚。德国、美国、日本各产业在 GDP 中的占比分别如图 4-3、图 4-4、图 4-5 所示。

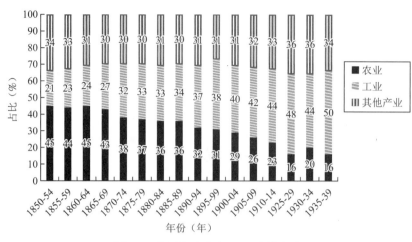

图 4-3 德国各产业在 GDP 中的占比
资料来源：根据文献[53]绘制。

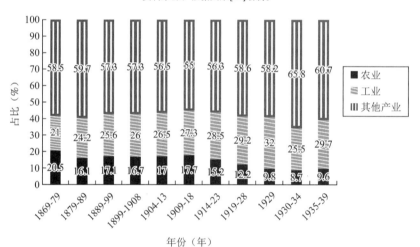

图 4-4 美国各产业在 GDP 中的占比
资料来源：根据文献[52]绘制。

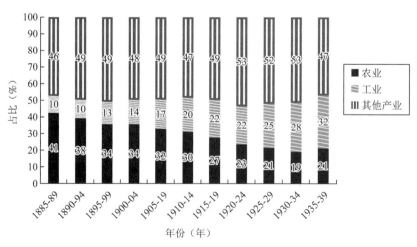

图 4-5 日本各产业在 GDP 中的占比
资料来源：根据文献[51]绘制。

德国、美国和日本农业在 GDP 中的占比逐年降低。其中：德国农业占比自 1870 年起下降幅度变快；第二次技术革命初期，美国农业占比迅速下降，1879 年后下降速度减缓；日本农业并未实现机械化，有 3/5 以上的人口从事农业、林业和渔业，造成农业发展滞缓但占比极高。

德国、美国和日本工业在 GDP 中的占比均呈上升趋势。其中，德国工业占比自 1870 年起上升速度加快，主要原因为德国研发了强力发电机（1866 年），电力真正应用至人类社会生产中，制造业和工业可通过装配线实现大规模生产，进一步提高了劳动效率。1890 年，德国工业在 GDP 中的占比超过农业，成为主导产业。

第二次技术革命初期，美国工业占比快速增加。第二次技术革命前期纺织制造业的机械化，以及美国新型机械的研发与投入使工业劳动效率迅速提高。同时，随着钢铁工业的发展，美国农业从半机械化过渡到基本机械化，成为世界上最早实现农业机械化的国家，解放的劳动力转化成工业部门的生产力。美国 1930—1934 年工业占比下降是受 1930 年经济危机的影响。20 世纪 30—40 年代世界制造业中心从欧洲迁移至美国，工业化任务在第二次技术革命后基本完成。

日本在 19 世纪 70 年代引进西方国家的技术设备，联合新兴企业家共同发展重工业、钢铁和造船业，建设了一批采矿场及生产纺织品、水泥、玻璃等工厂，使制造业现代化，工业在 GDP 中的占比逐渐增加。不过，日本劳动力大多限制在农业，工业在 GDP 中的占比直至第二次技术革命末期（1925 年）才超过农业（图 4-5）。

德国、美国和日本的其他产业受工业迅猛发展的影响，在 GDP 中的占比略有起伏。1885 年德国制造了第一台实用型汽油内燃机驱动的汽车，提高了交通运输距离与速度，同时德国 19 世纪 80 年代掀起的兴建铁路的热潮，与改进了的电报业、邮政业和内河航运业一起，加快了德国交通通信业的发展速度。

（3）第三次技术革命

第三次技术革命的引领国为美国，所有实现工业化的国家均为第三次技术革命的跟踪国，这里选取日本作为主要研究对象。

该时期，美国和日本农业在 GDP 中的占比进一步下降。美国农业占比在 1965 年后稳定于 3%左右。日本农业占比整体呈下降趋势，1945—1949 年因战争影响，工业和其他产业产值减少，农业占比短暂回升，之后农业下降趋势加快，最终亦稳定在 3%左右。

美国工业占比在第三次技术革命前期逐年提高。20 世纪 50—60 年代产业结构升级，美国将钢铁、纺织等传统产业迁移至联邦德国、日本，工业占比自 1950 年开始减少。日本工业占比在 1945 年前逐年提高，在 1945—1949 年受第二次世界大战战败影响，占比降低（图 4-6）；美国传统制造业迁至日本后，日本工业占比快速上升，1980 年后稳定在 41%左右。

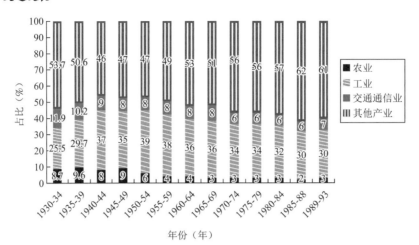

图 4-6 美国各产业在 GDP 中的占比

注：美国交通通信业占比包括供电供水。

资料来源：根据文献[52]绘制。

随着计算机、信息技术以及通信、生物医药等高新技术产业的快速崛起，其他产业（除交通通信业之外的第三产业）占比逐年提升，1953 年美国其他产业在 GDP 的占比达 48.3%，成为产业发展的主导因素。日本其他产业在 GDP 中的占比以 1945 年为拐点，整体呈先降后升的趋势（图 4-7）。

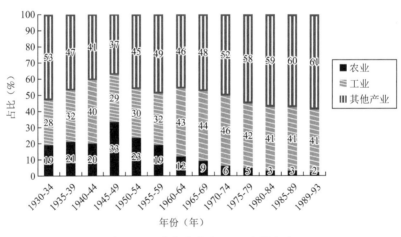

图 4-7 日本各产业在 GDP 中的占比

数据来源：根据文献[51]绘制。

2）经济增长速度分析

（1）第一次技术革命

英国 GDP 整体呈上升趋势。在第一次技术革命前期，英国 GDP 的年平均增长率约为 1.6%。1811 年后，工业成为英国主要产业，至第一次技术革命结束，英国 GDP 年均增长率约为 2.8%。其主要原因为：第一次技术革命前期为新技术的产生时期，农业仍为国家主导产业，工业的发展对 GDP 的影响相对较小；第一次技术革命后期，相关技术发展成熟后，工业成为主导产业，生产效率的提升使GDP上升速度增加。

法国技术革命起始时间较晚，其技术革命从开始就建立在大规模投入和产出的基础上。法国通过大量引入英国新技术和先进装备，直接获取规模经济效益，GDP保持较快速度增长，如图4-8所示，法国GDP年平均增长率约为3%。

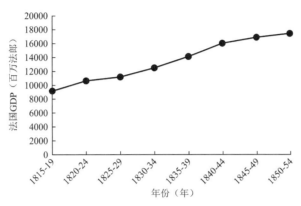

图4-8　法国GDP变化

注：法国GDP按1905—1913年固定价统计。
资料来源：根据文献[53]绘制。

（2）第二次技术革命

德国国民生产净值（Net National Product，NNP）整体呈先慢后快增长趋势。第二次技术革命前期，德国NNP年均增长率约为3%，1870年后增长速度加快，至第二次技术革命结束，年均增长率达到5%（图4-9）。自1866年德国研究强力发电机以来，电力广泛应用到工业、交通、通信等生产生活各部门。20世纪80年代，内燃机成为汽车、船舶、工程机械等的主要动力，显著提高了运输和生产效率，德国国民经济大幅提升。

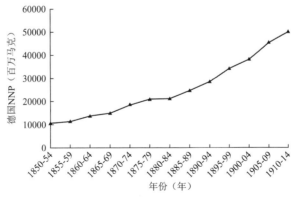

图4-9　德国NNP变化

注：德国NNP按1913年的固定价统计。
资料来源：根据文献[53]绘制。

第二次技术革命期间，美国科技水平居世界领先地位，其国民生产总值（Gross National Product，GNP）逐年提高。1860—1890年，美国发明了大量新技术，研发了包括铁路空气制动设备、交流电远距离传输装置、电灯等关键设备,为后来的生产力提升奠定了坚实基础。随着大规模生产装配线、流水线以及相关技术的成熟与再创新,美国工厂生产效率大幅提高。同时,其农业机器、钢铁制品、机床、电气设备等产品进入世界市场,GNP 增长率从 20 世纪 60 年代开始加快,至第二次技术革命结束,GNP 年均增长率达到约 20%,远高于前期的 5%(图 4-10)。

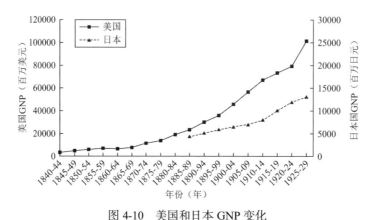

图 4-10 美国和日本 GNP 变化

注:美国 GNP 按 1929 年的固定价统计,日本 GNP 按 1934—1936 年的固定价统计。
资料来源:根据文献[51]和文献[52]绘制。

日本作为第二次技术革命的跟踪国,可直接引进西方先进国家的成熟设备,其 GNP 提升速度较快。1885—1930 年日本 GNP 年均增长率约为 4%。20 世纪初日本以钢铁、采煤工业发展为基础,造船、铁路和航运快速发展,GNP 增速显著提高。

(3)第三次技术革命

第三次技术革命期间,美国 GNP 始终保持较快增长的态势,如图 4-11 和图 4-12 所示,1960—2019 年,美国 GNP 年均增长率约为 8%。原子能、电子计算机、空间技术和生物工程等新技术的发明和应用,使科学技术各个领域间的相互联系加强,科学技术转化为生产力的速度加快,有效带动国民经济实现高速度增长。

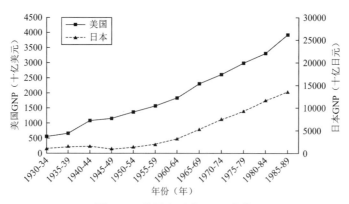

图 4-11 美国和日本 GNP 变化

注:美国 GNP 按 1982 年的固定价统计,日本 GNP 按 1970 年的固定价统计。
资料来源:文献[51]和文献[52]绘制。

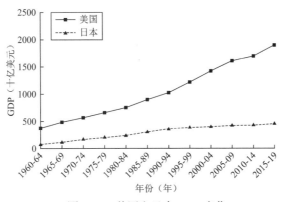

图 4-12 美国和日本 GDP 变化

注：美国和日本 GDP 均按 2010 年的固定价统计。

资料来源：根据世界银行统计数据绘制。

日本作为第三次技术革命的跟踪国，开始技术革命的时间较晚。1955—1970 年，日本花费 60 亿美元用于技术引进和推广，同时注重加强对技术的消化吸收和再创新，经过日本引进改良创新后的钢铁、机械、半导体、微电子技术都很快赶超技术输出国，机械、信息产业成为日本的支柱产业。

4.3 引领国和跟踪国的科技水平差距

技术革命引领国与跟踪国的科技水平可以从以下几方面来分析。

（1）世界重大发明数量

发明无疑属于创新范畴，发明尤其是重大发明在人类历史中的地位极其重要。掌握重大发明的国家引领着世界科技发展方向。表 4-1 为前两次技术革命引领国和跟踪国的重大发明数量和各自所占比例。

世界重大发明总数及引领国和跟踪国所占比例　　　　　表 4-1

项目	1776—1825（第一次技术革命）	1826—1875（第二次技术革命前期）	1876—1926（第二次技术革命后期）
英国占比（%）	43.6	22.6	14.0
美国占比（%）	11.7	24.0	43.7
德国占比（%）	9.8	21.2	17.5
世界总数	163	292	343

资料来源：MAGEE G. Manufacturing and technological change[M]//The Cambridge Economic History of Modern Britain Volume 2: Economic Maturity, 1860—1939. Cambridge: Cambridge University Press, 2004。

由表 4-1 可以看出，世界重大发明的总数随技术革命的推进呈上升趋势，这也说明技术革命推动了技术发展。分国家看：英国作为第一次技术革命的引领国，其重大发明比例远高于美国和德国；第二次技术革命前期，逐渐缩小的海外市场以及狭小的国内市场使英国不愿承担制造业高额研发费用，与同期美国及德国相比，英国缺乏足够数量的研究型实验室；从第二次技术革命前期到后期，英国重大发明占比急剧下降，而德国和美国的比例持续上升，尤其是美国，第二次技术革命后期的重大发明占比达 43.7%，完全取代了英国之前的地位。

（2）在校学生数量

美国为第二次技术革命时期的引领国，日本为同期跟踪国。1871 年，美国小学生和中学生数量分别占人口总数的 18.78% 和 0.2%。1873 年，日本小学生和中学生数量分别占人口总数的 3.83% 和 0.01%，远低于美国。第二次技术革命后期，两者初等教育差距缩小。1930 年，美国小学生和中学生数量分别占人口总数的 18.58% 和 3.86%，日本则分别增加至 13.64% 和 3.70%（表 4-2、图 4-13）。不过，美国和日本高等教育人数仍有一定差距，1919 年美国高校学生数量占总人口的 0.42%，1930 年日本高校学生数量仅占总人口的 0.28%（表 4-3）。

1871—1930 年美国小学生、中学生数量及其在人口总数中的占比　　　　表 4-2

年份（年）	小学生		中学生	
	数量（千人）	占比（%）	数量（千人）	占比（%）
1871	7481	18.78	80	0.20
1880	9757	19.45	110	0.22
1915	18375	18.28	1329	1.30
1920	18897	17.88	2200	2.08
1930	22811	18.58	4740	3.86

资料来源：根据文献[52]整理。

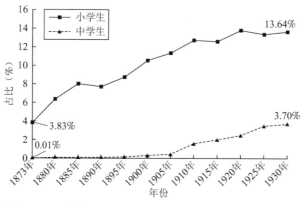

图 4-13　日本小学生、中学生数量在人口总数中的占比

资料来源：根据文献[51]绘制。

1870—1930 年美国、日本高校大学生数量及其在人口总数中的占比　　　　表 4-3

年份（年）	美国		日本	
	高校大学生数量（千人）	占比（%）	高校大学生数量（千人）	占比（%）
1870	52	0.13	—	—
1905	264	0.32	42	0.09

续上表

年份（年）	美国		日本	
	高校大学生数量（千人）	占比（%）	高校大学生数量（千人）	占比（%）
1910	355	0.39	48	0.09
1919	441	0.42	68	0.12
1930	—	—	182	0.28

资料来源：根据文献[51]和[52]整理。

美国在第三次技术革命中仍是引领国，日本是同期的跟踪国。从表4-4~表4-6可以发现，两国中、小学生数量在人口总数中的占比差距并不明显，但美国高校大学生数量在人口总数中的占比大多为日本的2倍以上（表4-6）。

1932—1944年美国小学生、中学生数量及其在人口总数中的占比　　　　表4-4

年份（年）	小学生		中学生	
	数量（千人）	占比（%）	数量（千人）	占比（%）
1932	22518	18.02	5543	4.43
1934	22534	17.81	6029	4.76
1936	22039	17.19	6362	4.96
1938	21393	16.46	6664	5.12
1940	20333	15.44	7059	5.36
1942	19634	14.55	6871	5.09
1944	19038	13.75	5975	4.31

资料来源：根据文献[52]整理。

日本小学生、中学生数量及其在人口总数中的占比　　　　表4-5

年份（年）	小学生		中学生	
	数量（千人）	占比（%）	数量（千人）	占比（%）
1931	9073	13.86	2350	3.59
1935	9798	14.14	2821	4.07
1940	10334	14.36	3673	5.10
1944	10695	14.49	4575	6.19
1945	10635	14.72	4573	6.33
1946	10257	13.53	4510	5.94
1948	10782	13.56	6023	7.57

资料来源：根据文献[51]整理。

从第二次技术革命和第三次技术革命不难看出，科技发展推动了教育水平的提高；同时，衡量教育水平高低的高等教育普及程度也可以在一定程度上反映科技发展的快慢。

1932—1946 年美国和日本高校大学生数量及其在人口总数中的占比　　表 4-6

年份（年）	美国		日本	
	数量（千人）	占比（%）	数量（千人）	占比（%）
1932	1154	0.92	181	0.27
1934	1055	0.83	185	0.27
1936	1208	0.94	188	0.26
1938	1351	1.03	197	0.27
1940	1494	1.13	245	0.34
1942	1404	1.04	268	0.37
1944	1155	0.83	386	0.52
1946	1677	1.18	432	0.57

数据来源：根据文献[51]和[52]整理。

4.4 小结

本章重点分析了三次技术革命中的技术引领国的基本特征，通过分析可以得到以下几方面的结论。

（1）技术革命提供了基本的发展机遇，而制度转型和制度创新所构成的良好的社会治理模式是引领国抓住机遇、实现腾飞的重要基础。第一次技术革命中英国提出的分工制、颁布的《人身保护法》和《垄断法》，以及提供的保护个人财富和个人技术成果都是改进社会治理模式的重要内容。第二次技术革命期间，美国提出的泰勒制标准化作业方法、保证公平交易的反垄断法《谢尔曼法》，以及第三次技术革命各国信息管理系统的发展和风险投资机制的产生与繁荣等，推动了不同时期、不同国家对新技术红利的兑现。不难看出，制度变革的背后是各国对经济利益的不变追求，直观的表现形式就是各时期引领国的经济运行指标的变化。

（2）对产业结构和经济增长速度等指标的分析发现，历次技术革命中，各国主导产业均遵循从"农业到工业、再到服务业"的变化趋势，但随着技术变革作用的持续加大，交通通信业的产值将下降。同时，引领国产业结构转换的时间相对靠前，跟踪国产业结构演变相对滞后。从经济发展增速看也存在类似规律：第一次技术革命后英国经济增速为此前的 1.75 倍，第二次技术革命后美国与德国经济增速分别为此前的 4 倍和 1.67 倍，第三次技术革命期间美国 1960—2019 年 GNP 年均增长率达到了 8%，远高于其他国家与地区。

（3）科技与教育是支撑引领国可持续发展的重要因素。科技支撑着经济发展，这对引领国尤为明显。第二次技术革命后期，美国重大发明数量在全球的占比 43.7%与英国在第一次技术革命期间的重大发明占比 43.6%几乎相同，占世界的近一半；德国与美国两国贡献了约61%的重大发明数量。科技发展离不开教育。从教育发展看，20世纪以来美国小学生、中学生、高校大学生数量在人口总数中的占比均高于同时期的其他跟踪国。例如：1870年美国高校大学生数量在人口总数中的占比仅为0.13%；1919年达到了0.42%；1946年达到了1.18%，远高于日本同期高校大学生数量在人口总数中的占比（0.57%）。

总之，技术的发展推动了制度的变革，制度的变革带动了经济的进步，经济进步促进了科技水平的提升，科技发展离不开教育的支撑。未来可预见的是，科技水平的提升将进一步推动各行业的发展。

第 5 章

关键技术行业的先进性及其市场化机制演变

技术进步和社会发展中,新产品、新产品生产规模及其从业人员数量不断增加,逐渐形成了从事相同性质经济活动的单位集合,即行业。技术进步是行业变革的基础,行业变革体现了先进性、经济性和市场化变化。这里先进性指生产效率的提升,表现为市场参与者在成本、时间或人力方面的节约,使其获取一定数量和质量产品、服务及其他成果所耗费的资源减少,即经济性。经济性与先进性的结合即为降本增效,从而推动市场规模的扩大。

因此,科技进步是推动行业变革的核心驱动因素,各次革命中的技术革新给行业带来了不同程度的影响。本章以主要行业为切入点,以历次革命为时间线索,从先进性、经济性和市场化机制演变的角度分析主要技术对行业造成的影响。

5.1 制造行业的变化

制造业(或制造工程、制造流程)与工业在产业分类中同属"第二产业",是通过劳动人力、机器、工具、生物化学反应或配方,对原物料进行加工制造,将其生产成可供使用或销售的制成品或最终产品。制造业是形成货物运输需求的重要基础之一,其规模直接涉及国内与国际货物运输(贸易)量。下面以棉纺织行业和橡胶行业为例,分析历次技术革命给制造业带来的变化。

1)棉纺织行业

棉纺织行业是近代第一个向资本主义生产方式转变的大工业,在英国工业化进程中,棉纺织行业是技术革命的核心行业和社会经济繁荣的重要基础。英国棉纺织行业发展进程的核心机制是创新驱动的体系化模式,而其首要的引擎是技术创新。作为先进生产力的体现和标志,技术进步是支撑生产力巨大飞跃的保障。

（1）行业效率变化

在英国，棉纺织技术进步的协同演化突破了传统手工生产的瓶颈，推动了棉纺织行业的机械化发展，显著提高了劳动生产效率。

棉纺织行业的关键技术创新见表5-1。钟表匠约翰·凯伊发明的"飞梭"初步改变了手工穿梭织布的落后方式，减少了织布对人力的需求，极大地提高了织布的效率。改变棉纺织行业面貌的技术创新伴随着珍妮纺纱机和水力纺纱机的发明而到来。珍妮纺纱机出现后，纺纱效率较之前的纯手工织布提升了8倍以上。1768年，理查德·阿克莱特成功制成水力纺纱机，将粗纱纺成细纱，英国棉纺织行业由此实现了真正发展。

棉纺织行业的关键技术创新与效率变化　　　　表5-1

年份（年）	技术创新	效率变化
1733	飞梭	初步改变手工穿梭织布方法，使工效提高了2倍
1764	珍妮纺纱机	纺纱效率较之前的纯手工提升了8倍以上
1768	水力纺纱机	借助水动力，纺出的棉纱更加坚固
1779	新型纺纱机（骡机）	—
1785	水力织布机	织布自动化，织布效率提高了约40倍

蒸汽机的出现使棉纺织行业得到进一步发展。1779年塞缪尔·克朗普顿综合珍妮纺纱机和水力纺纱机的优点，发明了新型纺纱机——骡机，骡机可以同时转动三四百个纱锭。据统计，1788年骡机使用数量大约为5万台，到了1811年，这一数字增加到460万台。1785年，埃德蒙·卡特赖特发明水力织布机，工效提高了约40倍。

据统计，从1803年到1829年再到1845年，英国自动织布机历经了2400台到1.5万台再到25万台的发展。技术创新使动力织机与传统手织机的功效比上升至7.5∶1。18世纪50年代至19世纪30年代，英国实现了纺织机械化，仅在纺织工业一个部门，其生产率就提高了300～400倍。正是这种机械化操作，极大地提高了棉纺织行业的劳动生产率，促进了英国现代工业经济的飞速发展。

除机械联动装置的发明外，与化学有关的新工艺变革也是纺织技术的重大创新。漂白是棉织品最后一道不可或缺的工序，18世纪末，氯气为漂白工艺带来变革。1785年，试验证明氯气可以作为纺织物的一种强力漂白剂。1788年，史密森·坦南特用石灰水与氯气作用得到漂白液，再加工制成固状漂白粉，随后建立的漂白粉化工厂第一年就生产了57t漂白粉，到1852年，英国漂白粉产量达到13100t。如果没有这种新颖的漂白方法，英国的棉纺织行业几乎不可能达到19世纪的规模。正如贝恩斯所说："化学学科在促进和完善操作方法方面的作用，至少与机械科学在促进和完善制造业的各种操作方面的作用一样，它同机械学、消费风尚一起构成了棉纺织行业的三大支柱。"

（2）劳动力成本变化

英国的棉纺织行业技术革命主要分为两个阶段：第一阶段是由传统手工业生产向机器

密集型生产的转变;第二阶段是对机器生产技术的不断创新和改良。在第一阶段,即 18 世纪前期,英国选择的是资本密集型的技术,而印度采用的是劳动密集型的技术。18 世纪,英国兰开夏郡的工资水平迅速提高。高工资引导企业家为了追求利润,必须采用资本密集型的技术来减少劳动力的使用,从而降低劳动力成本。在第二阶段,19 世纪初,由于机器生产效率的提高,带来了劳动力成本的下降,工资有所降低,具体见表 5-2。

1799—1849 年英国私人企业中的工资指数(以 1850 年为 100) 表 5-2

年份(年)	棉纺织	建筑业、贸易	机械和造船	农业
1799—1808	182	—	—	111
1809—1818	137	—	97	120
1819—1820	101	—	96	97
1820—1826	100	—	96	95
1827—1832	90	91	91	91
1833—1842	93	95	—	91
1843—1849	100	99	102	96

资料来源:撒莉,徐子桐. 劳动力价格对技术革命的影响分析——以英国工业革命时期棉纺织业、采煤业为例[J]. 中国物价, 2019(6): 70-72。

(3)市场规模变化

英国棉纺织行业在 18 世纪到 19 世纪期间得到持续、快速的发展,其市场规模可从原棉进口和棉纺织品出口情况充分体现出来,如图 5-1、图 5-2 所示。从原棉进口数量看 1700—1800 年,英国原棉进口数量由 139.6 万 lb 上涨至 5601.1 万 lb,1820 年比 1800 年增加近两倍,达到 1.4974 亿 lb。从棉纺织品出口总值看,1780—1802 年,英国出口棉纺织品由 35.506 万英镑上升到 762.450 万英镑,20 年左右增长 20 余倍,1830 年这一数字达到 4105.097 万英镑。

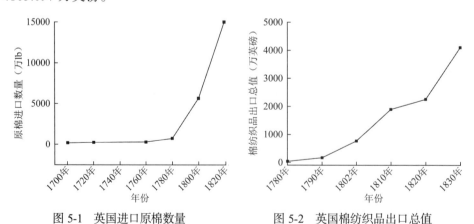

图 5-1 英国进口原棉数量　　图 5-2 英国棉纺织品出口总值

资料来源:马瑞映,杨松. 工业革命时期英国棉纺织产业的体系化创新[J]. 中国社会科学, 2018(8): 183-203, 208。

2)橡胶行业

第二次技术革命中,化工行业的兴起与发展极大地丰富了人类社会的物质需求。化工染料、合成橡胶、塑料制品、化学制药、化肥等产品已经成为当代人类衣食住行等各环节不可或缺的生产与生活用品。

（1）行业效率变化

橡胶行业与交通运输行业的发展密切相关。以橡胶行业为例，橡胶硫化是橡胶工业的基础，而轮胎是橡胶工业的主要制品，其消耗的橡胶量占橡胶总用量的 50%～60%。橡胶生产的发展导致了轮胎的大规模生产，也直接促进了自行车、汽车与飞机的发明与应用，图 5-3 描述了橡胶行业技术进步对轮胎产品质量的提升过程。

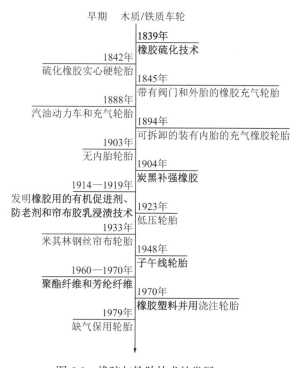

图 5-3　橡胶与轮胎技术的发展

总体上看，随着橡胶技术的进步，轮胎的发展方向主要是为车辆减振、减重、省油。早期汽车使用的是木制或铁制车轮，由于路面平整度问题，汽车行驶速度并没比马车快多少。硫化技术改善了橡胶的使用性能，推动了橡胶制品的广泛应用。1888 年，约翰·邓禄普获得了充气轮胎的专利，充气轮胎可大大提高汽车的减振性能，对汽车产业的发展具有重要意义。1903 年无内胎轮胎的发明为车辆减重及省油作出了显著贡献。

随着橡胶有机促进剂、防老剂和帘布胶乳浸渍技术的发展，轮胎生产技术日趋成熟，轮胎质量也大为改观。1923 年，低压轮胎问世，这种轮胎所需气压比以往的高压窄轮胎降低了 40%，与地面接触面积增大，弹性好，能更好地吸收冲击和振动，提高行驶平稳性。1948 年，法国试制成功的子午线轮胎可以在保持更大的接地面积、更好的抓地性的同时节省燃油，是轮胎工业的一场革命。

1960—1970 年聚酯纤维和芳纶纤维出现并用于轮胎。1979 年发明的缺气保用轮胎，使汽车可在气压丧失之后以 80km/h 速度再行驶 80km 左右。

（2）典型产品价格变化

以纽约市场为例，橡胶价格在 1920 年平均为 943.3 美元/t，1921 年跌至 360.5 美元/t，1925 年又暴涨到 1597.5 美元/t，后因经济危机大踏步下跌，直落到 1930 年的 225.8 美元/t、1931 年的 134.9 美元/t 以及 1932 年的 75.6 美元/t，是 20 世纪的最低价位。

第二次世界大战结束后，橡胶工业兴起，价格回升。继 1951 年达到 1302.3 美元/t 的新高后，在波动中有所回落。不过，1969—1971 年的第三次经济危机使橡胶价格再次下跌，1971 年创下 399 美元/t 的新低，此后再逐步回升。1980 年达到 1625.4 美元/t 的新高，其后又持续下跌，到 1999 年时仍未恢复到 1980 年的水平。

（3）市场规模变化

从图 5-4 可以看出，世界天然橡胶产量呈增长趋势，在第二次世界大战期间有所放缓。从局部看，20 世纪 30 年代中期的世界经济危机期间，世界天然橡胶产量从 1934 年的 104.9 万 t 下降到 1935 年的 84.328 万 t，到 1940 年才恢复和超过 1934 年的水平。

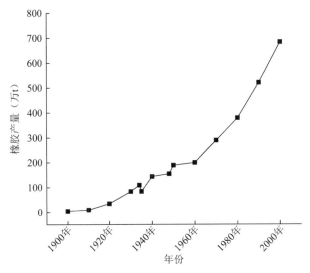

图 5-4　历年世界天然橡胶产量

资料来源：根据"莫善文. 世界天然橡胶业的回顾与展望[J]. 云南热作科技, 1999, 22(4): 15-17."等文献绘制。

第二次世界大战之后，作为战略物资的合成橡胶以及与战争相关的橡胶制品如汽车轮胎、飞机轮胎等行业发展迅速，市场销量不断上升。20 世纪 70 年代，橡胶加工及橡胶合成技术达到了前所未有的水平。不过，20 世纪 70 年代中期受石油危机的冲击，汽车工业、石油化学工业、橡胶工业也出现了市场波动，并一直持续到 80 年代初期。

此外，计算机技术提高了橡胶生产的技术水平。计算机辅助设计技术促进了橡胶应用技术水平的提高，催生了更高科技含量的橡胶新产品。生产率水平的提高，单位面积产量大大提高，2000—2005 年橡胶单产出现飞跃，全球橡胶产品的市场规模也有了显著扩大。

5.2 计算机行业的主要变化

以电子计算机技术的发展和应用为主要代表,第三次技术革命也是信息技术革命,由美国引领,实现了生产生活的自动化、信息化和管理的现代化。

(1)行业效率

电子计算机的出现,是继发明蒸汽机和利用电能后生产力发展中的第三次飞跃,极大地提高了生产力。电子计算机的发明源自第二次世界大战先进武器的高速度、高精确计算需求,在此背景下,美国工程师约翰·莫奇利于1942年提出了第一台电子计算机的初步方案。自此之后电子元件技术的快速发展使得电子计算机运算速度不断提高,适用领域不断扩大,时至今日仍处于不断发展中。

电子计算机的技术先进性变化见表 5-3。

电子计算机的技术先进性变化 表 5-3

发展阶段	逻辑元件	主存储器	运算速度(次/s)	软件	应用
第一代 (1946—1958年)	电子管	电子射线管	几千到几万	机器语言、汇编语言	军事研究、科学计算
第二代 (1958—1964年)	晶体管	磁芯	几十万	监控程序、高级语言	数据处理、事务处理
第三代 (1964—1971年)	中小规模集成电路	半导体	几十万到几百万	操作系统、编辑系统、应用程序	有较大发展开始广泛应用
第四代 (1971年至今)	大规模、超大规模集成电路	集成度更高的半导体	上千万到上亿	操作系统完善、数据库系统、高级语言发展、应用程序发展	渗入社会各领域

资料来源:https://baike.baidu.com/item/%E7%AC%AC%E4%B8%89%E4%BB%A3%E8%AE%A1%E7%AE%97%E6%9C%BA/1625320。

电子计算机的发展依据硬件的革新可分为四个阶段。1946年,研发人员利用无线电、雷达、微波和脉冲技术制成了世界上第一台电子计算机,其运算速度为5000次/s,比其他设备要快上1000倍;20世纪50年代,第二代电子计算机——晶体管计算机出现,与电子管相比,逻辑元件晶体管具有尺寸小、质量轻、寿命长、效率高、发热少、功耗低等优点,运算速度达到每秒几十万次,内存从几千提高到10万以上。20世纪60年代,第三代电子计算机——集成电路电子计算机出现,其主要功能部件是中小规模集成电路,运算速度提升至每秒百万次量级,内存容量扩大到几十万字节,较第二代体积更小、能耗更少、价格更低。20世纪70年代,主要由大规模和超大规模集成电路组装成的第四代计算机出现,美国 ILLIAC-IV计算机是第一台全面使用大规模集成电路作为逻辑元件和存储器的计算机,运算速度提升至每秒上千万次到上亿次。1971年,第一台微处理器在硅谷诞生,开创了微型计算机的新时代。

计算机的发展，除了对科技的支撑，还推动了人类认知的提高。第一代计算机，主要局限于科学计算；从第二代开始的计算机已广泛用于生产过程与企业行业管理。实践发现，第一、第二代计算机只能按顺序工作；到了应用集成电路技术的第三代计算机后，并行处理技术增强了计算机的"时间分工"能力，计算机广泛进入文字处理和图形图像处理领域；而更快速度、更高效率的第四代计算机使人们进一步改变劳动的性质，人类生产、生活效率不断提高。

（2）典型产品价格

20世纪70—80年代是计算机进入人们生活的阶段，平价个人计算机的推出，极大推动了家庭计算机市场的迅速成长，也间接、显著地扩大了商用计算机的应用领域。这一阶段市场份额较高的家用计算机主要为TRS-80（1977年）、Atari400/800（1979年），价格较低的型号占据了较高的市场份额。

20世纪80—90年代，美国各计算机厂商价格竞争激烈，计算机市场价格不断降低。如1982—1985年C64计算机价格由600美元骤降至150美元。1983年，康柏公司成功推出了第一款商用的IBM-PC兼容机，从此开启了兼容机时代，各大计算机厂商纷纷仿效，有力地推动了个人计算机的普及。新兴中小厂商IBM-PC兼容机价格更低，且能兼容多种第三方的计算机产品，IBM-PC兼容机市场份额增长推动了计算机在美国中产家庭内普及。

（3）市场规模变化

第三次技术革命时期，计算机出现并迅速发展。除美国等技术引领国外，20世纪80年代，欧洲国家、日本的家庭计算机也不断普及，图5-5为全球微型计算机市场规模发展。不难看出，1975年时全球仅有不过千余台微型计算机，1980年时已增至72万台。1980—1986年，全球微型计算机规模迅速扩大，短短6年间增加了828万台，这意味着计算机逐渐走入发达国家的普通家庭及中小企业。

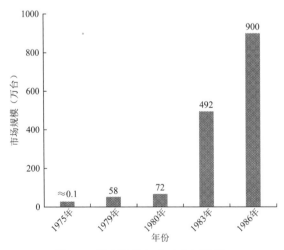

图5-5 微型计算机全球市场规模

资料来源：海通证券. 回顾美国1980—2000年科技长牛[EB/OL]. (2020-1-9)[2021-12-18]. https://www.htsec.com/jfimg/colimg/upload/20200113/68981578882847978.pdf。

美国计算机销售量指数如图 5-6 所示,可以看到 1996 年为一个明显的时间节点。1996 年之后销量突然增加,究其原因是关键技术突破:PC 硬件普及与互联网软件搭建,尤其是互联网的搭建,刺激了人们对计算机的需求。1995—2000 年是互联网百花齐放的时代,以雅虎为代表的各类网站相继出现,从政府部门、学校、公司到个人都在自建网站,信息通过网页以更快的方式传播开来,人类真正进入信息爆炸时代,互联网普及率从 5%迅速攀升至 43.1%,如图 5-7 所示。

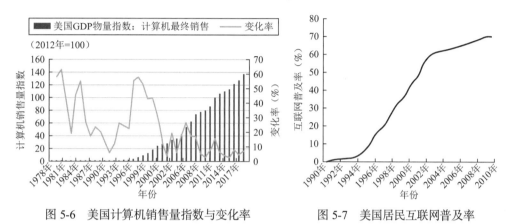

图 5-6　美国计算机销售量指数与变化率　　图 5-7　美国居民互联网普及率

资料来源:海通证券. 回顾美国 1980—2000 年科技长牛[EB/OL]. (2020-1-9)[2021-12-18]. https://www.htsec.com/jfimg/colimg/upload/20200113/68981578882847978.pdf。

5.3 小结

本章从技术和行业的内涵出发,以制造行业、电子计算机行业为切入点,以历次革命为时间线索,分别从先进性、经济性和市场化的角度分析历次革命中的主要技术对行业造成的影响,主要结论如下:

(1)历次革命中的核心技术对相关行业效率提升具有重要驱动作用。从制造行业看,1733 到 1785 年间,机械装置的革新和新工艺的进步使棉纺织行业的织布效率提高了约 40 倍。从计算机行业看,电子元器件技术的快速发展使电子计算机的运算速度从每秒计算几千次提高至每秒计算上亿次。计算机技术的发展一方面降低了其自身成本,推动了计算机技术应用的普及;另一方面,计算机技术的发展对整个社会的运行与经济发展带来了巨大影响,推动了各行业生产力水平和管理能力的提高。

(2)技术促进行业效率的提升,进一步降低了产品制造或服务供应所消耗的社会资源。从制造行业看,机器生产技术的创新使 1799—1849 年英国纺织业人工成本降低了近一半。从计算机行业看,1982—1985 年仅三年时间,C64 计算机市场价格下降约八成。这些变化既意味着生产过程中资源消耗的降低,也为计算机技术及其产品的普及奠定了坚实基础。

(3)行业效率提升和成本/价格降低有利于营造良好的市场环境,促进市场规模扩大。从制造行业看,英国棉纺织品出口量从 1774 年的 2%提高到 1820 年的 62%。从电子计算机行业看，1980—1986年，全球微型计算机由72万台增至900万台，短短六年期间规模扩大12.5倍。这些变化一方面扩大了相关行业的生产能力，刺激了市场规模的增长；另一方面也推动了人类社会经济发展水平和人们生活质量的显著提高。

因此，从行业发展的角度而言，技术进步作为行业变革的核心驱动因素，通过提高所在行业的生产效率、扩大行业市场规模、减少市场参与者获取产品和服务所耗费的资源，推动行业发展。但技术并不是影响行业发展的唯一因素，国家/国际局势、政策制度等外部环境的影响不容忽视。

第 2 篇

技术对交通运输业的影响

第 6 章

技术对交通运输供给的影响

交通运输是人类社会生产和经济发展的载体,是人类交流、交往的先导。速度是交通运输系统的重要因素,它既反映了交通工具的效率,也体现了获取运输服务在时间上的经济性;运营里程是体现交通运输系统规模的重要指标,反映了行业在一定时期内的发展规模;客货运量是交通运输系统的成果表现,体现了交通运输行业的产量,这些指标的提高往往是由技术进步推动的。本章主要从交通运输效率、运输能力两方面分析技术给交通运输行业带来的变化。

6.1 交通运输效率

1)铁路运输

蒸汽机技术在陆地运输上的应用带来了人类交通运输方式和手段的一次巨大飞跃,以蒸汽机车作为牵引动力的铁路运输兴起。第一次技术革命前后的蒸汽机车运能如图 6-1 所示。

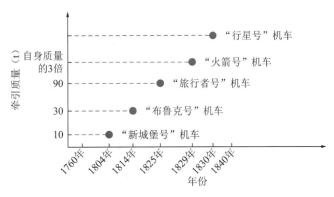

图 6-1 第一次技术革命前后典型蒸汽机车的牵引能力

1804 年,英国人理查德·特里维希克在瓦特蒸汽机原理的基础上,制造了一台货运蒸汽机车"新城堡号"。1814 年,英国人乔治·斯蒂芬森制造的"布鲁克号"机车牵引质量可达到30t。1825年，乔治·斯蒂芬森制造的"旅行者号"机车牵引质量达到了90t。

1829年，罗伯特·斯蒂芬森集成了当时世界上最先进的技术，设计了"火箭号"蒸汽机车。这是第一台初具现代蒸汽机车基本构造特征的蒸汽机车。1830年，罗伯特·斯蒂芬森将卧式锅炉的内外火箱和烟箱制成一个整体（称为"机车式锅炉"），又制造了"行星号"机车，该机车的两个汽缸装于锅炉前端烟箱下部车架内侧位置，称为"内汽缸式机车"。

第二次技术革命期间，内燃机车、电力机车的发明和广泛使用，推动了铁路在世界范围内的快速发展。在19世纪40年代以后，铁路运输的重要性日渐显著并逐渐取代了水路运输的地位。1879年，维尔纳·冯·西门子在柏林推出了第一台电力机车。第二次技术革命期间的铁路典型机车牵引功率发展如图6-2所示。

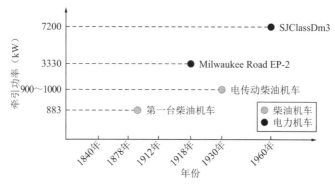

图6-2 第二次技术革命期间的典型机车牵引功率

1892年，德国工程师鲁道夫·狄塞尔发明了以柴油作为燃料的压缩点火式内燃机，这也是世界上第一台柴油机，此后铁路机车进入柴油化进程。1912年，首台真正意义上的柴油机车诞生，功率883kW。20世纪30年代，电传动柴油机车成为北美大陆铁路干线的主力。与蒸汽机相比，内燃机车有着许多明显的运营优势，如更少的维护和空转时间、更高的热效率等。

第二次技术革命期间，电力机车逐渐应用于铁路。1901年，西门子公司、哈卢施卡电机公司制造的电力机车创造了160km/h的纪录。1918年，Milwaukee Road EP-2级机车功率达3330kW，连续牵引力达到190kN。1960年，瑞典铁路机车SJClassDm3功率达到创纪录的7200kW。迄今为止，电力机车在各国铁路领域发挥了重要作用。

机车发展带动了铁路的发展。1825年，第一条铁路（斯托克顿—达灵顿）在英国诞生。1830年，利物浦—曼彻斯特铁路通车标志着"铁路时代"的开始，英国率先进入铁路快速发展时期。从铁路建成时起至第二次技术革命结束，这段时间是英国铁路建设的高潮时期，如图6-3所示。1880年英国铁路线网基本建成，1926年其铁路规模达到32857km的历史最高水平。

第6章 技术对交通运输供给的影响

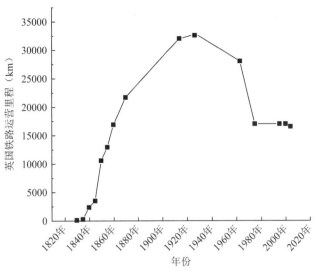

图6-3 英国铁路运营里程变化

数据来源：根据文献[53]绘制。

英国铁路快速发展的主要原因有：第一，没有政府监管或干预的宽松状态是英国铁路快速发展的一个重要原因。任何有足够财力或有能力借入足够资金的人都可以向议会申请组建铁路公司，按当时的铁路法案获批后就可以在铁路沿线征用土地。在1835—1837年的第一次"铁路热"中，议会批准了1700mile铁路线路。1844—1848年的第二次"铁路热"，年均通车里程达812mile。第二，技术革命带来的棉纺织业、冶铁业和采煤业的货运需求的增加是铁路建设迅速发展的根本动力。第三，社会流动性的增强推动了客运业务的发展。第四，铁路运输速度快、受天气影响小，较水运等方式具有更大的优势与更高的服务水平。第五，技术革命为铁路运输业发展提供了技术上和物质上的保证。例如，冶铁行业的发展保障了铁路建设需要的建筑材料供应；贝塞麦炼钢法的推广使钢材供应充足，铁路运输业实现了轨道材料的钢铁化。

历次技术革命中影响铁路行业的主要技术如图6-4所示。第一次技术革命以蒸汽机的发明和应用为主要标志，1825年英国人乔治·斯蒂芬森制造的"旅行者号"蒸汽机车在铁路上行车成功，世界上第一条铁路建成并通车；第二次技术革命期间，内燃机车、电力机车的发明和广泛使用，推动了铁路在世界范围内快速发展；第三次技术革命以20世纪30年代信息技术和自动化技术的广泛应用为主要标志，综合交通运输体系逐步形成，铁路大量应用新材料、新能源、信息化和自动化技术，高速铁路和重载铁路得到快速发展。

蒸汽机、内燃机、电动机的应用推动了载运工具速度与效率的提升，图6-5为历次技术革命下铁路机车的最高速度发展情况。第一次技术革命期间，蒸汽机车开始发展，最高速度在100km/h以内；第二次技术革命期间，三种机车各自发展，其最高速度接近200km/h。

20世纪30年代后，铁路机车开始全面转换为电力机车和内燃机车，这一时期电力机车得到了极大发展，最高速度超过300km/h。

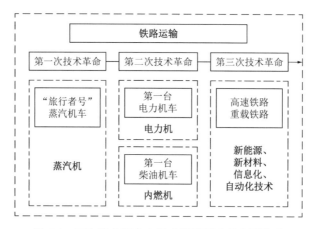

图6-4 历次技术革命中影响铁路行业的主要技术

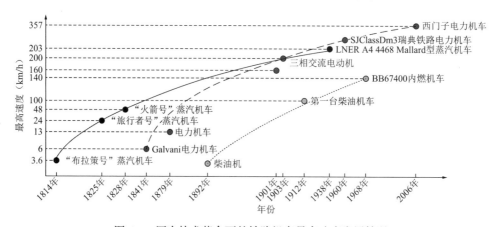

图6-5 历次技术革命下的铁路机车最高速度发展情况

最高速度从技术角度体现了机车的发展，但实际运营中受制于线路条件和安全要求，客运铁路的运输速度难以达到最高速度。因此，铁路列车的平均速度（旅行速度）体现了铁路运输行业的效率提升。铁路客运列车平均速度发展历程如图6-6所示。

蒸汽机车第一次载客在铁轨上运行时速度仅为24km/h。速度显著提升是在第三次技术革命期间高速铁路的发展中取得的。1965年日本高速铁路新干线的旅行速度达到了162.8km/h。20世纪90年代，法国第三代高速列车旅行速度达到了254.3km/h。进入21世纪，随着高速铁路技术不断完善，铁路旅行速度也不断提高。

在节约出行成本方面，铁路的出现完全取代了马车的长途运输。19世纪40年代初，铁路导致20%的马车运输量和50%的河道运输量减少。当时公路每英里运输费用是4~5便士，铁路每英里运输费用为：一等车厢3.5便士，二等车厢2.5便士，三等车厢2便士。有相关研究指出，铁路运输为当时的英国节省了大约40%的运输费用，可以说铁路为19世纪中后期的英国经济发展作出了巨大的贡献。

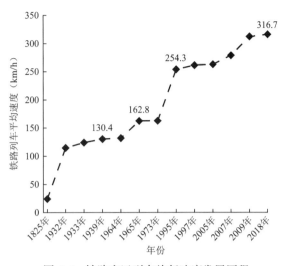

图 6-6　铁路客运列车旅行速度发展历程

资料来源：https://en.wikipedia.org/wiki/Railway_speed_record。

整体上看，第一次技术革命期间铁路开始发展，并在第二次技术革命期间达到高潮，欧美国家铁路运营里程快速增长。美国 1916 年铁路运营里程超过 40 万 km，成为当时铁路建设速度最快的国家。德国 1912 年、法国 1938 年铁路运营里程分别达到高峰值 5.8 万 km、4.3 万 km（图 6-7）。

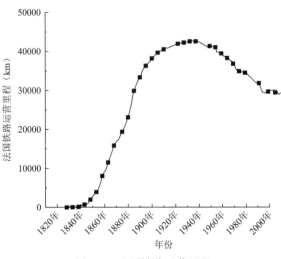

图 6-7　法国铁路运营里程

资料来源：根据文献[53]绘制。

第三次技术革命中，新材料、新能源、信息化和自动化技术被广泛用于铁路，有力地推动了铁路客运的高速化与货运的重载化发展。目前全球已运营高速铁路总里程达到 6.8 万 km，其中约 4.8 万 km 在中国。货运重载方面，继美国 1958 年开行世界上第一列重载列车后，重载运输技术在澳大利亚、加拿大、巴西、俄罗斯、南非、中国等国家得到推广；中国大秦铁路每年煤炭运量超 4 亿 t，是世界上运量最大的铁路线路。

2）航空运输

机翼技术、喷气发动机技术、无缝焊缝技术、熟铁冶炼技术的出现推动了新的运输方式即航空运输的出现与发展，长距离出行效率产生了质的飞跃。在航空界，一般把适于持续航行、接近于定常飞行的飞行状态称为巡航，因此，本书采用飞机巡航速度的变化来体现航空运输效率的提升。

自第二次技术革命期间莱特兄弟研制的"飞行者1号"于1903年首飞成功以来，航空领域技术的发展使飞机的巡航速度不断提高。1914年，第一条定期民用航线在美国圣彼得斯堡开始运营，飞机巡航速度为112km/h。随着第一次世界大战的爆发，民航运输停止，各国航空技术力量都服务于战争。战后，军用技术向民用技术转化，飞机的运载能力、飞行速度有了很大提高。从战机演化而来的第一架真正意义上的民航客机——波音247，1930年的巡航速度提高至266km/h。后来的第二次世界大战进一步推动了民航客机的发展，波音377是波音公司在第二次世界大战后生产的一款以活塞发动机驱动的以螺旋桨为动力的远程客机，其巡航速度达到483km/h。

技术革新使航空客机发动机从早期的活塞发动机发展到涡轮喷气发动机，再发展为现代的涡轮风扇发动机。喷气式客机的出现奠定了民用航空的发展方向，表6-1中列出了历代喷气式客机的主要技术特征。

从图6-8不难看出，1950年使用涡轮喷气发动机的波音707巡航速度为977km/h。1968年，涡扇发动机开始应用于客机飞行，先后出现的波音747、757、767、777巡航速度均达到1089km/h，此后客机速度无太大突破，都保持在亚音速状态。一方面，飞机提速伴随着飞行体验下降，飞行速度越快，噪声就越大。另一方面，飞行速度提升也伴随着对机身材料、电子仪器、发动机以及飞行员素质要求的提升，乘客出行成本也会相应提升。从安全和经济角度讲，飞机设计师们一直以来都在飞行速度和安全方面不断进行平衡，以求达到最合理化，而非一味追求速度的提高。

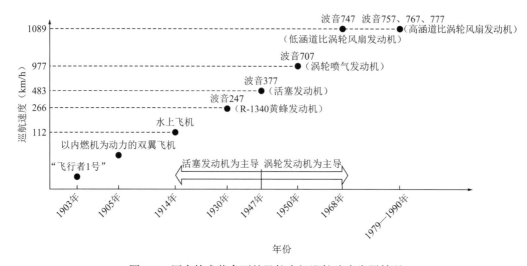

图6-8 历次技术革命下的民航客机巡航速度发展情况

历代喷气式客机主要技术特征　　　　　　　　　　　　　　表 6-1

客机代数	主要技术特征	代表机型
第一代	采用涡轮喷气发动机、后掠翼	波音 707
第二代	采用新的翼型和低涵道比涡轮风扇发动机	波音 747
第三代	采用高涵道比涡轮风扇发动机，涵道比为 4.2～5.0	波音 757
第四代	采用超临界翼型和更先进的高涵道比涡轮风扇发动机，涵道比为 5.0～6.0	波音 767
第五代	采用效率更高、噪声更小的 GE90 涡轮风扇发动机	波音 777

3）公路运输

随着蒸汽机的诞生，人类社会拉开了汽车发展的序幕。1769 年法国人尼古拉·居纽制造了世界上第一辆蒸汽驱动的、被命名为"卡布奥雷"的三轮汽车。该车车长 7.32m、高 2.2m，前轮直径 1.28m，后轮直径 1.50m，前进时靠前轮控制方向，运行速度 3.5～3.9km/h，每运行 12～15min 需停车加热 15min。1801 年，英国人理查德·特里维西克研制了装备高压蒸汽机的"伦敦蒸汽马车"，这是第一辆真正投入市场的蒸汽机车辆，可乘坐 6 人。1825 年英国人斯瓦底·嘉内制造了一辆 18 座蒸汽公共汽车，车速为 19km/h，开启了世界上最早的公共汽车运营。

19 世纪中叶，英、美、法等国家有许多人研制蒸汽机汽车，并在部分城市载客行驶。这些早期的蒸汽客车由于噪声大、黑烟多、破坏路面，且不安全，常引起公众反对。

19 世纪 80 年代后，随着内燃机技术的完善，蒸汽机逐步被淘汰。内燃发动机技术的应用使公路汽车运输大面积推广成为现实。实际上，公路运输方式的产生和发展扩展了人类生存和发展的空间。

下面通过载货汽车分析公路运输的运能变化。载货汽车是公路运载货物和商品用的主要载运工具，载重量是指在一定时间内每辆载货汽车平均装载的货物质量（t）。代表性载货汽车的载重量和技术特点见表 6-2。

代表性载货汽车的载重量和技术特点　　　　　　　　　　表 6-2

国家	年份（年）	代表性载货汽车	载重量（t）	技术特点
德国	1896	—	1.5	排量 1.06L，4 马力双缸发动机
德国	1915	—	3	—
德国	1924	M.A.N.Saurer 载货汽车	4	第一辆柴油载货汽车，柴油直喷四缸发动机
美国	1934	Euclid-1Z	14	第一辆四轮液压翻斗车，采用汽油发动机

内燃机发明后，1885 年德国工程师卡尔·本茨把汽油内燃机装上了三轮车，这是世界上第一辆最高速度达 15km/h 的内燃机汽车。1886 年戈特利布·戴姆勒制造了世界上第一辆"无马之车"，该车以 18km/h 的速度从斯图加特驶向康斯塔特，标志着第一辆汽油发动机驱动的四轮汽车的诞生。新成立的福特汽车公司研发的汽车生产流水线于 1908 年开始出售 T 型车，可提供 20hp 的功率和 45mile/h 的速度。德国大众汽车公司的第一代甲壳虫

汽车从 1934 年到 2003 年共生产超过 2150 万辆。

早期的内燃机车主要用于载客。1896 年，德国戴姆勒汽车公司生产出了世界上第一台载货汽车：整车质量 1.2t、载重量 1.5t。之后，很多汽车公司努力研发燃油发动机载货汽车，使载货汽车迅速成为道路运输的主力。1915 年，德国林道康斯坦茨湖的合资工厂生产出第一辆 3t 级载货汽车。1924 年，德国研发了世界第一辆柴油直喷四缸发动机的载货汽车，载重量 4t。柴油直喷发动机技术的诞生具有里程碑意义，相比当时的汽油发动机，该技术可节省 75%的运营成本，为载货汽车领域的柴油发动机发展奠定了基础。

20 世纪 30 年代后，载货汽车研发取得突破，汽车推动力使矿山开采和工程建设机械的需求大幅增加。美国尤克力德（Euclid）公司 1934 年研制了第一辆四轮液压翻斗车 Euclid-1Z，载重量 14t，开创了自卸载货汽车的历史。1938 年，意大利瓦尔特里纳水电站采用电动载货汽车运输混凝土。1939 年，美国国际盐业公司在密歇根州地下矿工程中，将 Euclid 载货汽车改装成电力驱动载货汽车，载重量 18t。20 世纪 50 年代后，载货汽车的载重量越来越大。1951 年，尤克力德推出当时世界最大的 Euclid-1LLD 型自卸车，总功率 375 马力，载重量 50t。

为改善载货汽车道路运行的经济性，美国的雷多诺首次提出了多轮驱动想法。1960 年，他改装了一台 TR-60 型铰接式电动自卸车，将单引擎改为双引擎，使其功率增加了一倍，载重量由 54t 提高到 68t。柴油-电动轮车从此摆脱了电力高架线的束缚，在更多场合得到推广应用。后来成为全球第一大工程机械制造商的卡特彼勒（Caterpillar）公司于 1962 年研发了载重量 35t 的自卸车，1964 年推出载重量 68t 的 779 原型车，1965 年推出了当时世界最大的 786 型 240t 底卸式运煤载货汽车。20 世纪 80 年代后，卡特彼勒公司先后推出了一系列大型载货汽车，如 1986 年载重量 177t 的 789 型自卸车、1991 年载重量 218t 的 793 型自卸车以及 1998 年载重量 326t 的 779 型自卸车。779 型自卸车是当时世界最大级别的矿用车，2002 年升级为 797B，载重量提高到 345t；2008 年升级为 797F，载重量达 363t，目前仍是世界最大级别的矿用汽车。

由于公路运输在通达性、机动性、灵活性、短距离运输快速性等方面具有铁路运输方式所不可相比的技术经济优势，在一些工业发达国家，公路运输不仅在全社会客货运量中，而且在全社会客货运输周转量中所占的比例均名列前茅，这与货运汽车载重量的提升息息相关。

公路运输的主要载运工具是汽车，与铁路机车类似，主要有蒸汽、内燃、电力三种动力源。全球汽车工业发展历程按照动力的不同可分为五个阶段，如图 6-9 所示。由图可以看出，第二次技术革命期间多种动力的汽车并行发展。

图 6-9　全球汽车工业发展历程

资料来源：https://www.qianzhan.com/analyst/detail/220/200907-a806c9f2.html。

图 6-10 为历次技术革命下汽车速度的发展情况。詹姆斯·瓦特对蒸汽机的改良导致了蒸汽机汽车的诞生。1769 年法国人尼古拉·居纽制造了世界上第一辆蒸汽驱动三轮汽车，1825 年英国人斯瓦底·嘉内制造了一辆 18 座蒸汽机公共汽车，1870 年阿米迪·波雷先后发明了几款具有时代意义的蒸汽机汽车。1906 年，史坦利兄弟发明的蒸汽机汽车以 204km/h 打破了陆地行驶速度纪录，这一纪录直到 1924 年才被打破。由于蒸汽机汽车不仅要安装蒸汽机、锅炉及随车携带固体燃料，还需要花较长时间将水煮沸，产生一定气压才能启动，随着内燃机汽车的技术发展，蒸汽机汽车逐步被淘汰。

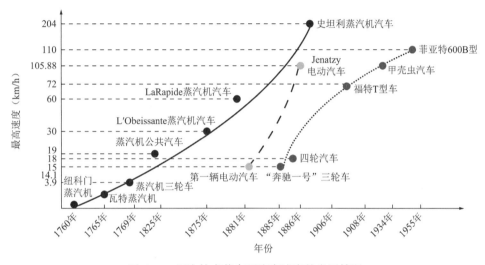

图 6-10　历次技术革命下汽车速度的发展情况

第二次技术革命对电力和石油的利用，促进了电动汽车和内燃机汽车的诞生。1881 年，第一辆电动汽车由法国人古斯塔夫·特鲁夫制造问世。该电动汽车采用铅酸蓄电池供电，由 0.1hp 的直流电动机驱动的三轮纯电动汽车，速度约为 15km/h。1899 年，卡米尔·杰那茨使用自行研发的电动汽车创造了 105.88km/h 的速度纪录。

第三次技术革命期间，汽车性能不断改善，提升了速度、安全性和舒适性，此时道路条件成为制约效率的因素。各国开始大量修建沥青路面和混凝土铺装路面，推动高速公路的出现。1932 年，德国修建了世界上的第一条高速公路。1940 年，美国第一条高速公路通车。此外，各国政府纷纷投资修筑完善的公路系统。

与铁路和航空运输相比，公路汽车客运速度在达到一定水平后提升难度增大；这一方面由于汽车速度提升对道路要求较高；另一方面，驾驶员的反应能力也是速度提升的安全瓶颈。实际上，高速公路诞生后，交通事故更多了。为保障安全，各国对公路最高行车速度进行了限制。以英国为例，1903 年英国汽车限速仅为 32km/h；1934 年，城市建成区限速为 48km/h；1967 年高速公路限速设定为 112km/h，该限速一直保持至今。

技术革命发生期间，交通运输效率有了很大的改善。19 世纪 80 年代后，内燃发动机技术的应用使公路汽车运输成为现实。公路运输在通达性、机动性、灵活性、短距离运输快速性等方面具有铁路运输方式所不可相比的技术经济优势，极大提高了中短距离的运输效率。

影响汽车技术速度的因素很多，包括车辆技术性能、技术状况、驾驶员的技术水平、道路条件、交通条件、运输组织、荷载等。

"路"是公路运输的另一重要决定因素。1932年德国修建了第一条高速公路，更充分地发挥了公路运输的优势，提高了运输效率。高速公路要划分车道和设置中间带，从根本上改变了混合交通的行驶条件。高速公路出入口的控制可减少红绿灯的延误，降低无关车辆带来的交通拥挤，提升旅行速度，节约运输时间，提高出车时间利用率。

4) 水路运输

水路运输的历史几乎和人类文明史一样悠久。从石器时代的独木舟到现代运输船舶，水路运输可以分为4个时代：舟筏时代、帆船时代、蒸汽机船时代和柴油机船时代。第一次技术革命前后是帆船时代和蒸汽船时代，该时期前后典型船舶的运能如图6-11所示。

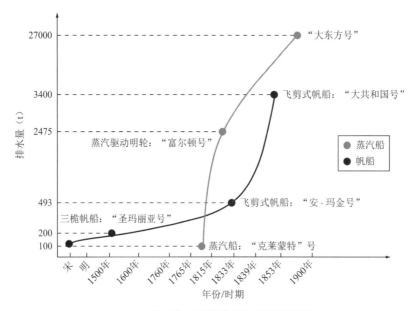

图6-11 第一次技术革命前后船舶的运能

在第一次技术革命之前，帆船是水路运输的主要工具，主要靠风提供动力。帆船时代的代表性船舶载运能力与技术特点见表6-3。

帆船时代的代表性船舶载运能力与技术特点　　　　　　　　　表6-3

国家或地区	时期	代表船舶	载运能力	技术特点
中国	宋（960—1279年）	—	载重量200t以上	船内有12道水密隔壁，船侧外壳板由三层杉木板组成，结构坚固
中国	明（1368—1644年）	宝船	推算：排水量3100t，载重量2500t；排水量达5000~10000t	—
西班牙	15世纪	圣玛丽亚号	排水量约200t	以风为动力的远程三桅帆船

续上表

国家或地区	时期	代表船舶	载运能力	技术特点
欧洲	16世纪后	—	排水量逐渐增大到500~600t	帆面不断增大
美国	1833年	安·玛金号	排水量493t	飞剪式帆船,船形瘦长,前端尖锐突出,航速快而吨位不大
美国	1853年	大共和国号	排水量3400t	

宋朝所造海船能载500~600人,并配备有指南针罗盘,航程远及波斯湾和东非沿海地区。据记载,明朝郑和所乘"宝船"长44丈(1丈=3.3333m),宽18丈,有12帆,其排水量尚未有定论。英国学者米尔斯推算,宝船排水量为3100t,载重量2500t;不过,中国学者唐志拔推算(《中国舰船史》第七章)宝船排水量应为5000~10000t。不难看出,在第一次技术革命前,中国帆船在尺寸和性能上处于全球领先水平。

16世纪以后,欧洲帆船技术水平逐渐超过中国。15世纪末到16世纪初,欧洲人借助以风为动力的远程三桅帆船实现了"地理大发现"。1492年,哥伦布率领西班牙船队到达西印度群岛,其所乘坐的"圣玛丽亚号"就是一艘长28m、排水量约200t的三桅帆船。16世纪以后,帆具日益复杂,帆面不断增大,航速得到提高,三桅船应用日趋广泛。1800年前后,英国继葡萄牙、西班牙之后成为最大的海上强国;英国及其殖民地拥有的海上帆船达5000艘。

1741—1869年是帆船主宰海上运输的黄金时期。1833年美国建造的"安·玛金号"是早期飞剪式帆船的代表,排水量为493t。飞剪式帆船船形瘦长,吨位不大但航速快。19世纪40年代,美国人使用这种帆船到中国从事茶叶和鸦片贸易。1853年美国建造的"大共和国号"长93m,宽16.2m,深9.1m,排水量3400t,主桅高61m,全船帆面积3760m^2,航速可达12~14kn(1kn=1.852km/h),横越大西洋只需13d,这也是帆船发展的顶峰。19世纪70年代以后,海上帆船逐渐被新兴的蒸汽机船取代。

18世纪70年代以后,英国第一次技术革命给蒸汽机带来了动力装置的变革,为古老的水运业注入了强大的生机,推动了现代水运运输业的发展。1768年,世界上早期的蒸汽机船上普遍使用的瓦特蒸汽机。1807年,罗伯特·富尔顿建造的"克莱蒙特号"排水量100t,航速达6.4km/h,航行里程91.4km。19世纪上半叶是帆船向蒸汽机船过渡的时期。目前,较新的万吨上下客滚船(上层是客舱,下层是装运车辆的货舱)速度一般在33.3~37km/h。远洋邮轮的吨位大,平均速度在46~55km/h。从出行时间上考虑,轮船出行目前已较少。除了旅游性客运,水运更多用于近海远洋货物运输。表6-4描述了该时期船舶载运能力和技术特点。

蒸汽船时代的代表船舶载运能力和技术特点 表6-4

国家	年份(年)	代表船舶	载运能力	技术特点
美国	1815	富尔顿号	排水量2475t	蒸汽机驱动明轮
美国	1819	萨凡纳号	—	蒸汽机为辅助动力,60h使用蒸汽机
英国	1839	阿基米德号	主机功率80hp,载重量237t	首次使用螺旋桨推进

早期蒸汽机船上蒸汽机实际上作为技术辅助动力，主要动力仍来自帆具。1815年，美国第一艘蒸汽机军舰"富尔顿号"排水量2475t，航速不到6kn。1819年罗杰斯驾驶"萨凡纳号"蒸汽机帆船横渡大西洋用了27d，全航程中只有60h使用蒸汽机推进，其余时间仍依靠风力。1839年建成的第一艘装有螺旋桨推进器的"阿基米德号"船长38m，主机功率为80hp。

水运业早期发展的另一要素是运河。英国第一条运河是1757年开通的桑基运河。1761年，布里奇沃特运河通航，该运河是英国运输史上的重要里程碑，该运河通航后，运费大减，丰厚利润的"示范效应"刺激起第一次投资高潮，英国人自此由单纯改造天然河道阶段步入修建人工运河的新时期，从1755年第一条运河——桑基运河的开凿到1835年伯明翰—曼彻斯特运河的竣工通航，英国建立起了全国性的运河网络。到1830年时，英国已形成超4000mile的航行水道。

表6-5为1750—1840年英国部分运河修建情况。

1750—1840年英国部分运河的修建情况　　　　　　　　　　　表6-5

年份（年）	运河名称	里程
1757	桑基运河通航	24mile
1761	布里奇沃特运河通航	—
1772	斯塔福德—伍斯特运河修建完成	—
1777	莫西—特伦特运河通航	—
1789	泰晤士—塞文运河通航	30mile
1790	伯明翰—费兹利—考文垂—牛津运河线修建完成	—
1805	大联运河通航	93mile
1816	利兹—利物浦运河修建完成	143mile
1835	伯明翰—曼彻斯特运河通航	—

运河建设中引入了一系列新技术，新建筑材料及铸铁技术便是其中之一。1805年开通的兰戈伦运河通过在石墩上架设铸铁渡槽穿过迪河峡谷。铸铁的另一个运用案例是1827年在柴郡的埃尔斯米尔运河上建造的比斯顿新船闸，它使用铸铁建造了船闸闸体与闸门，替换了一个因地基不稳定而失灵的旧石闸。

水路运输的载运工具是轮船，按照动力源，可分为蒸汽机和内燃机两种。图6-12为历次技术革命下的轮船技术发展。

19世纪前，快速帆船是长距离海上贸易的主力运输工具。这一交通方式很大程度上是"靠天吃饭"：航速由风向、洋流决定，贸易路线和时间依赖于自然条件。第一次技术革命以蒸汽机的发明和应用为主要标志，早期蒸汽机船上普遍使用了瓦特蒸汽机。1829年，船舶螺旋桨推进器投入使用，逐渐取代了推进效率低、易受风浪损坏的明轮。

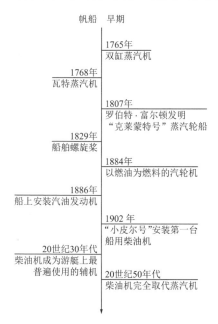

图 6-12　历次技术革命下轮船技术发展情况

由于蒸汽机体积大、功率小、效率低，第二次技术革命以后，现代舰船常用的动力装置——内燃机和汽轮机诞生，蒸汽机轮船逐步被淘汰。例如，英国查尔斯·帕森斯 1884 年设计出了以燃油为燃料的汽轮机；德国工程师戈特利布·戴姆勒 1886 年将汽油发动机安装在自制的船上，在德国纳卡河上航行成功；第一台船用柴油机 1902 年在法国运河船"小皮尔号"上成功运行。从 1930 年起，柴油发动机成为游艇上使用最普遍的辅机。20 世纪 50 年代，柴油机完全取代蒸汽机，成为民用船舶、中小型舰艇和常规潜艇的主要动力装置。

6.2　运输能力

（1）铁路运输

当代铁路运输发展呈现两大趋势，即"客运高速"和"货运重载"。在货物运输过程中，重载铁路技术涉及机车技术、车辆技术、制动技术、轨道技术等。机车技术包括绝缘栅双极晶体管（IGBT）、智能功率模块（IPM）大功率变流器交流传动技术、径向转向架技术、多极重联协同操纵、机车柴油机节油技术等；车辆技术包括新型转向架及悬挂系统、铝合金或不锈钢车体、车辆自卸、双层集装箱车辆等技术；制动技术有电控空气制动系统（ECP）；轨道技术则有新型重载轨道结构等新技术。

美国与加拿大重载运输起步最早。美国一级铁路企业 20 世纪 70 年代末开始发展重载运输。按照每一美元运营成本所获得的吨英里周转量作为生产率指标，以 1980 年为指数

100%，美国一级铁路企业1999年生产率达到了271%，货车载重量提高了15.1%，事故率降低了64%，运行成本下降了65%。美国铁路货运市场占有率从1980年的37.5%提高到了1999年的40.3%。

重载铁路的发展离不开转向架的研发，我国重载铁路转向架技术研发总体上可以分为三个阶段：1949—1998年为货车转向架仿制与自主研发阶段，1998—2003年为重载货车转向架自主研发和对国外技术的吸收借鉴阶段，这期间研发了21t轴重的转K1型、转K2型、转K3型、转K4型等转向架，使货车速度提升到了120km/h。2003年以后为重载技术创新阶段，转K5型、转K6型、转K7型等提速重载转向架成功研制，轴重达25t。2006年后研制了轴重27t的DZ1型、DZ2型、DZ3型以及30t轴重的DZ4型、DZ5型、DZ5型转向架。DZ2型转向架与DZ5型转向架使用了轴向弹性悬挂与侧架摆动相结合的技术方案，实现了柔性悬挂，径向准、动作用力低、磨耗低。

采用双线电气化重载技术的大秦铁路是目前世界上运输能力最大的专业煤炭运输线路，大秦铁路在大马力机车、大载重专用货车、大规模自动装卸系统和直达运输组织方式等方面实现了一系列自主创新。结合大秦铁路万吨级装车站点和最大的煤炭接卸港（即秦皇岛港）的设施建设，我国打造了一流的煤炭重载运输体系。

表6-6列出了大秦铁路自投入运营（1992年）至今运载能力的变化及其对应的技术特点。

1992年至今大秦铁路运载能力变化及技术特点　　表6-6

年份（年）	大秦铁路运载能力	技术特点
1992	实现5000t、6000t重载单元列车常态化开行	全线贯通
2003	实现万吨重载列车常态化开行，年运量1.2亿t	攻克了山区铁路通信可靠性、长大列车纵向冲动控制、长大下坡道的周期循环制动等技术难题，实现扩能改造
2004	年运量达1.5亿t	引进大功率重载机车技术
2006	开行2万t重载列车，年运量2.5亿t	25t轴重运煤专用货车投入使用，采用4台机车同步牵引
2007	正式开行2万t列车，年运量3亿t	多台机车同步牵引和制动是核心技术
2008	日均货运量首次突破100万t，年运量达到3.4亿t	中国研制出世界上第一台6轴9600kW大功率电力机车并投入使用
2014	3万t重载列车试验成功	27t轴重80t级C80E型通用货车投入使用

由表6-6可以看出，2006年以来我国大秦铁路主要运行由4台机车重联牵引、210辆编组、列车总长2700m、载重量2万t的列车。2014年，大秦铁路进一步组织实施了由4台电力机车牵引、320辆编组、列车总长3971m、载重量3万t的重载试验列车。大秦铁路的货车也是专为该线和秦皇岛港设计的，港口卸煤时列车无须停下，通过卸车区时慢速行驶，由翻车机自动卸煤。卸完煤后，列车通过环形线返回大同方向。

（2）航空运输

第二次世界大战后，以各国主要城市为起讫点的世界航线网遍及各大洲。第三次技术革命期间，计算机和网络技术给航空器插上了信息之翼，动力、控制等技术不断取得新突破，推动航空跨进空天一体、高超音速和无人化的新时代。1990 年，世界定期航班完成总周转量达 2356.7 亿 t。2013 年，全球航空总客运量达 31 亿人次，货运量达 5000 万 t，这些货物价值约为 6.4 万亿美元，占国际贸易货物价值的 35%。

第三次技术革命浪潮初起之时，空中力量强大的美国乘势完成了航空产业的扩张，成为全球唯一的航空超强国，美国航空业的销售额超过世界总额的一半。图 6-13 和图 6-14 展示美国与德国两国航空客运周转量变化情况。可以看出，1930 年德国和美国的航空客运周转量分别为 2400 万人·km 和 16700 万人·km；随着第三次技术革命的到来，民航客机因速度、舒适度的改进发展迅猛，到 1993 年，德国和美国的航空客运周转量分别达到 529.4 亿人·km 和 7720 亿人·km。

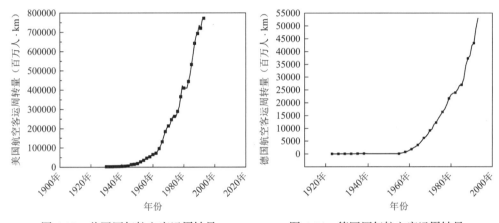

图 6-13　美国历年航空客运周转量　　图 6-14　德国历年航空客运周转量

资料来源：根据文献[52]和文献[53]绘制。

早期飞机受限于发动机、导航和尾翼组件等技术障碍，难以承载大量货物，邮件是航空业早期运输的主要货物。第一次世界大战后，飞机技术在不到十年的时间里飞速发展，发动机设计得更强大，飞机的运载能力、飞行速度有很大提高。第二次世界大战期间，德国于 1942 年设计的 Arado Ar 232 飞机，装载货物可达 16t。

20 世纪 50 年代，美国波音公司研制了首架四喷射引擎发动民航客机——波音 707，乘客数约为 174 人，最大商载质量为 30720kg，涡轮喷气发动机的出现使得波音 707 的操作成本相比当时的活塞引擎飞机显著降低。

20 世纪 50 年代末，涡轮风扇发动机的出现使飞机在提速的同时还能降低飞行过程中的噪声。目前国际客运和货运飞机主要有空客 A 系列（欧洲空中客车公司）、波音 B 系列（美国波音公司）。就货运来讲，空客主要机型有 A300-600F、A320 系列、A330、A340、A380；波音主要机型有 B737、B747、B757、B767、B777、B787。

A320 系列、B737 系列、B757 系列飞机载重量较小，在客舱下面一般有 2 到 3 个货舱，具有两个发动机。客货混合型飞机主要技术参数见表 6-7。

客货混合型飞机主要技术参数 表 6-7

代表机型	最大商载质量（t）	载客数（人）	主要技术参数
A320	21~28	180	高涵道比涡轮风扇发动机，涵道比为 4.2~5.0
B737-300	16	149	高涵道比涡轮风扇发动机，涵道比为 4.2~5.0
B757-200	25	239	高涵道比涡轮风扇发动机，涵道比为 4.2~5.0
B767-300	25	269	两台涡轮风扇发动机

资料来源：根据中国民用航空局数据整理。商载质量指收费的旅客和货物总质量。

A340 系列、A380 系列、B747 系列、B777 系列飞机载重量较大，具有四个发动机。此类飞机的特点是货物装载使用了集装器，飞机体积巨大，货舱的容积增大，可装载货物从十几吨到 100 多吨不等。大载重量货机主要技术参数见表 6-8。

大载重量货机主要技术参数 表 6-8

代表机型	最大商载质量（t）	载客数（人）	主要技术参数
A340-600	55.6	380	高涵道比涡轮风扇发动机，涵道比为 6.0~8.0
B747-200	65	524	低涵道比涡轮风扇发动机，涵道比为 4.2~5.0
B777-200	54	440	高涵道比涡轮风扇发动机，涵道比为 6.0~8.0
A380	83	555	高涵道比涡轮风扇发动机，涵道比为 8.0~11.0

资料来源：根据中国民用航空局数据整理。

机场建设也是民航运输发展的关键因素。以美国为例，民航机场发展大致经历了 5 个阶段：起步时期（1903—1938 年）、第二次世界大战及战后发展期（1939—1956 年）、现代航空运输时期（1957—1975 年）、航空放松管制时期（1976—1995 年）、民航发展新时期（1996 年以来）。从图 6-15 可以看出，美国机场数量的发展总体呈增长的趋势。受第一次和第二次世界大战影响，民用航空特别是旅客运输发展缓慢。

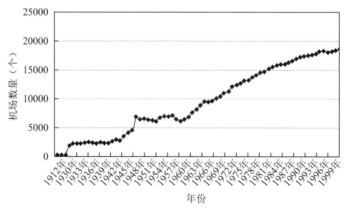

图 6-15 20 世纪美国机场数量变化情况

资料来源：WELLS A T, YOUNG S B. Airport planning & management[M]. 5th ed. New York: McGraw Hill, 2004。

（3）公路运输

技术因素对公路运输能力的影响可以从车辆与道路两方面来认识。后者技术上进展较缓慢，而技术对车辆的影响着重体现在车辆生产能力方面。早期车辆的生产主要依赖手工，产量低、成本高。技术进步降低了车辆生产成本，也降低了车辆价格，极大地推动了公路运输市场供给能力。以福特汽车公司T型车为例，1903年，新成立的福特汽车公司研发的汽车生产流水线解决了手工制造产率低的问题，为汽车进入普通家庭铺平了道路，优化后的流水装配线1914年可以在93min内生产一辆汽车。图6-16和图6-17为技术引领国在用汽车（包括私用和商用汽车）数量发展情况。

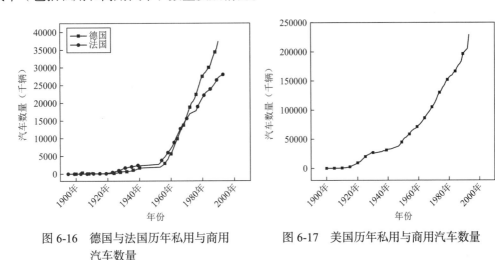

图6-16　德国与法国历年私用与商用汽车数量

图6-17　美国历年私用与商用汽车数量

资料来源：根据文献[52]和文献[53]绘制。

由图6-16、图6-17可见，在第三次技术革命前，各国在用汽车数量处于缓慢增长阶段。1930年，德国、法国、美国在用汽车数量分别为66万辆、152万辆、2654万辆。在用汽车数量在第二次世界大战期间增速变缓，第二次世界大战后开始快速增长。1950年，上述三国在用汽车数量分别达到106万辆、215万辆、6268万辆。

从汽车产量看，以德国为例，全国1901年只有12家汽车厂，职工1773人；1908年达到53家，职工12400人。到第一次世界大战前，德国汽车工业已成为一个独立的工业部门，制造工人5万多人，年产量2万辆，仅次于美国。德国不同时期的汽车产量见表6-9。

德国不同时期的汽车年产量　　　　表6-9

时期	年份（年）	汽车年产量（万辆）
第二次技术革命	1901	0.0884
第二次技术革命	1908	0.5547
第二次技术革命	第一次世界大战前	2
第三次技术革命	1950	30
第三次技术革命	1960	200

续上表

时期	年份（年）	汽车年产量（万辆）
第三次技术革命	1971	400
	1998	570
	2004	1300

资料来源：https://baijiahao.baidu.com/s?id=1804268773980415471&wfr=spider&for=pc。

1923—1929 年是德国汽车工业发展的"黄金年代"。第二次世界大战结束时，德国大部分汽车工厂遭受重创，几成废墟。德国汽车工业到 20 世纪 50 年代再度进入快速发展期，联邦德国 1950 年汽车产量达 30 万辆。随着国内汽车普及以及出口竞争力的提高，联邦德国汽车产量大幅上升，1960 年已达 200 万辆，德国成为当时欧洲最大的汽车生产国和出口国。

20 世纪 70 年代以后，受两次能源危机影响，加上国内市场已接近饱和，德国汽车出口势头减慢，加上日本、美国等国车企的冲击，德国汽车产量处于下降、徘徊的低速增长态势。1970 年，德国汽车工业产量在 300 万～400 万辆之间；20 世纪 80 年代，德国汽车产量在 400 万～500 万辆之间；1998 年，德国汽车产量为 570 万辆。2021 年，德国汽车产量达 331 万辆，居全球第六、欧洲第一；其 230 万辆的出口量居全球第二，仅次于日本。

表 6-10 为美国不同时期汽车产量。1923 年，美国汽车产量达到 190 万辆，占当时全世界产量的 44%。1929 年，美国小汽车产量进一步攀升到 458.7 万辆，此时其汽车保有量也达到 2670 万辆，平均不到 5 个人就有一辆汽车。1929 年到 1932 年，美国经济遭遇了大萧条，汽车产量急剧减少，1932 年汽车产量减少到 137.1 万辆。直到第二次世界大战结束，美国汽车产量也没有超过 1929 年的产量。

美国不同时期的汽车年产量 表 6-10

时期	年份（年）	汽车年产量（万辆）
第二次技术革命	1923	190
	1926	200
	1929	458.7
第三次技术革命	1932	137.1
	1945	135.6
	1950	800.3
	1955	917
	1965	930
	1982	507
	1989	800
	20 世纪 90 年代	600
第四次技术革命	2021	916.7

数据来源：https://baike.baidu.com/item/%E7%BE%8E%E5%9B%BD%E6%B1%BD%E8%BD%A6%E5%B7%A5%E4%B8%9A/16416565?fr=ge_ala。

第二次世界大战后美国汽车工业随着经济恢复发展迅速。1945—1950 年，汽车产量从 135.6 万辆增加到 800.3 万辆。1950 年，美国国内汽车千人保有量已达到 250 辆。西欧和日本达到这个水平的时间分别是 20 世纪 70 年代初和 1988 年。

20 世纪 50 年代后半期美国经济不景气，1958 年汽车产量全面下滑。1965 年汽车产量恢复到 930 万辆水平。1973 年、1979 年两次石油危机，汽车产量从 1973 年的 967 万辆降到 1982 年的 507 万辆。1989 年，美国汽车产量再次达到 800 万辆。20 世纪 90 年代，美国汽车产量维持在 600 万辆左右。2021 年，美国汽车产量回升到 916.7 万辆。

技术对车辆运输能力的另一方面影响是车辆载重量的变化。法国人 1769 年研制的世界第一辆三轮蒸汽机汽车只能牵引 4~5t 重的货物。第一次世界大战后，公路运输逐步成为短途运输的主力，英国人研制的用于运送坦克的 3 轴 10 轮轮式平板卡车载重量达到 30t。第二次世界大战期间，德国运输坦克的 6 轴 12 轮拖挂车载重量达 60t。美国人 1957 年研制的 5 轴 18 轮卡车载重量进一步提高到了 150t。20 世纪 60 年代后，模块化技术与自行式液压技术得到应用。1987 年，德国研制出 1800t 级模块式液压平板车。

我国三江航天集团有限公司下属的湖北三江航天万山特种车辆有限公司于 2005 年研制出第一台液压平板车，2007 年制造了国内最大的 420t 级船用平板车。武汉天捷专用汽车有限公司生产出了模块式液压平板车（载重量 75~1250t）、100~200t 船用平板车、550~900t 运梁车等。上海太腾机械设备有限公司生产的 TMT 系列动力平板运输车载重量达 50~900t。

（4）水路运输

技术对水路运输能力的影响也体现在船舶生产成本与船舶载重量两方面。前者直接影响船舶价格、水路运输价格及其市场竞争力（供给）。例如，1869—1914 年，由于蒸汽机轮船广泛应用，航运费率持续走低，运价指数从 1869 年的 94 点下降到 1914 年的 53 点，跌幅超过 40%。由于蒸汽机技术的改良，蒸汽机轮船有效荷载大幅提升，规模效应递增进一步增强了航运业的竞争力。1860 年到 1913 年间，穿越大西洋需要花费的时间缩短了一半以上，货物装卸只需要过去三分之一的时间、三分之一的劳动力和三分之一的其他成本。

第一次技术革命期间，蒸汽轮船的出现弥补了帆船的不足并迅速取代帆船，水运行业开始发展。第二次技术革命期间，内燃机和汽轮机的出现，轮船的动力装置再次革新，越来越多的油轮投入使用，海上船队规模和贸易量扩大。1870—1910 年间，世界船队总注册吨位快速增长，从 1670 万 t 增长到 3460 万 t。1922—1931 年，海上贸易从 2.9 亿 t 增加到 4.73 亿 t，增幅超过 50%，海运贸易量持续增长。在 20 世纪 70 年代初期，每年海运进口货物超过 3 亿 t，总值超过 300 亿美元。

以英国为例，其商用汽船与轮船登记数如图 6-18 所示。第一次技术革命期间，蒸汽机的发明使得商用登记船数逐渐增长，从 1814 年的 1 艘增至 1840 年的 771 艘。第二次技术革命时期，内燃机成为轮船发动机，商用登记船数量迅速增长，1915 年达到 12771 艘的历史最高水平。此后受第一次世界大战、第二次世界大战的影响，商用登记船数呈现波动趋势，直至第二次世界大战结束后才重现进入增长趋势。到 1970 年，英国已有 23250 艘汽船和轮船。

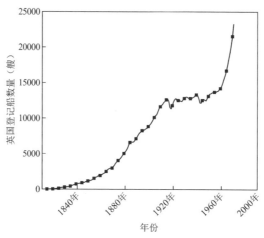

图 6-18 英国商用蒸汽船与轮船登记数量
数据来源：根据文献[52]绘制。

第二次世界大战后，为恢复经济，日本大力发展海运业，于 1948 年制定了"指定造船计划"，使日本船企在全球物流行业迅速崛起。1963 年，针对海运不景气以及本国造船企业竞争力较弱等问题，日本迅速通过了两部海运再建法律，合并最大的海运企业，协助船舶融资、再度提供利息补贴，推动了日本海运行业的发展。

第二次技术革命期间，蒸汽船发展迅速。1850 年以后，造船材料铁质化；1880 年以后钢取代了铁。英国人伊桑巴德·布鲁内尔将关于梁的力学理论应用于造船，首创了双层底结构船体。他于 1854—1858 年建造的"大东方号"铁船被认为是造船史上的奇迹。该船排水量 27000t，内部包含 22 个舱室，可载客 4000 人、载货 6000t，比当时最大的船还大 6 倍。船上有两台蒸汽机，总功率 8300hp。直到半个世纪后才出现比它更大的船。

早期驱动船舶明轮的蒸汽机为单缸摇臂式，汽压低。19 世纪 80 年代出现三涨式蒸汽机，明轮被螺旋桨替代。19 世纪末，蒸汽机发展到四涨式六汽缸，功率可达 1 万 hp。到 20 世纪初，货船主机多为三涨式蒸汽机，功率 2000hp，航速约为 10kn，载重量达 6000t。

第二次技术革命中石油的利用促进了现代舰船动力装置即内燃机和汽轮机的产生。英国人查尔斯·帕森斯于 1896 年将反作用式汽轮机成功应用于船上。同年，瑞典人卡尔·拉瓦尔发明了冲击式汽轮机。1892 年，德国人鲁道夫·狄塞尔发明了柴油机，20 世纪初应用于船上。柴油机热效率高、油耗低，因此逐渐取代了蒸汽机。

第二次世界大战后，工业化国家经济恢复和发展迅速，国际贸易空前兴旺，中东等地区石油的大量开采促使运输船舶向专业化、大型化方向发展。

为提高运输效率，早期的船舶基本都采用客货混运形式。英国人丘纳德和伊士梅 1870 年首次在英国和北美间开辟了豪华客船"海洋号"旅客专用航班，该专用船显著改善了乘客的旅行条件，引起巨大反响。此后各国如法炮制，大西洋航线和东方航线上不断推出各类大型豪华客船，客货分流成为海运的发展方向。19世纪80年代出现了载客千人以上、载重量万吨以上、航速超过20kn的豪华客船。大型远洋客船建造在20世纪30年代达到高潮，"玛丽皇后号""伊丽莎白皇后号"和"诺曼底号"等著名客轮就是在这个时期建造的。这些船以汽轮机为主机，功率达16万hp，航速超过30kn，载重量超过8万t。这一发展势头直到20世纪60年代远程喷气客机的兴起才停止。

随着世界经济的发展及海运量的增长，船舶日益大型化，原油船尤为明显。单点系泊技术使油船无须靠泊固定岸壁码头，可以在浮筒上通过海底油管连接到岸上的油罐进行装卸，该技术的应用促使了油船大型化。1930年的世界商船队中，油船吨位只占总吨位的1/10，1980年上升为1/2。20世纪50年代，3万～4万t的油船已被认为是"超级油船"。但在20世纪60年代中期，出现了20万t以上的超大油船和30万t以上的特大油船。20世纪70年代又出现了50万t以上的大油船。柴油机船时代的代表船舶和技术特点见表6-11。

柴油机船时代的代表船舶和技术特点　　　　表6-11

时期	油船吨位	技术特点
20世纪50年代	3万～4万t	单点系泊技术使油船无须靠泊固定岸壁码头，可以在浮筒上通过海底油管连接到岸上的油罐进行装卸
20世纪60年代	20万t以上和30万t以上	
20世纪70年代	50万t	

货物运输方面，20世纪60年代国际杂货运输的一个根本性变革是杂货运输的集装箱化。20世纪90年代，美国船级社（ABS）开发了一种基于动力学的新型安全船体设计系统，通过辨析集装箱船体受力情况，使得结构钢材能最终分布在重要的部位，从而增强船体整体的牢固性。在技术方面，集装箱船舶不受到船舶尺度的约束。就发动机技术来说，之前采用的双机推进和三机推进技术会带来额外安装费用以及与之相关的设施投资。在普通螺旋桨后安装一台吊舱推进器，以形成一个对转螺旋桨的方法随之出现，该系统减小了在主推进器上的负载，提高船舶的操纵性能，促进了集装箱船大型化发展。2013年，超大型集装箱船开始出现。2020年，韩国开发的24000TEU（标准箱）级超大型智能集装箱船，是当时全球最大的集装箱船，应用了智能技术和环保技术，搭载了其独立研发的智能船舶解决方案。

随着科学技术革命浪潮的袭来，造船技术日益成熟，近年来集装箱运输在国际上快速发展，其发展情况见表6-12。

集装箱船装箱量发展情况　　　　表6-12

年份（年）	发展阶段	装箱量（TEU）	船长宽比
1965	第一代	500～800	19.6
1968	第二代	1000～2500	10.8
1980	第三代	3000～3400	7.8

续上表

年份（年）	发展阶段	装箱量（TEU）	船长宽比
1988	第四代	4000~6000	7.5
2000	第五代	6000~8000	7.9
2006	第六代	11000~15000	7.1
2013—2020	超大型集装箱船	18000~24000	6.8

数据来源：RODRIGUE J P, COMTOIS C, SLACK B. The geography of transport systems[M]. London: Routledge, 2020。

集装箱运输可以降低运输成本，减少运输过程中的货损货差，节省货物的包装费及装卸费，同时由于装卸效率和航速的提高，又能减少在流通过程中商品资金的积压，加快资金的周转。实际上，水路运输因具有运量大、成本低、效率高、能耗少、投资省等优点，一直是世界各国最重要的货物运输方式之一。

第一次技术革命前后，运输技术的创新主要体现在运输工具的应用上，从原始社会的木筏和帆船到现代社会的高速火车和集装箱运输等。作为旅客和货物的载体，运输工具是组成运输系统供给能力的重要部分。无论在铁路、公路、水运还是航空方面，运输工具的不断进步都是运输供给能力不断提高的一大标志。

第一次技术革命的核心技术产物是蒸汽机，由蒸汽动力引发的机器革命冲击着人类生活的各个领域，对于交通运输业来说，以蒸汽为动力的轮船和机车代替马车，改变了人类的交通方式。

第二次技术革命以电气化和大规模生产相结合为基础，在短短几年内创造了对生活水平产生巨大影响的发明。内燃机与蒸汽机相比，主要优势在于其功率和重量比。1880 年，奥托燃气内燃机重达 440lb。到 1900 年，汽油驱动的内燃机仅重 9lb。功率重量比的提高使发动机可以用于驱动机动车辆、飞机、潜艇等。在 20 世纪，机动车辆取代铁路成为主要的陆路交通方式，发达国家的普通公民享受了前所未有的新的旅行自由；飞机在性能和安全性方面也取得了长足的进步。

第三次技术革命通过使用内存可编程控制器和计算机等技术，整个生产过程可以在没有任何人工协助的情况下实现自动化。

6.3 小结

通过本章分析可以得出以下几点结论：

（1）三次技术革命极大地推进了运输业的效率提升与能力扩大。詹姆斯·瓦特自 1765 年以来先后发明了分离式冷凝器、汽缸外设置绝热层、行星式齿轮、离心式调速器、节气阀、压力计等，最终研制出了工业用蒸汽机。1776 年蒸汽机被用于船舶推进动力实验，1807 年罗伯特·富尔顿制造了第一艘蒸汽机船"克莱蒙号"。1800年，理查德·特里维希克设计了可安装在车体上的高压蒸汽机。1829年，罗伯特·斯蒂芬森用其改进的机车设计技术研制出了"火箭号"蒸汽机车，该机车拖带一节载有30位乘客的车厢，速度达46km/h，开创了可通过增加编组（列车长度）来扩大运输能力的铁路时代。不过，大多数蒸汽机车的功率一般在3000hp，商业经济速度不超过110km；后来的内燃机车功率大致在5000hp。近年来，我国铁路发展迅速。2021年6月，由中车株洲电力机车有限公司与国家能源投资集团有限责任公司联合研制投产的"神24"重载电力机车单机功率28800kW，最高速度为120km/h，具备在12‰坡道单机牵引万吨货物列车的能力，是全球重载铁路"动力之王"。

在能力扩大方面，以铁路运输能力为例，除了由发动机牵引功率决定的列车长度之外，列车行车间隔也是一个重要因素。早期的列车间隔控制采用时间间隔和人工闭塞方式，安全性差、效率低。1872年以后，基于轨道电路的半自动闭塞、自动闭塞方式逐步取代以前的行车间隔控制方法。21世纪以来，我国自主研发的基于通信的移动闭塞技术成为城市轨道交通列车闭塞控制的重要方法，不少线路上列车行车间隔最小可达到2min，大幅度提升了运输能力。

我国公路运输在庞大的市场需求支撑和政府部门的研发扶持下也获得了迅速发展，道路交通效率与能力提升显著。从道路侧看，新型路面材料的不断问世提升了客货车辆行驶的效率与安全性；而各种新兴车辆设计、制造技术与驾驶智能化技术的研发应用在提升驾驶员行车体验的同时，有效提升了车辆行驶的安全性。在交通流密集的城市地区，交通流检测、信号相位控制方法、多交叉口信号协调以及各种交通信号配时优化系统为提升城市道路网络通行能力提供了有力支撑。

在水路运输领域，大型船舶技术极大提升了水路运输的效能。18世纪出现木制蒸汽船，19世纪初出现铁船，19世纪下叶钢船迅速代替了铁船。19世纪中叶后船舶向大型化、现代化发展。20世纪初的货船主机多为功率2000hp的三涨式蒸汽机，航速约10kn，载重量6000t；大西洋上以往复式蒸汽机为动力的大型远洋客船单机功率可达20000hp。1896年汽轮机船、柴油机船问世，20世纪初柴油机广泛应用于船舶，柴油机船吨位在20世纪40年代末超过了蒸汽机船。第二次世界大战后，中东等地石油大量开发，促进了运输船舶发展。同1948年相比，1982年船舶艘数增长了1.6倍，总吨位增长了4.3倍。20世纪50年代3万～4万t的油船就被认为是"超级油船"；20世纪60年代中期出现30万t以上的油船；20世纪70年代更出现了50万t以上的油船。油船大型化的同时还出现了大型化的煤炭、矿砂、谷物等干散货船。20世纪50年代后期出现了能兼装原油和干散货的油散船；20世纪60年代末最大散货船载重量已达17万t。

（2）集装箱运输开启了件杂货运输形式的重大变革。1957年出现的第一艘集装箱船开辟了水路集装箱运输的先河。集装箱运输在货物包装、装卸、码头管理和水陆联运等方面都有独特优势，可大大缩短船舶停港时间、节约人力、保证货运质量和实现"门到门"运输。2020年10月，我国江南造船（集团）有限责任公司向法国达飞交付了超大型双燃料集装箱船，该船总长399.9m，型宽61.3m，服务航速22kn，载重量近22万t，载箱量2.3万TEU。2022年9月，中国船舶集团有限公司旗下沪东中华造船集团有限公司联合中国船舶工业贸易有限公司向长荣航运公司交付了2.4万TEU超大型集装箱船。

集装箱运输形式的出现推动了超长距离、超大规模运输组织的革命，是海洋运输领域的重要革命。海运集装箱一方面简化了装卸工作，提高了沿途换装的装卸作业效率；另一方面为跨国通关手续的简化提供了条件。此外，集装箱运输还提高了货物运输的安全性，减少了可能的货损货差。这也是尽管各国国内货物运输市场先后被铁路、公路运输大幅度取代，而作为跨国货物贸易主要运输工具的远洋水运保持长盛不衰的重要原因。

（3）运输效率与能力的提升降低了运输成本，为地区社会和经济发展提供了更有力的支撑。历史经验表明，技术支撑下的运输效能提升显著改变了相关运输方式的技术经济特性，降低了货物的物流成本，拓宽了货物的市场空间，引发了全球贸易格局的重组，也给相关国家的产业发展带来了新的机遇。

第 7 章
技术对运输经济性与需求的影响

技术进步使提供相同运输服务的成本降低了,在相同价格水平下,运营商愿意提供比以前更多的服务。同时,技术创新直接影响运输效率和市场规模,并带来运输需求时空特征的变化。下面分析技术对不同交通运输方式经济性及需求特性的影响。

7.1 技术对运输经济性的影响

技术进步在增大供给能力的同时,也给行业带来了生产效率的提升,表现为市场参与者节约了成本、时间或人力,从而使获取一定数量和质量的产品、服务及其他成果所耗费的资源减少,包含时间和经济费用上的减少。因此,本节从技术对不同交通运输方式在效率、价格方面的影响进行分析。

技术发展带来各国交通行业的变革,促进了各种交通运输方式的发展。技术除了影响交通运输时效性、提高运输效率外,还对运输方式的经济性产生影响。本节选取了历次技术革命中具有代表性的国家作为案例,分析技术对其交通运输票价率的影响。

英国作为第一次技术革命的主要引领国,也作为第二次、第三次技术革命的参与国,深受技术变革的影响。第一次技术革命中瓦特改良蒸汽机的发明、第二次技术革命中内燃机的出现,以及各种制造技术的发明创新,极大地促进了英国交通运输行业的变革,尤以水路运输和铁路运输最为显著。

(1) 水路运输

技术革命带来的水运交通工具的变革导致了 19 世纪航运费率的革命性下降。图 7-1 给出了 1740—1920 年间英国煤炭的航运费率的变化。

从图 7-1 可以看出,第一次技术革命以来,英国航运费率尽管有所波动,但总体上一直呈下降趋势。这既意味着水运竞争力的提高,也意味着物流费用的降低,为生产能力强大国家的产品市场向更远地区的扩张奠定了基础。

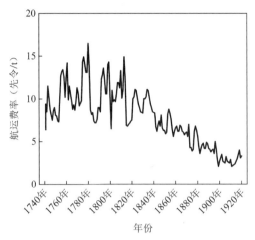

图 7-1 英国航运费率变化

注：先令为英国的旧辅币单位，在 1971 年被废除；1 英镑=20 先令。

资料来源：HARLEY C K. Ocean freight rates and productivity, 1740—1913: the primacy of mechanical invention reaffirmed[J]. Journal of Economic History, 1988, 48(4): 851-856。

1740—1840 年间，新型动力源蒸汽机开始应用，帆船和轮船是这一时期水上运输的主要工具，其中轮船速度提高一定程度上可降低航运费。从图 7-1 可以看出，该时期航运费率波动较大，其中战争因素影响最大。1840 年以前运费率的峰值分别对应于奥地利帝位继承战争（1740—1748 年）、七年战争（1756—1763 年）、美国独立战争（1775—1783 年），以及法国大革命（1789—1794 年）和拿破仑战争（1803—1815 年）。在 18 世纪和 19 世纪早期，和平时期的费率几乎没有下降。1843 年后，随着冶金技术的发展以及汽船技术的革新，船身由木质变成铁质，机械设备改进降低了运输成本。

1840 年以后，冶金技术的兴起使得船体建造由木制转为铁制，1875—1885 年逐渐用钢代替铁建造船体。第二次技术革命期间对石油的利用也促进了现代舰船常用的动力装置——内燃机和汽轮机的诞生。

1873—1890 年，航运费下降了约三分之二，技术的发展在其中起到关键作用。首先，新兴机械工具的产生和改进减少了煤炭的消耗，锅炉的燃料减少导致所需工作人员减少；新出现的钢桅杆和索具也由较少的工作人员管理；船体由铁转为钢铁，使得较新的金属船在海上更不容易损坏的同时，减少了船舶重量，极大提高运输生产率。此外，更好的金属和金属加工技术也降低了船舶和发动机的价格。由于新技术使得金属船舶显著超过木船的尺寸限制，大的船只可增加货运能力，海上船舶与港口二者的综合成本决定了船舶的合理尺寸。运输成本的降低和生产率的提高在两方面成为航运费率降低的重要因素。

（2）铁路运输

1825 年建成通车的斯托克顿—达灵顿铁路主要进行煤炭运输。1830 年，利物浦—曼彻斯特铁路开通运营，这是世界上第一条使用蒸汽动力机车来运输旅客和货物的公共铁路，其标准三等车厢的运费率如图 7-2 所示。

第 7 章 技术对运输经济性与需求的影响

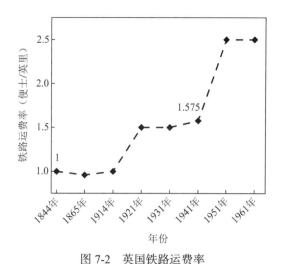

图 7-2 英国铁路运费率

资料来源：1844 年数据来源为 https://blog.railwaymuseum.org.uk/fares-fare/；1865 年数据来源为 BOGART D. The transport revolution in industrialising Britain[M]// The Cambridge Economic History of Modern Britain Volume 1: Industrialisation, 1700–1870. Cambridge: Cambridge University Press, 2014；1914—1961 年数据来源为 https://blog.railwaymuseum.org.uk/just-the-ticket/。

不同于水路运输费用的下降趋势，由图 7-2 可以看到，英国铁路运费率一直处于上升趋势。1844 年，英国颁布的《铁路管理法》规定每天必须至少在一列火车上提供三等车厢，并将三等车厢的票价定为每英里 1 便士。直到 1914 年，英国铁路的运费率仍保持在每英里 1 便士。到 1920 年，第二次技术革命期间，内燃机、柴油机的出现刺激了汽车制造业的发展，私家车、公共汽车和长途汽车在一定程度上提供了代替乘坐铁路出行的方案，铁路在运输市场的主导地位受到影响，转以速度和舒适性进行反击，尽管票价提高了，但其节省了晚上住宿的费用，因此铁路依然很受乘客欢迎。20 世纪 40 年代，英国因为战争经济紧缩，铁路行业疲惫不堪，政府将铁路票价提高，以此表示不鼓励休闲旅游。1960 年出现了选择性定价和市场敏感服务的现代理念，英国铁路公司将自己重新打造为现代运输提供商，票价率也随之改变。

值得指出的是，20 世纪 40 年代以后铁路运输市场开始被公路运输大面积挤压，除美国、苏联、中国与印度等少数地理上的大国之外，中、短距离货物运输市场已经成为公路运输的主场。这一时期，铁路运输在整个交通运输体系中的功能定位也已经悄然发生变化。

（3）民航运输

1903 年，美国莱特兄弟实现了首次载人动力飞机飞行，这也是人类现代航空业的发端，自此之后航空领域技术快速发展。

飞机发明之初，各航空公司以木质飞机为主，安全性能很差，空难时有发生。随着航空科技的不断进步，20 世纪 30 年代，现代民航客机终于出现，波音 247 是全球第一架真正现代意义的客机，也是第一架全金属材料客机。20 世纪 30 年代，美国航空业处于有管制的寡头竞争状态，美国航空业出现萌芽。同时，美国国内运输市场中，处于黄金时期的铁路运输正遭遇公路、水路和航空的多方面竞争，不公平以及过度竞争损害了交通运输业的正常发展。针对航空运输业的不良竞争现状，1938 年，美国出台《民用航空法》，意在避免航空业的不良竞争，但也使得航空价格居高不下。

之后的几十年中，美国航空业一直受到民用航空局的严格管制，缺乏外部竞争，服务质量和票价都无法令消费者满意，放松管制成为大势所趋。为了通过适当竞争，提高民航业服务效率，美国航空业颁布了一系列法律法规放松管制。

图 7-3 为纽约和伦敦之间的平均机票（往返）价格情况。可以看出，纽约至伦敦往返平均机票价格一直呈下降趋势。该航线机票价格的大幅下降与航空运输技术的发展有很大关系。第二次世界大战期间，航空技术得到改进，加速了飞机民用化进程，如喷气发动机的应用，加上飞机燃油效率和舒适性方面的提高，航空运输蓬勃发展，机票价格也不断下降。1970 年，机票价格下降了三分之二，这与更好性能和更大容量的飞机（尤其是具有规模经济的波音 747 机型）、总体经济改善（更高的收入）以及行业放松管制有关，航空旅行也从只有富人能够享受转变为大众负担得起。然而，21 世纪以来，尽管飞机设计、燃油效率和安全性有所改善，但机票价格不仅没有进一步下降，反而有上升趋势，这与燃油价格和机场拥堵等主要成本因素相关。

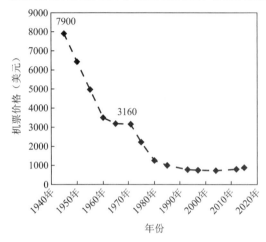

图 7-3　1946—2012 年纽约和伦敦之间的平均机票（往返）价格（以 2012 年美元计）

数据来源：https://transportgeography.org/contents/chapter5/air-transport/air-fare-new-york-london/。

7.2　技术对运输需求规模的影响

运输技术创新是交通运输发展的重要内容，直接影响运输成本和市场规模。运输技术的创新和提升产生了显著的"时空压缩"效应和速度效应，降低信息搜寻成本和制度成本，减少不确定性，提升企业销售规模，从而实现市场规模的扩大。

随着交通运输发展，包括交通基础设施的投入和运输技术的创新，可以大幅度减少运输成本和降低贸易壁垒。一般来讲，两地的交通运输越发达、运输成本越低，两地的相对空间距离就越近、交易的频率就越高，就越容易获取确定的信息、掌握新知识和新技术，越容易开拓新市场和深化分工。因此，运输技术的作用是非常显著的，运输技术提升了运输速度，也带来了通信革命和信息搜寻成本的降低，信息更加明确，企业的积极性越高，扩张的意愿越强，生产效率就会增强，市场规模就越容易扩大。

（1）水路运输

从 18 世纪 70 年代到 19 世纪 20 年代，欧洲和亚洲之间的运输成本降低了三分之二，成本的下降带来了航运的迅速发展。英国的航运在贸易中占主导地位，该时期英国至亚洲的航运吨位如图7-4所示。

18世纪70—80年代，英国东印度公司的船只大约每三年进行一次航行，航运吨位也较小。第一次技术革命时期，新型动力源蒸汽机的应用促进水运行业发展，航运吨位整体有上升趋势。1793—1815年是法国大革命和拿破仑战争时期，战争使得货物运输量有所波动、停滞不前。从1815年到1818年，航运量急剧增长，这与两方面因素有关：第一，从印度大量进口原棉，印度经济急剧复苏；第二，船舶制造技术革新，英国至亚洲的船只数量剧增，货运量上升。1820年后，航运货物运输量有所下降，这与船舶制造从大型船只到小型船只过渡有

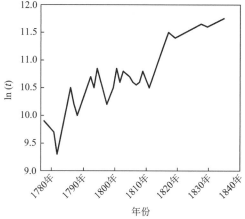

图7-4　1780—1838年英国至亚洲航运吨位（对数形式）

数据来源：SOLAR P M. Opening to the East: shipping between Europe and Asia, 1770–1830[J]. The Journal of Economic History, 2013, 73(3): 625-661.

关。在这之后，铜护套和其他技术改进使船舶航行更频繁，船只的工作寿命更长，船只通过速度更快，失踪或失事的船只更少，运输每吨货物所需雇佣的人更少，从而降低了航行成本，货物运输量又有一定程度的增长。

第二次技术革命期间，发展最快的运输方式为铁路运输，随着汽车工业的出现，公路运输在20世纪初开始发展，下面通过分析英国、法国的客货运量和美国私家车数量来研究交通需求规模的变化。

作为岛国，英国开展海洋活动历史悠久，是海上综合实力强大的国家之一。图7-5为1840—1950年英国对外贸易进口额的演变。

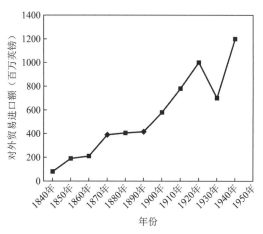

图7-5　1840—1950年英国对外贸易进口额
数据来源：根据文献[52]绘制。

从图7-5可以看出，第二次技术革命期间英国海运贸易量呈整体上升趋势；这也与本次技术革命期间石油的利用和新动力装置——内燃机和汽轮机有关。新型机械的产生使船舶本身发生了巨大变化，金属船舶尺寸远超木船，能运送更多货物，极大地提高了运输效率，扩大了海上运输需求。此外，金属冶炼和金属加工技术降低了船舶和发动机价格，由此导致的运费下降使更多贸易商选择海上运输方式。第一次世界大战后，英国经济困难，1921年失业人口达到200万，工人先后罢工，对外贸易受到很大影响。1935年，拉姆齐·麦克唐纳领导的工党政府恢复和发展经济，贸易额又有了显著的提高。

（2）铁路运输

图 7-6 为英国和法国 1830—2000 年铁路客运量的变化情况。从图中可以看出，英国铁路客运量从 1840 年的 120 万人次增加到 1920 年的 15.79 亿人次，整体呈上升趋势。法国的铁路发展比英国稍晚，在第二次技术革命期间，法国的铁路客运量一直上升，1930 年达 7.9 亿人次。

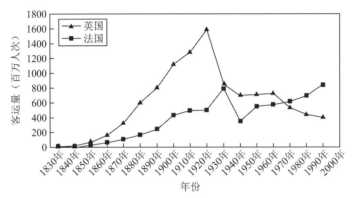

图 7-6　英国和法国 1830—2000 年铁路客运量的变化
资料来源：根据文献[52]绘制。

图 7-7 所示为英国和法国 1850—2000 年铁路货运量的变化情况。从图中可以看出，英国铁路货运量从 1860 年的 8980 万 t 增加到 1910 年的 5.16 亿 t，整体呈上升的趋势。在第二次技术革命期间，法国铁路货运量一直上升，从 1850 年的 430 万 t 增加到 1930 年的 2.24 亿 t。

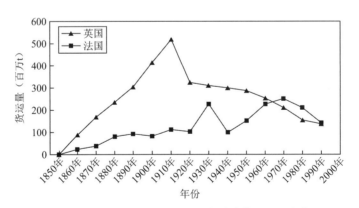

图 7-7　英国和法国 1850—2000 年铁路货运量的变化
资料来源：同图 7-6。

下面分析英国、法国第二次技术革命期间铁路客、货运量变化的原因。

第二次技术革命进一步推动了社会生产力的发展，促进了近代工业的兴起和进步，涉及越来越多的地区和行业，主要工业部门的产量大幅度增加，货物运量不断增大、种类增多、运输范围扩大，与此同时，社会流动性增强促进了客运业务的发展。

采煤和冶炼业的飞速发展大幅度扩大了运输需求规模。铁路凭借能力和速度优势，迅速压制了公路和水路运输，占据了旅客运输和高价值货运的主要市场。例如，英国铁路1865年三等车厢票价约为同期同程马车票价的四分之一。1870年铁路速度约为23mile/h，是马车的近3倍。

除了巨大的运输需求，铁路线路的不断修建使得铁路覆盖的范围越来越广。19世纪50年代是英国铁路修建的高潮时期。1844年，铁路里程达2235mile；1852年，铁路里程达7736mile；1870年，铁路里程达15500mile，近代英国铁路交通网络大体建成。1840年，法国铁路里程为410km，经过90年的发展，铁路里程扩大了超过10倍，到1930年铁路运营里程为42400km。

受第一次世界大战的影响和公路运输的竞争，英国的铁路运输量下降较快，货运量从1910年的5.16亿t下降到1920年的3.23亿t，客运量从1920年的15.79亿人次下降到1930年的8.44亿人次。

从20世纪20年代到80年代，英国铁路进入了漫长的衰落期，客运和货运业务都经历了急剧收缩，从图7-6和图7-7中可以看出，第三次技术革命期间，英国的铁路客货运量总体呈现下降的趋势。由于受到世界大战和公路激烈竞争的影响，铁路运输市场份额逐渐萎缩，路网规模不断缩小，英国铁路客货运量呈下降趋势。

受第二次世界大战影响，1940—1945年间，法国铁路货运量下降，战后随着经济的恢复，法国铁路货运量有了快速回升。1947—1976年，法国国营铁路公司制订了6个铁路发展计划，重点进行铁路重建、电气化建设和机车车辆更新，铁路货运量有了大幅提升，从1940年的1.02亿t增加到1970年的2.50亿t。1976年后，法国先后建设了东南线、大西洋线、北方线、东南延伸线、巴黎地区东部联络线、地中海线等多条高速铁路线，刺激了客运量增长。1990年，法国铁路客运量增加到8.42亿人次。不过，法国铁路货运发展并不乐观。20世纪60—70年代法国的汽车数量急剧增加，与铁路形成了激烈竞争，期间铁路货运颓势尽显，货运量从1970年的2.5亿t减少至1990年的1.42亿t。

（3）公路运输

第二次技术革命期间，内燃机的发明和使用为汽车行业发展奠定了坚实基础。1868年，德国人制造了一台以煤气为燃料的四冲程内燃机，这是现代汽车的起点。1883年，德国人制造出以汽油为燃料的内燃机。1886年，现代汽车之父卡尔·本茨进一步研制了世界上第一辆汽车。随着第二次技术革命的完成，汽车技术、发动机技术的创新及相关产业的发展为美国汽车工业的发展打下坚实的基础。

20世纪初期，汽车工业刚刚起步，私家车发展缓慢。美国1900年私家车数量为0.8万辆，1910年为7.7万辆，1930年私家车数量达到2303.5万辆，如图7-8所示。

美国汽车工业在20世纪前30年时间获得了快速发展，主要获益于福特汽车公司和通用汽车公司的经营活动。福特汽车公司采用了大幅度降低汽车制造时间和人力的流水线生产方式，极大提高了汽车的生产效率，降低了汽车的生产成本，推动了汽车消费的大众化。

20世纪20年代后，通用汽车公司领导人艾尔弗雷德·斯隆创新了企业内部管理体制，并采取了开发多层次汽车产品和市场的战略，后来居上超过了福特汽车公司。

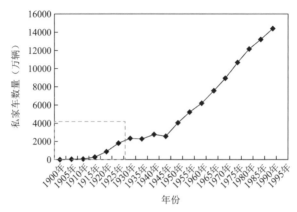

图 7-8　1900—1995 年美国私家车数量的变化
资料来源：同图 7-6。

与此同时，国民收入增长、生活水平提高打开了美国汽车市场。20 世纪 20 年代汽车已成为美国普通家庭的消费品。1910 年美国平均每 210 人拥有 1 辆汽车，1920 年时达到每 13 人拥有 1 辆，1929 年更达到每 5 个人就拥有 1 辆，机动化速度十分惊人。当然，美国汽车普及离不开其社会环境特点：地大、人少，劳动力短缺，人均收入高，州之间没有关税壁垒和路卡。汽车普及解决了马车造成的卫生差和效率不高问题，私家车的普及也使城市交通系统的费用公正地转嫁到每家每户，减轻了政府修建铁路和有轨电车的负担。

1945 年第二次世界大战结束前，受 1929—1933 年经济危机和第二次世界大战后经济衰退影响，美国私家车数量变化不大。第二次世界大战后，随着美国经济的快速恢复以及 20 世纪 50—60 年代的经济发展，加上汽车制造技术逐渐成熟，私家车的数量增长速度较快。

除了经济发展外，公路系统发展也极大地促进了私家车数量的增长。第二次世界大战后，随着美国经济的快速发展和解决国内就业压力的需要，公路建设明显加快。1951—1979年的 28 年间，美国新增公路总里程 95.09 万 km，平均每年新增约 3.4 万 km，是 1951年前 15 年间年均新增里程的 5.3 倍。

（4）航空运输

美国航空货物运输业从 20 世纪 50 年代开始快速发展。1968 年，第一架宽体飞机波音 747 被推向市场，彻底改变了航空货运业。1965 年航空运输货物周转量为 22.49 亿 t·km，1975年增至 70.01 亿 t·km。1981 年，美国取消了航空运输委员会航线管制权利；1983 年终止了航空运输委员会对航空运价的管制。放松管制推动了美国航空企业数量的增加，服务质量与安全得到更有效保障，使航空运输业获得极大发展（图 7-9）。

由于航空器技术发展水平的限制，20 世纪 30 年代民用飞机的飞行速度、飞行高度和载重量均较低，严重制约了旅客运输的发展，1930年的旅客周转量为1.67亿人·km，这段时间旅客运输发展得比较缓慢，如图7-10所示。

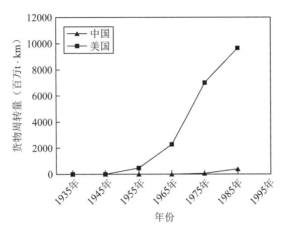

图7-9　1935—1995年美国和中国航空运输货物周转量的变化

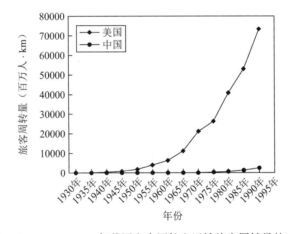

图7-10　1935—1995年美国和中国航空运输旅客周转量的变化

技术发展推动民航客机在速度、舒适度方面改进，客机数量不断增加。20世纪30年代，德国人冯·奥海因和英国人弗兰克·惠特尔分别完成了喷气发动机的发明。1937年，第一台涡轮喷气发动机首次运转成功，1939年完成了首次飞行。第二次世界大战后，喷气发动机的发展带动航空技术发生了质的飞跃。航空运输业出现重大转折，飞机速度提高了一倍，飞行高度提高到11000m左右的平流层，增加了航空运输的安全性和舒适性。第二次世界大战时的大批机场为民用航空业的发展创造了条件。1990年美国航空客运周转量达到735亿人·km。

我国航空运输业的起源可以追溯到20世纪20年代。1929年中国航空公司成立，后又成立了中德合资的欧亚航空公司。不过，受制于当时国家经济社会发展水平，航空运输业发展缓慢。1949年11月我国成立了民用航空局。从图7-9和图7-10可以看出：20世纪80年代以前，我国航空运输业的发展速度相对缓慢。

7.3 技术对运输需求时空特征的影响

交通需求特性主要包括交通需求的总量特性、时空分布特性、需求强度特性、出行距离特性、交通方式构成特性等。7.2 节从需求规模角度分析了交通需求规模的变化，本节将从时空特征的角度来分析交通需求的变化。

（1）水路运输

在洲际航空运输时代之前，长途客运服务由班轮客船承担，主要在北大西洋。班轮运输最早出现于 19 世纪初，美国首先采用。1818 年美国黑球轮船公司开辟了纽约—利物浦的定期航线，用帆船运输海外移民、邮件和货物。随着技术的发展，运输工具更新换代，水路运输的时效性也有很大提高。

图 7-11 为 1833—1952 年间纽约—利物浦航线上的客运班轮横渡大西洋的时间变化。可以看出，从 19 世纪中叶到 20 世纪中叶，客运班轮横渡大西洋的时间明显呈下降趋势。早期的班轮由木头制成，并使用桨轮，通常辅以帆，作为主要的推进形式。1838 年，Great Western 轮船在 15.5d 内横渡大西洋，该船是第一批班轮之一，容量较少，可运输不到 200 名乘客。到 1860 年，随着造铁、复合蒸汽机和螺旋推进器等技术的引入，班轮速度

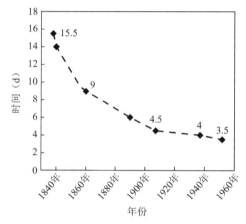

图 7-11 1833—1952 年客运班轮横渡大西洋时间
资料来源：HUGILL P J. World trade since 1431: Geography, technology, and capitalism[M]. Baltimore: Johns Hopkins University Press, 1993.
STOPFORD M. Maritime Economics[M]. 3rd ed, London: Routledge, 2009.

大幅提升，横渡大西洋时间显著减少到 8~9d。此外，新技术的应用使得班轮不再受木质电枢技术限制，班轮尺寸大幅增加，吨位超过 5000t，可载客 1500 人。随着市场潜力的实现，跨大西洋班轮服务的数量和频率大幅增加。

20 世纪初是班轮的黄金时代，不断涌现的新技术刺激了班轮制造业的发展，横渡大西洋时间再次缩短。1907 年，载客量为 2300 人的"毛里塔尼亚号"班轮 4.5d 横渡大西洋，1937 年，"玛丽皇后号"班轮缩短至 4d。此后，大西洋穿越时间基本平均稳定在 5d，这与使用涡轮蒸汽机的四螺杆应用有很大关系。到 20 世纪 50 年代，班轮的重要性受到第一次定期跨大西洋商业航班的挑战。1952 年，美国以铝为主要材料支撑的最后一代班轮保持了 3.5d 的跨大西洋穿越速度纪录。到了 20 世纪 60 年代，航空运输已经超越了跨大西洋穿越班轮的优势，班轮客运服务逐渐消失。

西班牙、葡萄牙、英国、荷兰和法国等欧洲国家从 16 世纪起率先建立了可靠的全球海上贸易网络。大多数海运活动集中在地中海、北印度洋、太平洋和北大西洋，包括加勒比

地区。因此，海上商品贸易控制权无论在历史还是当代都是建立海运网络的主要驱动力。随着19世纪中期蒸汽机的发展，船舶不再受制于主导风型，贸易网络进一步扩展。

随着苏伊士运河的开通，19世纪下半叶太平洋和横跨太平洋的海上贸易得到加强。20世纪，随着国际贸易的变化，海运呈指数级增长，海运贸易变得相互关联。与所有运输一样，海运是为支持贸易关系而存在的衍生需求。这些贸易关系还受到现有海运能力和海运服务构成变化的影响。因此，贸易和海运能力之间存在一定程度的互惠。截至2008年，海运贸易量占全球贸易量的89.6%，金额占70.1%。海运是所有权和运营方面最全球化的行业之一。

（2）铁路运输

在19世纪，美国因铁路网络的发展而发生了翻天覆地的变化，基础设施尤其是铁路网的发展，大大缩短了出行时间，改变了人们对于空间与时间的看法，从而导致铁路运输的需求发生变化。例如，1800年从美国纽约出发需要6周时间才能够到达的地点，到1830年缩短至3周；1830年，从美国纽约出发，大约在3周内可以到达芝加哥，旅行时间大大缩短。

之后铁路发展迅猛，到1840年，美国大约3000mile的铁轨已经建成，早期使用蒸汽机车导致火车行进过程中产生的噪声问题得到了改善，速度也更快了。到1857年，纽约人可以在几个小时内前往其他东北部城市。

基础设施的改善使美国工业发生巨大变化。货物可运送得更远，人们出行也可到达更远地方。第一次世界大战的结束导致建筑劳动力增加，进一步加速铁路发展。1830年，3d时间可从纽约到达北卡罗来纳州，但到1930年，3d时间可从纽约到达加利福尼亚海岸。

铁路长度并不是反映铁路发展的唯一因素。铁路网在全国居民之间建立联系的能力及其连通性的提高能够很好地体现铁路运输的空间特征变化。利物浦—曼彻斯特铁路开通6年后，铁路只提供相对本地的服务，尚未形成一个铁路网络。1837年，英格兰和威尔士地区间铁路网开始修建。1839年底，伦敦和伯明翰间的铁路已经延伸到东北部的约克郡。1840年底，利兹铁路连接到现有铁路网络。铁路网密度的提高降低了货物需求的空间距离，货物运输不再仅仅依赖水路等短途运输方式。到19世纪40年代中期，英格兰西南部和东英吉利亚连接了起来，铁路网密度更大。

1845—1848年，铁路行业迎来第二次狂热期，冶金技术和道路修建技术的应用加速了铁路建设，使得铁路网更加密集。1844年，英格兰铁路只有约2000多mile，到1848年增加了一倍多，到1851年几乎增加两倍。19世纪中叶，英格兰已经有一个密集的铁路网络，但威尔士铁路尚未发展。直到19世纪60年代，威尔士铁路网的密度显著增加。到1869年，英格兰和威尔士的主要干线网络已经成熟。

1869年之前，修建形成的铁路网主要连接人口中心、港口、工业集中区和矿产丰富地区等重要经济区域。19世纪70年代以后,铁路延伸范围进一步扩大、路网密度继续增加,修建的铁路主要由填补铁路网空白的支线组成。19世纪70年代至20世纪初,英国铁路网发展逐渐趋于稳定。

(3)航空运输

随着飞机技术的进步,航班飞行时间也在不断缩短。使用喷气发动机的飞机比使用活塞发动机的飞机在相同里程下飞行时间要短得多;同时由于机型的不断发展,飞机经停的次数也越来越少。

活塞发动机飞机时代:一架从纽约出发使用活塞发动机的飞机可以在10h内到达北美地区,可以在15~24h内到达欧洲和南美洲的大部分地区,但是至少需要40h才能到达东亚地区。

喷气发动机飞机时代:一架从纽约出发使用喷气发动机的飞机在10h内可以到达欧洲和南美洲的大部分地区,在17h内到达东亚地区。

自20世纪50年代第一条商业定期长途航线开通以来,伦敦和悉尼之间的飞行时间大大缩短,如表7-1所示。当由螺旋桨飞机提供服务时,该航线需要花费2.5d,同时还要经过7个站点才能到达目的地;20世纪70年代使用波音747-200将时间缩短到26h,只需经过2个站点就能到达目的地。1990年,更省油、航程更远的波音747-400将航线的飞行时间又缩短了3h,因为只需要停留一站。2006年,波音777-200LR等新一代远程飞机首次实现直飞。然而,伦敦和悉尼之间的"直飞"航班仍然需要在迪拜或新加坡进行加油。2014年,梦幻客机(波音787-9)的推出,让全程直飞成为可能,无须技术停留,从伦敦至悉尼仅需19.2h。

1955—2020年伦敦和悉尼最短航线情况　　　　　表7-1

年份(年)	机型	时间(h)	停靠次数
1955	超级星座	60	7
1965	波音707-329	36	6
1975	波音747-200	26	2
1990	波音747-400	23	1
2006	波音777-200LR	22	1
2020	波音787-9	19.2	0

资料来源:https://transportgeography.org/contents/chapter5/air-transport/london-sydney-air-routes/。

航空邮件最显著的特点是速度快。相对于普通船舶运输,航空邮件可以在短时间内完成跨洋运输,极大提高了跨洋信息通信的效率。航线的开通促进了城市之间的交流,1918年5月15日,费城到纽约和华盛顿特区开通了第一条定期的航空邮件路线。尽管这条路线只有218mile,但它是建立跨大陆路线的第一步。与铁路相比,跨洲航空服务是航空邮件以更低的成本提供更快服务的最佳机会。

1920年，一条连接纽约和旧金山横跨大陆的航空航线开通，这条航线长2680mile。最初的邮件是白天空运，晚上由火车运送。一次运输大约需要3.5d，这已比使用铁路快了近一天。夜间飞行的常规服务始于1924年，将航程缩短至约33h。

航空邮件运输网络在20世纪20年代继续扩大。1929年6月，美国已开通超14400mile的航线。1928年3月，美国国会批准了外国航空邮件服务的长期合同。1928年10月，外国航空邮件1号航线开始在纽约和蒙特利尔之间开展定期服务。

1931年美国开通了两条横贯大陆的新航线：一条是从亚特兰大到洛杉矶，另一条是从纽约到洛杉矶。邮政部门鼓励开展旅客运输，除了两条航空邮件路线外，其他所有路线都开始运送旅客。到1939年，美国国内航空邮件网络里程达37080mile。1935年，一条由旧金山出发，经夏威夷、中途岛、威克岛、关岛至菲律宾的横跨太平洋航线开通。此后，开通了更多跨大西洋连接纽约与欧洲的航线，形成了全球民航运输网络。

7.4 小结

从本章分析可以得出以下几点基本结论。

（1）技术及其所决定的供给对不同类型货物运输需求有直接影响，这些影响涉及需求的规模、市场空间结构以及产品营销策略等方面。从经济增长角度看，技术带来的不同区域物流成本的变化给不同区域带来重组机遇，这需要"机遇领取国"有充分、预先的"准备"，以便能够及时抓住这种"机遇"。

总的来看，上述"准备"涉及三个方面：一是产业准备，即具有跨区域需求的相关产业拥有比较充分的产业生产能力；二是基础设施准备，能够迅速建立跨区域的货物进出口运输能力；三是市场营销准备，即相关产业的市场营销部门具有与跨地区需求方快速建立联系、签订销售合同的能力。

（2）从客运角度看，技术的变化将带来对需求的抑制与诱发作用。正如传统广义费用函数模型所揭示的那样，技术不仅改变出行的时间、价格等明显可见的方面，还会影响出行过程的安全、舒适等特性。不同技术给不同运输方式带来的改变是不同的，这又会导致不同时期旅客运输市场结构的变化。一个典型的案例是，我国改革开放以来综合交通运输行业发生了两次结构性变化（图7-12）：一是高等级公路的发展推动了中、短距离公路运输的发展，取代了传统铁路站站停绿皮车运输市场，直接结果是20世纪80年代后期，公路客运周转量超过铁路，公路成为最主要的出行方式；二是进入21世纪以来，随着高速铁路、民航业的发展，加上居民出行经济承受能力的提高，高速铁路、民航等高服务水平出行增长迅速，它们在2009—2015年分别超过公路运输，成为新时期的主要出行方式。

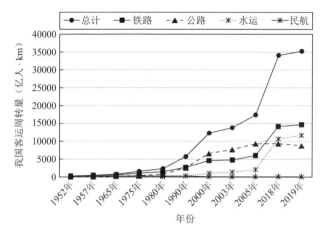

图 7-12 我国客运周转量发展演化（1952—2019 年）

（3）技术变化带来的变革还涉及综合交通系统发展规划的制订。由于需求规模与市场结构的变化，不同时期交通基础设施的建设策略与组织管理需要调整，以适应社会与经济发展的变化。

第 8 章

全球贸易格局变化

8.1 全球贸易总量变化

18—19 世纪，以欧美为首的西方资本主义国家率先完成了技术革命。机器生产大大促进了社会生产力和商品经济发展，跨国生产协作成为生产力发展的需求。此后，蒸汽机、内燃机、电力技术的发展推动轮船、火车等现代化交通工具应运而生，降低了长距离运输成本。各大洲间的贸易日益频繁，国际贸易迅速兴起。世界产业升级，改变了国际贸易格局，对运输资源配置和技术发展提出了新要求。

第一次技术革命前后，英国在 1702—1772 年间，对外贸易增长了两倍。1770 年前英国对外贸易大部分是同欧洲大陆国家进行的，1775 年时对外贸易范围已扩大到世界各地，近 2/3 的原料来源和贸易对象在欧洲以外地区。

由于英国最早开始工业化进程，其工业和服务业的占比快速攀升，老牌的资本主义强国荷兰则走上了反工业化、反城镇化道路，荷兰的资金大量流入英国公债。1720—1820 年间，英国出口年均增长率为 2%，荷兰则为 -0.2%。交通运输直观反映了两国贸易能力的变化。1670 年，英国商船队运载量仅为荷兰的 45.8%，到 1820 年，英国船舶运载力占全球船舶总运载力的比例达到 41.6%，荷兰则下降至 2%。

英国凭借其工业生产力水平将越来越多的国家纳入其产业和市场体系，这种体系很快扩大到世界范围。英国和其他欧洲国家是"加工厂"，亚非拉地区的落后国家则成了它们原料供应地和商品销售市场。

第二次、第三次技术革命进一步解放了世界生产力，世界制造业中心由英国逐渐转移至美国、德国，20 世纪中叶开始向亚洲转移。1870 年，西欧地区出口值占世界出口总值的 64.4%，占据绝对领先地位。英国、法国等第一次技术革命后成长起来的资本主义国家，成为全球的生产中心。19 世纪末期，第二次技术革命推动了全球贸易快速上升，1870—1950 年全球贸易总值上升了 5.87 倍，年均增长率 2.24%。20 世纪中叶开始的第三次技术革命，则进一步加速了全球贸易的发展，1950—1998 年全球贸易总值上升了 19.68 倍，年均增长率达 6.4%。

这期间促进全球经济增长最重要的技术是交通和通信技术的创新。1811 年，英国出现利用蒸汽机作为动力的轮船；19 世纪 60 年代，几乎所有新下水的船舶都采用煤为能源。1913 年，只有不到 2% 的英国船只仍使用帆为动力。苏伊士运河通航后，英国到孟买、加尔各答等殖民地的距离与出行时间大幅降低和减少。这一时期，由于旅客运输服务快速发展，成本和价格逐渐降低，大量欧洲人移民美国、加拿大、澳大利亚及新西兰等国家。从欧洲其他国家流出的人口大约为 1400 万人。

1870—1950 年，道路交通工具快速发展，西欧地区的客车数量从 1913 年的 30 万辆增加到 1950 年的近 600 万辆，同期美国的客车数量从 110 万辆增加到 4000 万辆。美国凭借其对应用科学技术研究的重视，以及采用标准化生产等先进的工业理念，快速跃居为全球技术领先国。同时，西欧地区出口值占比则由 64.4% 下降至 41.1%。受两次世界大战影响，1913—1950 年西欧地区出口值不增反降。

20 世纪中叶之后，亚洲地区的工业化快速发展，全球轻工业及重化工业的生产重心开始向亚洲国家转移，使亚洲地区出口值占比由 1950 年的 14.1% 上升至 1998 年的 27.1%，出口值上升 37.7 倍。这一时期，由于第三次技术革命带来了信息技术的革命，美国、德国等发达国家能够将产业链中的中低端、高污染环节向亚洲地区转移，这正需要集装箱、集装箱船等能够更好服务于工业制成品及工业半成品的运输技术。另一方面，各国之间的联系更加紧密，飞机、高速铁路等更加先进的交通方式更好地服务了各国之间的人员往来。

综上所述，在技术变革的影响下，全球生产力得到了极大发展，仅凭自身优势参与国际竞争越来越难。交通运输、信息技术的发展大力推动了全球化生产的趋势，最终导致全球贸易的快速发展。同时，随着世界经济格局的演变，全球贸易重心及贸易内容也在持续改变，对交通运输技术的发展提出了新要求。

8.2 英国贸易市场变化

第一次技术革命后，英国工业生产力大幅提升，产业结构快速转型升级，在国内市场逐渐趋于饱和的背景下，英国开始大力寻求海外市场。同时，蒸汽机的发明带来了船舶工业的大幅提升，英国蒸汽船保有量快速上升，直接提升了其在海上贸易的竞争力。生产力和运输能力的提升，为英国带来了广泛的贸易提升。其中，在第一次技术革命中最为突出的棉纺织品的发展是英国贸易发展的缩影。

下面首先分析英国棉纺织品贸易的发展，进而探讨英国在第一次技术革命后期贸易商品的演变，最后分析贸易格局与海运业发展的相互作用。

1）英国贸易发展概况

18 世纪末英国率先开始了工业化进程，产业结构由农业为主向工业为主转变。这一时期，英国国内主要产业产能发展迅速，大量工业制品的需求也扩大了对原材料的需求。19 世纪，随着国内市场趋于饱和，英国开始将商品贸易市场扩大到全球各地。在这一时期，英国的贸易政策由重商主义转为自由贸易主义，通过与主要贸易伙伴签订互惠协定，取消《谷物法》等政策，推动了英国迈向自由贸易的步伐，英国的贸易开始繁荣起来。

1800—1910 年英国进出口额的变化趋势如图 8-1 所示。可见英国百年来进出口贸易额保持上升趋势，1800—1850 年出口额增长 87%，进口额增长 66%，年均复合增长率分别为 1.26%、1.02%；1850—1880 年增速得到了大幅提升，出口额增长 214%，进口额增长 299%，年均复合增长率分别为 3.89%、4.72%；1880—1885 年进出口额略有下降，1885 年后恢复上升趋势但增速放缓，1885—1910 年出口额增长 102%，进口额增长 83%，年均复合增长率分别为 2.85%、2.44%。

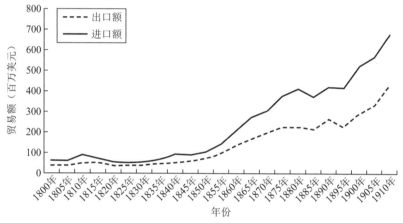

图 8-1 1800—1910 年英国进出口额变化趋势
资料来源：根据文献[53]绘制。

英国贸易的增长根本上来源于技术革命对生产力的解放，蒸汽机和纺织机的发明使棉纺织业成为了经济增长最快的行业，并带动了英国经济的发展。据统计，在 18 世纪的最后 40 年里，英国棉纺织业的产量增加了 25 倍，相关工业品的出口量上升了 31 倍，整个联合王国的原棉消耗量从 1800 年的 2.36 万 t 增加到 1830 年的 11.25 万 t，而到 1850 年则增加到了 26.67 万 t。

19 世纪上半叶，英国一半以上的工业制成品出口海外，出口量最大的为棉纺织品、毛纺织品和冶铁业相关材料。1830 年前后，仅棉、毛两大纺织品的出口就占英国出口商品的近 70%，而棉纺织品更达到了总出口量的 50.8%，铁和钢也达到了 10.2%。在 1851 年各行业总产量中，出口棉纺织品占总产量的 61%，毛织品占 25%，铁制品占 39%。出口量的迅猛增长离不开其国内生产能力的迅速发展，这使英国成为当时的国际贸易第一大国，也是最早的"世界工厂"。

2）英国棉纺织品贸易

（1）棉纺织业生产原料

棉纺织业发展的基础是原棉。英国作为一个不生产棉花的国度，其棉纺织业的原材料全部依赖进口，这也许是技术革命对全球化的最初贡献。18世纪60年代以后，伴随着棉纺织部门的技术革新，其对于棉花的需求也日益增长，原棉进口也是英国最重要的贸易之一。

在1750—1815年间，英国原棉消费指标发展平缓，由1750年年均消费1千t原棉提高到1815年年均消费3.7万t原棉；在1815—1860年间，英国原棉消费指标增长迅速，到1860年，年均消费原棉量达到49.2万t，是1750年原棉消费指标的近500倍，如图8-2所示。这说明第一次技术革命以来，英国原棉需求量骤增。

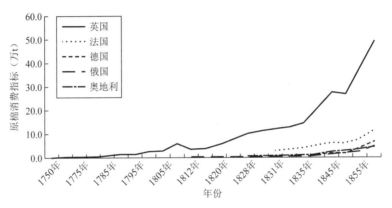

图8-2 1750—1860年各国原棉消费指标
资料来源：同图8-1。

17—18世纪，英国棉纺织业生产所需原棉主要来自地中海沿岸和西印度群岛两个地区。据统计，在18世纪初，英国从西印度群岛进口了其所需原棉的三分之二到四分之三；1764年，英国进口原棉近400万lb，其中一半来自西印度群岛；1780年英国进口原棉超650万lb，其中三分之二来自西印度群岛；1760年后，随着棉纺织业飞速发展，西印度群岛因种植区狭窄逐渐无法提供足够原棉，英国棉纺织部门的原棉进口慢慢转向了印度。

印度在英国棉纺织业发展过程中起到了非常重要的作用。早期英国模仿印度棉织品技术，后来逐渐将印度作为原棉供应地，最后将其作为棉织品的输出国，倾销其国内的棉纺织品，带动了经济的繁荣发展。

19世纪以后，英国对原棉的需求不断增加，西印度群岛和印度也难以满足棉纺织企业的原材料需求，美国逐渐成为英国原棉的主要进口地。据统计，1815年英国进口的4.58万t原棉中，美国提供了2.45万t；1825年英国进口的10.34万t原棉中，有6.35万t来自美国；1835年，美国向英国提供原棉达到12.88万t，占英国进口总原棉的78%。1846年，英国进口的美国原棉达17.35万t，进口的印度原棉为1.55万t，印度原棉只占英国进口原棉总额的8%~15%。

原材料的供应是全球贸易体系与供应链的重要组成部分。英国原棉贸易将整个世界更密切地联系起来，这或许可以说是第一波的全球化现象。

（2）棉纺织品出口贸易

第一次技术革命为英国棉纺织行业生产能力的扩大带来了巨大机遇，其纺织品市场随着产量激增从国内不断扩大到海外，推动了英国进出口贸易的大发展。在这个过程中，英国制定的自由贸易政策为其贸易大发展与世界经济一体化做出了贡献，一定程度上整合了世界经济与贸易市场。

英国棉纺织品出口可分为棉布和棉纱两种类型。在不同时期，其出口的地区分布与产品数量是不同的。如图8-3所示，1820—1880年英国出口的棉纺织品以棉布为主，这主要是由于国际关系的变化以及英国采取的不同政策。

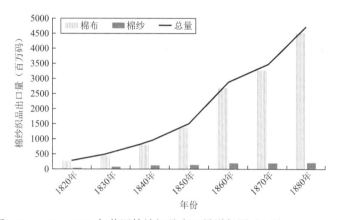

图 8-3　1820—1880 年英国棉纱织品出口量增长图（1 码 = 0.9144m）

资料来源：宫崎犀一，奥村茂次，森田桐郎. 近代国际经济要览：16 世纪以来[M]. 陈小洪，任兴洲，姚玉明，等，译. 北京：中国财政经济出版社，1990.

从棉布出口看（表 8-1），英国棉布的出口对象最初主要是欧洲、美洲、印度。1820年，接收英国棉布最多的是欧洲，占其总输出的一半以上。1840年，印度开始进口英国棉布，这个原本是棉织品生产大国的国家被迫接收外来棉织品，此后成为进口英国棉布最多的国家。从棉纱出口看（表 8-2），1820—1880年，欧洲一直是输入英国棉纱最多的地区，1820年占总出口的近 96%，这说明当时的棉纺织业市场集中在英国和其他欧洲国家。1840年后，印度开始进口英国棉纱，成为英国棉纺织业大发展的重要市场。

1820—1880 年英国棉布出口市场的世界地区及国家分布和变化（单位：百万码）表 8-1

地区或国家	1820 年	1830 年	1840 年	1850 年	1860 年	1870 年	1880 年
欧洲	137.2	177.4	275	416	558.3	965.1	953.7
美洲（除美国）	56	140.8	278.6	360.4	527.1	594.5	651.6
美国	23.8	49.3	32.1	104.2	226.8	103.3	77.9
印度	—	—	145.1	314.4	825.1	923.3	1813.4
其他地区	33.9	77.1	59.8	163.2	538.9	666.6	999.7
合计	250.9	444.6	790.6	1358.2	2676.2	3252.2	4496.3

资料来源：同图 8-3。

1820—1880 年英国棉纱出口市场的世界地区分布和变化（单位：百万码）　　表 8-2

地区及国家	1820 年	1830 年	1840 年	1850 年	1860 年	1870 年	1880 年
欧洲	22.5	57.5	95.2	95.4	135.6	107.9	107.5
美洲（除美国）	—	—	—	—	—	—	—
美国	—	—	—	—	—	—	—
印度	—	—	16.1	21	30.7	31	47.1
其他地区	0.5	7.1	7.2	15	31	48.8	61.1
合计	23	64.6	118.5	131.4	197.3	187.7	215.7

数据来源：同图 8-3。

英国棉纺织品向美国的出口量较低，在 1820 年，向美国输出棉布只占英国棉布总出口的 9%，其后的十年对美国出口量虽有所增长，但是基数不大，截至 1860 年，达到 226.8 万码，约占其总出口的 8.5%。这是因为美国为棉花生产大国，再加上其对新兴技术非常重视，使得美国不需要进口棉纱就能发展出自己国家的棉纺织业。据福克纳所说，在 1840 年时，美国棉纺织厂的设备都已经相当完善，营业也很发达；在后来的 20 年里，棉织品的产值增长了 150%。

英国棉纺织业的发展离不开其整个供应链体系的打造，海外市场的开拓、进出口货物的输入及输出刺激了其国内棉纺织业的发展。从表 8-3 可以看出，19 世纪英国棉纺织工业的进口量和产量均呈现显著的上升趋势，且由于国内市场饱和，棉纺织品出口值占产值的比例也处于上升趋势。

19 世纪英国棉纺织业进出口对照表　　表 8-3

时间（年）	原棉进口量（百万 lb）	产值（百万 lb）	出口值占产值的比例（%）
1819—1821	141	29.4	52.8
1824—1826	169	33.1	51.1
1829—1831	249	32.1	56.4
1834—1836	331	44.6	50.4
1839—1841	452	46.7	49.8
1844—1846	560	46.7	55.4
1849—1851	621	45.7	60.8
1854—1856	802	56.9	61.4
1859—1861	1050	77	63.8

数据来源：同图 8-3。

不难看出，英国棉纺织业发展的三个要素：一是本国建立的、具有先进水准的棉纺织加工技术；二是西印度群岛、印度、美国等地区丰富的原棉材料供应；三是庞大的世界出口市场。

（3）棉纺织品贸易发展影响因素

英国棉纺织业贸易的影响因素主要有两个：一是产业结构因素，二是贸易政策因素。

①产业结构因素

1770—1850 年英国产业结构转型升级,由传统农业大国转变为工业强国。1770 年,英国农业在 GDP 中占 45%,工业占 24%;到 1850 年,农业仅占 21%,工业占比则上升至 35%。为鼓励工业发展,受重商主义理念的影响,英国政府通过进出口禁令及保护性关税扶持本国制造业发展,帮助本国商人获得更大国际贸易份额。16 世纪以后,英国开始禁止原材料及其他生产手段出口。如英国 18 世纪初纺织品进口关税达到了 100%,这避免了印度廉价纺织品的进口冲击。19 世纪,在自由贸易主义影响下,英国采取了保护小企业的政策,充分发挥了市场竞争对经济的促进作用。

②贸易政策因素

英国早期的贸易政策与其殖民统治密切相关。17 世纪,英国殖民地大量增加。18 世纪末,英国在北美的殖民地独立后,开始将殖民重心放到印度。英国对印度一直采取压制措施,早期印度棉纺织品倾销英国本土时,英国凭借坚船利炮,对印度棉纺织成品实行禁止性关税,并让英国棉纺织品低税或缴纳有名无实的关税输入印度市场。此外,东印度公司在印度国内通过各种各样的苛捐杂税增加印度商品的成本,而东印度公司与印度当地织工签订以很低工资收取棉织品的合约。这样,印度棉纺织品在价格上无法与英国倾销到印度的棉纺织品竞争。同时,英国在印度推广和改良棉花种植,凭借保护性关税和动力织机优势压制印度棉纺织业,使印度完全沦为英国的原料供应国和工业品输入国。

制造业能力发展和工业品竞争力提高后,英国开始推动贸易自由化。1813 年,英国废除了东印度公司对印度的贸易垄断权。通过与各国订立互惠关税协定,将工业品进口税率降低到 30%左右,取消了丝织品进口禁令,解除了包括机器在内的所有输出品的限制,包括取消了构成英国财政制度基础并严重束缚贸易的许多消费税。这些关税改革措施为英国转向自由贸易做好了前期准备。

3)英国贸易商品演变

由于英国率先走上了工业化进程,机器生产替代了人工,大幅提高了生产力。第一次技术革命主要以劳动密集型的棉纺织生产工业化为主,英国则凭借进口原棉等原材料,出口棉品、毛织品及其他纺织品,成为第一个"世界工厂"。

表 8-4 反映了 1784—1856 年英国对外出口贸易总额和各类商品出口额及其占比。1784—1786 年,英国正处于第一次技术革命的初期,产业结构并未完成转型升级,国内市场也并未达到饱和,各类纺织品占比为 45.8%。1814—1816 年,英国的出口贸易总额相较 1784—1786 年上升了 2.5 倍,各类纺织品占比上升至 68.0%。1854—1856 年第二次技术革命,传统的以纺织工业为代表的劳动密集型产业向资本密集型产业转移,钢铁工业得到快速发展。此时,英国的各类纺织品占比下降至 57.3%,开始向钢铁工业制成品转移。

英国出口贸易总额和各类商品出口额及其占比 表 8-4

时间（年）	总出口额（千英镑）	棉织品		毛织品		其他纺织品		其他制成品		粮食和原料	
		出口额（千英镑）	占比（%）	出口额（千英镑）	占比（%）	出口额（千英镑）	占比（%）	出口额（千英镑）	占比（%）	出口额（千英镑）	占比（%）
1784—1786	12690	766	6.0	3700	29.2	1334	10.6	4858	38.3	2032	15.9
1794—1796	21770	3392	15.6	5194	23.9	2313	10.6	8144	37.4	2727	12.5
1804—1806	37535	15871	42.3	6172	16.4	2788	7.4	8944	23.8	3760	10.0
1814—1816	44474	18742	42.1	7866	17.7	3628	8.2	7783	17.5	6455	14.5
1824—1826	35298	16879	47.8	5737	16.3	3226	9.1	6777	19.2	2679	7.6
1834—1836	46193	22398	48.5	7037	15.2	4523	9.8	8125	17.6	4110	8.9
1844—1846	58420	25835	44.2	8328	14.2	6349	10.9	10922	18.7	6986	12.0
1854—1856	102501	34908	34.1	10802	10.5	13018	112.7	24363	23.8	19410	18.9

资料来源：王文丰. 工业革命时期的英国对外贸易与贸易政策[J]. 辽宁师范大学学报（社会科学版），2009, 32(3): 125-128。

19世纪中叶至20世纪初，英国并没有实现快速的产业转型升级，美国取代英国成为新的"世界工厂"。这一时期，英国主要以进口工业制成品、出口半成品为主。

表 8-5 描述了 1860—1908 年英国三类货物（不含原材料）出口额变化趋势。1860 年，英国以出口 B 类货物为主，占比达 58.1%。1908 年，英国仍然以 B 类货物出口为主，但 A 类货物出口额快速上升，达到 36.0%，B 类货物占比则下降至 52.6%。

英国三类货物国民出口额变化趋势（单位：百万英镑） 表 8-5

年份（年）	A 类货物	B 类货物	C 类货物
1860	32.4	71.9	19.4
1870	45.1	107.7	28.3
1880	57.4	112.9	26.6
1890	76.2	120.5	28.7
1900	79.6	112.4	27.7
1901	79	111.5	23.6
1902	82.9	114.3	23.8
1903	87.6	117.9	24.3
1904	85	129.7	24.2
1905	92.2	143	28.4

续上表

年份（年）	A类货物	B类货物	C类货物
1906	103.8	157.2	35.9
1907	116.2	172.5	43.3
1908	103.1	150.7	32.6

注：A类货物表示制成品，即已完全生产并可随时消费的物品（Articles completely manufactured and ready for consumption）；B类产品表示半成品，即生产的，但在进入消费前需要经过某种适应或组合过程的物品（Articles manufactured, but requiring to pass through some process of adaptation or combination before entering into consumption）；C类产品表示部分制造的物品（Articles parly manufactured）。

资料来源：British and Foreign Trade and Industry 1854—1908.

表8-6反映了1860—1908年英国三类货物（不包含原材料）进口额变化趋势。1860年，英国以进口A类货物为主，占比为37.7%。1880—1905年，英国进口A类货物最多，B类货物其次。1906年开始，英国进口B类货物超越A类货物，至1908年英国进口B类货物在三类货物中占比达到41.7%。

英国三类货物用于消费的净进口额变化趋势（单位：百万英镑） 表8-6

年份（年）	A类货物	B类货物	C类货物
1860	7.7	6.8	5.9
1870	15.5	20.4	9.5
1880	26.1	24.7	12
1890	30.6	27.8	15.1
1900	47	41.9	21.2
1901	50.5	39.1	19.8
1902	52.8	43.2	19.6
1903	52.9	44.1	19.3
1904	49.9	43.7	22.2
1905	50.9	47.8	22.7
1906	51.5	52.3	26.5
1907	49.7	50.6	27.6
1908	44.8	49.9	25.1

来源：同表8-5。

对比英国 1860—1908 年进出口变化趋势，第一次技术革命时期，英国以出口加工制成品为主，但到了第二次技术革命时期，英国转为以半成品出口为主。进入 20 世纪，英国工业水平提升，进出口结构开始转向，变为进口半成品、出口制成品。

4）英国海运业发展

海运货物的载体和运输工具就是船只。船舶的运载能力和航行能力直接影响着贸易货物的运输情况。在 19 世纪以前，英国的海运船只都是帆船，在 19 世纪，帆船运输发展到了鼎盛时期，而同时，第一次技术革命产生的蒸汽机正好可以用来当作船的动力。19 世纪的海洋运输船有两项划时代的重大变革：一是从木制船身变成钢铁制船身，另一个是船的动力由风帆推进变成蒸汽驱动。而这两项变革在首先进行技术革命的英国表现得最为典型。造船技术的革新是英国海运业在 19 世纪走向繁荣的重要表现之一。

（1）贸易带动海运业的发展

发生在 18 世纪—19 世纪上半叶的技术革命使英国经济和技术等各方面都带产生了巨大的飞跃。英国经过第一次技术革命之后，英国的经济和贸易迎来了新的发展时期。18 世纪，英国的纺织业最先进行工业化发展，各种新发明的纺织机器层出不穷，机器的大量制造又拉动了对金属的需求，冶炼业也发展起来并进行了技术革新。为了提高生产效率，解决机器动力问题，蒸汽机应运而生。机器的发明提高了英国棉布产品的产量，也降低了产品的单位成本，使得英国的棉布在国际市场上十分有竞争力，贸易量的增大带动了英国海运业的发展。

从 16 世纪开始，英国商船队的数量和吨位迅速增长，总吨位从 1582 年的约 6.7 万 t 增加到 1686 年的 34 万 t，再到 1786 年的 75.2 万 t。如图 8-4 所示，这种增长在 19 世纪加速体现。

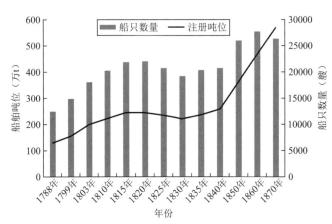

图 8-4　1788—1870 年英国商船队的船只数量和注册吨位（英国和属地）

资料来源：USHER A P. The growth of English shipping 1572—1922[J]. The Quarterly Journal of Economics, 1928, 42(3): 465-478。

不仅进出口贸易需求增长，英国的技术创新也为其船舶改进打下了基础。蒸汽机的发明给运输行业带来了前所未有的变革。英国国内铁路开始铺设，并掀起了修建运河的热潮。修建运河最开始是为方便运煤,但国内水运的发展也为英国远洋海运积累了技术经验。许多设计蒸汽船的工程师都有参与国内运河建设的经验。蒸汽机解决了运输的动力问题,英国国内炼钢技术的发展促进了19世纪钢铁外壳船的发展,为英国海运业发展和革新奠定了经济和技术基础。

世界上第一艘载客蒸汽船是由美国工程师罗伯特·富尔顿在1807年设计建造的"克莱蒙特号"。这艘船全长133ft(1ft = 0.3048m),装配了瓦特蒸汽机。首航从纽约行驶至奥尔巴尼(Albany)约150mile的距离用了32h,返程用了30h。1811年,英国的亨利·贝尔也制造了第一艘用于商业的蒸汽船"彗星号",从事欧洲正规客运服务。随后,克莱德河上又建造了一些蒸汽船,如1814年的"珍珠号",在1822年,克莱德河上至少建造出了22艘蒸汽船。要与帆船抗衡,提升蒸汽船的海运优势,就必须从节约建造成本、提升蒸汽船载货能力、提高蒸汽机燃料利用率和提高蒸汽船速度几个方面入手。在整个19世纪内,英国蒸汽船的发展取得了巨大的进步,具体革新情况见表8-7。

表8-7 19世纪英国横跨大西洋的轮船革新情况一览

建造年份(年)	船名	长度(ft)	吨位(t)	功率(hp)	速度(kn)	航行时间(d)
1838	天狼星号(Sirius)	208	700	320[a]	7.5	16
1838	大西方号(Great Western)	236	1320	440[a]	9	14
1840	布里塔尼亚号(Britannia)	207	1156	740	8.5	14.3
1843	大不列颠号(Great Britain)	302.5	2935	1800	10	—
1848	美洲号(America)	251	1825	1600	10.25	—
1850	波罗的海号(Baltic)	282	3000	800	—	9.5
1856	波斯号(Persia)	376	3300	3600	13.8	9.5
1858	大东方号(Great Eastern)	680	18914	8000	13.5	9.5
1867	俄罗斯号(Russia)	358	2959	3100	14.4	8.8
1874	不列颠尼克号(Britannic)	455	5000	5000	15	8.2
1875	柏林城市号(Cityof Berlin)	488.6	4779	4779	15	7.6
1881	塞尔维亚号(Servia)	515	10000	10000	16.7	7.4
1884	翁布里亚号(Umbria)	500	14500	14500	18	6.8
1888	巴黎城市号(City of Paris)	527.5	18000	18000	19	6.5
1888	条顿号(Teutonic)	565.7	16000	16000	19	6.5
1893	坎帕尼亚号(Campania)	600	30000	30000	21	5.9

注:标a的数据为标称马力。

数据来源:MARTIN S M. Maritime Economics[M]. 3rd ed. London: Routledge, 2009。

英国国际进出口贸易的发展使英国对船舶的需求上升,推动了英国海运业的发展。18世纪,英国颁布的航海条例保护了新兴发展的海运业。步入19世纪,英国开始采取自由贸易政策,这使得英国的海外贸易迅速扩张,而且19世纪的英国不仅在国际贸易方面大放异彩，在金融市场方面也呈现繁荣发展的状态，英国成为了当时的世界金融中心，这些都为19世纪英国海运业的发展壮大打下了坚实基础。

在技术上，英国造船业在发展中已形成深厚的技术积累，为19世纪新型船舶的研发奠定了雄厚基础。通过发展海运及开辟殖民地，英国拥有了更大的海外市场，这个过程反过来也让英国获得了更多的海洋航行信息，开辟了更多的远洋运输航线，为19世纪后期英国远洋运输的快速发展埋下了伏笔；这些动因都推动了英国海运业在19世纪的进一步发展。

英国在19世纪实现了工业化，造船技术较高，英国商船吨位的提升速度也远远大于外国商船。由图8-5可知，1765年用于外贸运输的商船大部分为英国船，1765—1870年间英国商船和外国商船的吨位数都呈增加趋势，到1860年外国商船吨位数的增势趋于平稳，而英国商船的吨位数仍在剧烈增加。

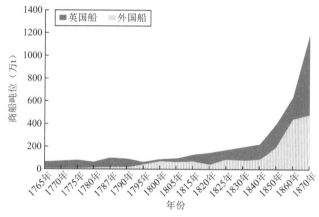

图8-5　1765—1870年英国外贸清关（用于外贸运输的商船吨位）

数据来源：同图8-4。

（2）海运商船运输在各条航线上的发展

英国最开始主要经营沿海运输航线，在15—16世纪向近海航线扩展，并在17—18世纪开辟了多条远洋海运航线。

在16—17世纪的英国，贸易经济领域主要信奉的理论是"重商主义"，即商业本位理论，这个时期英国海运业有了极大发展。由于商业探险和殖民地的开辟，英国海运航线逐渐丰富，造船技术也迅速提升，这个时期远洋海运有了很大进步。殖民地与新航线的开辟使英国获得了巨大贸易利润。英国打败了老牌海上霸主西班牙，跟主要竞争对手荷兰缩小了差距。当时荷兰垄断了北欧的转口贸易以及波罗的海和地中海的贸易，荷兰的商船队遍布世界各地。荷兰在东印度群岛也有殖民地，且几乎垄断了东印度群岛的香料贸易，这就与英国的利益有所冲突，英国也希望打开波罗的海、地中海和北欧的贸易市场。而随着英国经济的发展以及技术革命的进行，重商主义反过来限制了商业的发展。海运业由于缺少竞争也不利于技术革新，商业探险开辟新航道也少有英国人尝试，所以在18世纪，自由贸易主义开始被提出。19世纪英国凭借着蒸汽船技术拥有了世界上最庞大的商船队伍，取代荷兰成为了世界摆渡人。

①沿海航线。

英国沿海航线就是英国各沿海港口之间与爱尔兰、威尔士等地的海洋运输航线。英国是岛国,有绵延的海岸线,因此英国发展沿海运输有着天然的便利,在英国远洋航线还没有发展起来时,英国海运业的主要经营线路就是沿海航线。沿海运输是英国海洋运输业的基础。

其中,伦敦是沿海航线的重要港口,从表8-8可知,1750—1890年参与伦敦沿海运输船只数量的变化有些许浮动,但总体呈一个增长趋势,并在19世纪末达到顶峰。

1750—1890年在伦敦港登记的经营沿海航线货船的船只数　　表8-8

年份(年)	船只数(艘)	年份(年)	船只数(艘)
1750	6396	1850	21755
1790	9278	1860	18365
1820	17017	1870	12793
1830	19057	1880	35686
1840	21619	1890	35333

数据来源:同图8-4。

英国沿海航线船运的稳定发展也增加了英国的进口货物量。1824年,英国沿海航线总共有超223万t货物进口。1841年,沿海航线的船只为英国运进了1250万t的货物,大约是参与外国贸易船舶运进的货物的3倍。沿海航线是英国最早使用蒸汽船的航线。

从表8-9可知,蒸汽船投入使用后的1821—1853年,英国参与沿海运输的蒸汽船数增加了约3.4倍,吨位增长了9.9倍。

参与沿海航线的英国蒸汽船的数量与总吨位　　表8-9

年份(年)	船数(艘)	总吨位(t)
1821	188	20028
1853	639	218266

数据来源:BAGWELL P. The Transport Revolution 1770—1985[M]. London: Routledge, 1988。

②亚洲航线。

自16世纪开辟亚洲航线后,英国与亚洲的贸易成为英国对外贸易中非常重要的一部分。荷兰海运业对亚洲贸易的优势地位在第一次技术革命后被英国打破了。

18世纪,荷兰每年参与亚洲贸易的船只吨位数在欧美主要航运大国中占36%,是这些国家海运船队中船只吨位数最高的;英国紧随其后,占31%。欧美国家参与亚洲贸易船舶的吨位及占总量的百分比见表8-10。19世纪20年代,这个情况有了很大转变,英国每年参与亚洲贸易船只的吨位占欧美航运总吨位的60%,海运船舶吨位远远领先于其他主要欧洲国家和美国。可见19世纪英国海运业在亚洲航线上的海运发展取代了荷兰的优势地位占统治地位，另一方面也说明亚洲贸易对英国的重要程度大大增加。

表 8-10 欧美国家参与亚洲贸易船舶的吨位及占总量的百分比

国家	船舶的吨位（t/a）		占总量的百分比（%）	
	1783—1792 年	1820—1829 年	1783—1792 年	1820—1829 年
英国	23992	85909	31	60
法国	17410	16818	22	12
荷兰	27540	17800	36	12
丹麦	6095	2277	8	2
瑞典	1448	673	2	0
美国	1000	19754	1	14
总量	77485	143231	100	100

资料来源：SOLAR P. Opening to the East: Shipping between Europe and Asia, 1770—1830[J] The Journal of Economic History, 2013, 73(3): 625-661。

英国从亚洲进口的商品种类非常丰富，主要有：各种香料，来自印度孟买和西海岸的棉花、布匹、象牙，班加尔（Bengal）的棉花、鸦片、水稻，马德拉斯（Madras）和科罗曼德尔海岸（Coromandel Coast）的棉布、珍珠、名贵木材、中国的茶、生丝、丝绸和瓷器等。其中，印度作为英国原棉供应地，为英国纺织业提供了原料支撑。

19 世纪前，由于有特许状，亚洲与英国的贸易几乎由英国东印度公司垄断，亚洲与英国贸易的发展也使得英国东印度公司发展了自己的海运业，建造出当时最大的一批武装商船"东印度人号"，用于运送亚洲与英国往来之间的货物、邮件和乘客。

从图 8-6 可以看出，18 世纪英国东印度公司 600~899 吨位的船舶数最多，而到了 19 世纪，英国东印度公司 1200 以上吨位的船舶数更多，同时，19 世纪参与亚洲贸易的船舶数有所上升，主要增加的是 900~1200 吨位的大船，以及 300~599 吨位的小船，这说明随着贸易量的增加和英国海运业的发展，船舶有大型化的发展趋势。

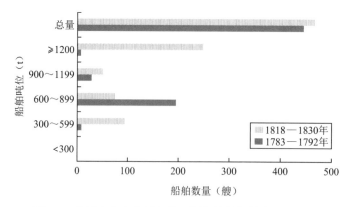

图 8-6 英国东印度公司经营亚洲贸易的船舶数量和吨位

数据来源：同表 8-10。

③北美航线

19世纪以来,美国成为英国纺织业新的原棉供应地,英国与美国的贸易增长很快,小麦、棉花、烟草等交易逐年上升,英国到美国的海运商船的吨位也渐渐增长。

从表8-11可看出,19世纪英国参与美国航线的商船数量稳步增加,吨位也有较大增长,蒸汽船的数量在19世纪末超过了帆船的数量。且参与美国航线的英国船只,尤其是英国的蒸汽船无论在数量上还是吨位上都大幅领先于其他国家。

各国往返于英国港口与美国港口之间的船只数及吨位情况表　　　表8-11

年份（年）	英国船		美国船		其他外国船		总量	
	船数（艘）	吨位（千t）	船数（艘）	吨位（千t）	船数（艘）	吨位（千t）	船数（艘）	吨位（千t）
蒸汽船								
1861	307	430.5	8	12.3	37	56.2	352	499
1865	520	786.1	1	0.4	45	82.4	566	868.9
1866	708	1128.8	27	25.6	67	124.4	802	1278.8
1870	971	1607.9	1	2	59	107.9	1031	1717.8
1880	3111	5429.8	66	127.7	170	235.8	3347	5793.4
1890	3460	7399.8	40	88.7	233	392.4	3733	7880.9
1895	2727	7199.8	119	542.2	133	266	2979	8008.1
帆船								
1861	1227	713.1	2323	2215	525	211.4	4075	3159.5
1865	574	442.5	431	478.8	139	72.8	1144	993.7
1866	1059	707.8	659	718	407	189.5	2125	1615.3
1870	1387	951.2	750	749.8	406	181.5	2543	1882.5
1880	2375	1932.7	363	403.4	2791	1562.4	5529	3898.5
1890	288	286.6	45	76.1	584	408.7	917	771.4
1895	403	684.6	26	30.4	629	544.2	1058	1259.2

资料来源：KIÆR A N. The shipping trade between the United States and the United Kingdom[J]. Journal of Political Economy, 1896, 5(1): 1-22。

技术革命后(尤其是19世纪)的英国海运业经历了一个辉煌的发展时期。它是一个承上启下的时代,16—18世纪,英国商业探险使英国了解了世界广阔海域的海洋情况,并开辟了多条远洋运输航线;技术革命使英国工业产量大增,对英国海洋运输业提出了更高的要求,技术革命时期技术的进步以及生产力的发展推动了海运的技术革新,促使英国海运在19世纪以令人惊叹的速度发展并取得了世人瞩目的发展成就。在海运船舶的制造上,英国取得了巨大的技术突破,从船身材料、船舶发动机等方面都率先取得令人瞩目的技术创新。同时,由于海运业是个综合性行业,英国海运业的发展促进了英国国际贸易经济的进步,帮助英国在19世纪成为了海上霸主。

8.3 美国贸易市场变化

第二次技术革命中,美国利用其早期农业贸易积累的大量资本以及大量引进英国、德国、法国等国家的先进技术,实现了快速工业化的进程,且很快取代英国成为新的全球贸易中心。第二次技术革命的各项技术需要大量的钢铁支持,美国钢铁贸易发展能够反映其作为"世界工厂"的世界工业地位。从贸易伙伴上,19世纪中期以后,随着美洲国家的兴起,以及美洲国家地理位置优势,美国进出口存在由欧洲向美洲转移的趋势。此外,由于美国运输技术的提升,以及日本等亚洲国家相继完成资本主义改造,美国对亚洲的进出口也呈现上升趋势。19—20世纪,美国作为全球技术引领国,其大量进口钢铁、石油等原材料,并生产了大量工业制成品销往全球。美国海运业大力支撑了美国贸易的发展,其船舶保有量在19世纪末快速跃居全球前列,且利用新技术的汽船、轮船等的保有量也居于世界前列。

下面通过美国钢铁贸易探索其贸易与工业化的关系,进一步分析其主要贸易伙伴的变迁及原因,对美国贸易商品演变的分析能够揭示美国工业化对其贸易的影响,最后通过对海运业的分析,探索贸易与交通运输发展的相互作用。

1)美国贸易发展概况

独立战争以后,美国成为一个新兴的资本主义国家。19世纪初到20世纪30年代,美国奉行保护主义倾向的贸易政策,有效扶持了本国产业发展并提高了政府财政收入。20世纪30年代后,受到大萧条的冲击及其他贸易伙伴国针对其高关税的报复,美国贸易大幅下降,迫使罗斯福政府实施以建设世界多边贸易体系为目标的对外经济政策。20世纪60年代后,各国经济开始恢复,西欧实现一体化发展、日本经济复兴及发展中国家经济独立,美国贸易保护主义抬头。1971年后,美国结束了多年的贸易顺差,逆差规模逐年扩大,美国在世界经济中的主导地位下降。

美国借助第二次技术革命成为全球技术强国,并通过第一次和第二次世界大战中的巨大收益,在第三次技术革命中仍然保持了世界领先地位。这一时期,美国对外贸易得到了巨大发展。1860—1970年美国进出口额变化趋势如图8-7所示。1860—1910年,美国出口额上升5.2倍,进口额上升4.4倍,年均复合增长率分别为3.36%、3.01%。1860—1880年美国处于贸易逆差状态,1880—1910年则转为贸易顺差。1910—1920年,美国贸易额高速增长,出口额年均增长率达到16.78%,进口额年均复合增长率达到12.98%。1920—1935年,受第一次世界大战后世界经济重建及大萧条的影响,美国贸易额出现了明显下降。1940—1970年,美国实行了互惠的贸易政策,贸易额再次进入快速上升期,出口额年均复合增长率为8.24%,进口额年均复合增长率为9.5%。

第 8 章 全球贸易格局变化

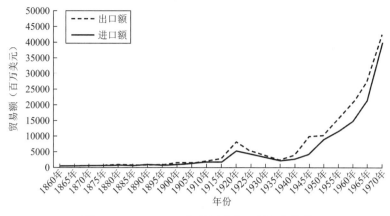

图 8-7 1860—1970 年美国进出口额变化趋势

资料来源：U.S. DEPARTMENT OF COMMERCE. Historical statistics of the United States, colonial times to 1970[R]. 1975。

美国经济和贸易发展的根本动力，在于第二次技术革命为美国带来的技术进步和产业结构升级。这一时期，大量的产品以钢铁作为原料，而美国钢铁行业涌现出大量的创新技术和市场需求，推动了美国经济和贸易的快速发展。美国粗钢年产量由 1860 年的 1.3 万 t 增长至 1900 年的 1035 万 t。40 年间，美国粗钢产量年均增速高达 18.2%。尚处于起步阶段的美国钢铁工业不仅有力地推动了美国产业结构的变化，也迅速占据了全球制高点。1884 年，美国工业在国民经济中的比重首超农业；1886 年，美国以 260 万 t 的粗钢产量超过当时的第一大国——英国；1899 年，美国成为粗钢产量占全球总产量 43% 的钢铁大国。虽然当时的美国钢铁工业尚处于起步阶段，但美国已经是全世界规模最大、最具竞争力的钢铁大国。在此期间，美国、英国、法国、德国的粗钢产量，累计占全球粗钢总产量的 83.2%。

2）美国钢铁贸易

（1）钢铁原材料的产量及贸易量

钢铁产量增长的关键因素是铁矿石和煤炭的易得性。从具体数据分析，第二次技术革命期间，美国不仅成为铁矿石生产大国，还逐渐成为全球铁矿石贸易主要市场，图 8-8 为技术革命期间各国的铁矿石产量对比。

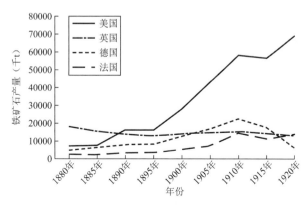

图 8-8 1880—1920 年各国铁矿石生产量对比

资料来源：根据文献[52]和文献[53]绘制。

可以看出，1880 年后，美国铁矿石产量迅速增加，在 19 世纪末超越英国后仍不断增长；1920 年美国的铁矿石产量已超过英国、法国、德国的总和。国际铁矿石的贸易中心逐渐从英国转至美国，表 8-12 为各国铁矿石贸易量数据对比。

1915—1955 年各个国家铁矿石贸易比较（单位：千 t） 表 8-12

年份（年）	美国		英国		德国		法国	
	进口	出口	进口	出口	进口	出口	进口	出口
1915	1363	719	6296	—	—	—	271	95
1920	1293	1163	6605	—	11406	—	485	4910
1925	2226	641	4452	—	5915	—	1242	9227
1930	2820	764	4204	—	11540	—	1012	15080
1935	1516	672	4620	—	13890	—	443	16632
1940	2519	1408	4635	—	14061	—	—	—
1945	1217	2096	4136	—	—	—	102	5582
1950	8414	2592	8527	—	4870	—	195	8009
1955	23849	4589	13065	—	14325	—	553	14144

资料来源：同图 8-8。

从表 8-12 可看出，德国、美国铁矿石进口量分别在 20 世纪初、20 世纪中期已赶超英国，成为世界上最大的两个钢铁原材料进口国，法国生产铁矿石主要用于出口。美国出口和进口铁矿石比例如图 8-9 所示，其出口与进口占比从 1915 年的 52% 降至 1955 年的 19%，尤其是 1920—1940 年间，美国大量生产、进口铁矿石，出口甚少，其铁矿石消耗量巨大。

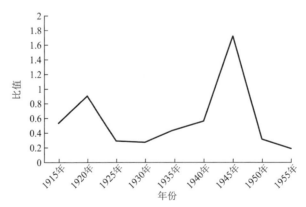

图 8-9　1915—1955 年美国出口与进口铁矿石之比
资料来源：同图 8-8。

（2）钢铁制成品的产量及贸易量

除钢铁原材料贸易格局的转变外，选取钢铁制成品代表原钢的各项数据来分析国际钢铁贸易的变化。图 8-10 是各个国家原钢产量的对比，分析可得，自 19 世纪末期，美国原钢产量便以惊人的速度赶超欧洲国家,至 1920 年,美国原钢产量已达 4280.9 万 t,远超欧美较发达的国家。

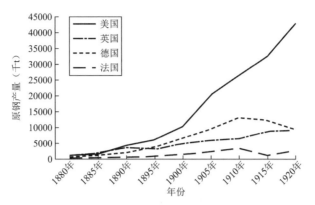

图 8-10　1880—1920 年各个国家原钢产量对比

资料来源:同图 8-8。

钢铁制成品进出口贸易量是衡量一个国家钢铁产业发展水平的依据。图 8-11 及图 8-12 展示了美国钢铁产品进出口贸易量在进出口贸易中的份额。不难发现,美国钢铁产品的出口份额越来越大,进口比例逐渐减少。

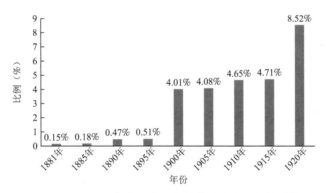

图 8-11　1881—1920 年美国出口钢铁产品占出口贸易总值比例

资料来源:同图 8-8。

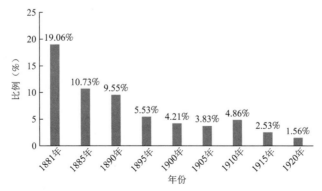

图 8-12　1881—1920 年美国进口钢铁产品占进口贸易总值比例

资料来源:同图 8-8。

美国钢铁产品进出口量的变化体现了其钢铁产业的快速发展。利用其先进的钢铁冶炼技术，大量消耗廉价的本国生产或进口的钢铁原材料，高价出售钢铁制成品，不仅使美国钢铁产业飞速发展，还大大促进了美国各行业的机械化，加快了城市化进度，钢铁产业的高速发展是美国引领第二次技术革命的基础因素。

（3）美国钢铁贸易的相关政策

19世纪初，美国赢得第二次美英战争，走上了独立和平建设时期，19世纪中期美国经历了南北战争，最终以北方的胜利结束，战争后美国取消了奴隶制，有效阻止了美国的分裂，使美国民族工业得以迅速发展。南北战争结束后，美国颁布了《宅地法》《国民银行体系法》《鼓励外来移民法》等政策法规，加大国土资源开发力度，在农业稳步发展的基础上，实现了工业的大幅进步。1879—1884年，美国工业产值超过农业产值。1900年，美国工业总产值约占世界工业总产值的30%，成为世界第一大工业国。在贸易政策上，19世纪美国大力实施贸易保护主义政策，1816年詹姆斯·麦迪逊提出保护本国工业，并提高进口关税至平均20%，其中棉纺织品的进口税达到25%。南北战争后的1867年，美国制定了《羊毛与毛料税则》，对羊毛原料与毛纺织品进口都提高了税率，接着对其他纺织品、钢铁、铜、镍及料器等也提高税率，而对国内不生产的咖啡与茶叶则给予免税或减税待遇。1890年通过的《麦金莱关税法》将进口税提高至平均49%，1897年通过的《丁利关税法》使进口税进一步提高至57%。

第二次世界大战后，美国制造业、先进科学等领域处于世界顶尖水平。借助第三次技术革命，实现了服务业、物流业的快速发展。在贸易政策方面，第一次世界大战后，美国受到的战争影响较小且工农业相对发达，依然保持了高关税的政策，以避免债务国利用商品偿债，从而保证美国的资本输出。然而，20世纪30年代的大萧条使美国经济受到巨大冲击，同时美国的高关税政策遭到贸易伙伴的报复，美国进出口额大幅下降。1934年美国通过《互惠贸易协定法案》，根据该法案，国会授权行政当局削减关税，该法案是美国第一次确立以互惠和非歧视原则作为美国对外贸易政策的基础，把互惠原则通过双方贸易谈判扩展到所有贸易方，这标志着美国试图从保护贸易政策转向自由贸易政策。第二次世界大战后，美国为建立新型国际秩序，联合若干国家建立了国际货币基金组织和国际复兴开发银行，并于1947年联合多国签订了关税与贸易总协定。

3）美国主要贸易伙伴变化

1860—1970年美国对主要地区出口额、进口额分别占出口总额、进口总额的比例变化关系如图8-13、图8-14所示。1950年前美国对欧洲出口的占比极大，1860—1915年该比例保持在55%以上，1950年美国对欧洲出口占比下降至32.2%，对美洲出口占比上升至47.7%，美洲成为美国第一大的贸易对象。1885年后美国对亚洲的出口占比开始呈现上升趋势，由1885年的2.8%上升至1970年的23.2%。

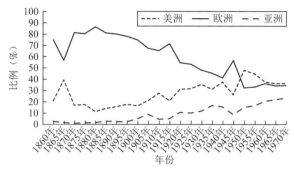

图 8-13　1860—1970 年美国对主要地区出口额占出口总额的比例
资料来源：同图 8-8。

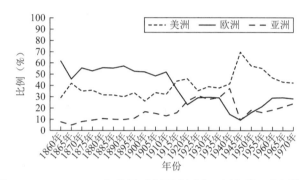

图 8-14　1860—1970 年美国对主要地区进口额占进口总额的比例
资料来源：同图 8-8。

从进口格局看，1860—1910 年欧洲是美国的第一大进口对象，占比保持在 45% 以上。1915 年后受两次世界大战影响，欧洲经济下滑，地缘政治格局改变，美国从欧洲进口量显著下降。1945 年第二次世界大战后，欧洲经济复苏，美国从欧洲进口回升。1860—1945 年，美国从美洲其他国家进口占比上升，一方面是由于美国工业化水平上升，美洲能够提供近距离的原材料供应，另一方面美洲其他国家经济水平上升，促进了美国与这些国家的贸易。美国从亚洲进口占比总体呈现显著上升趋势。由于美国在亚洲的主要贸易对象为日本，因而受到第二次世界大战的影响，1940—1945 年美国从亚洲进口占比出现了显著的下降，但战后美日建立了紧密的合作关系，导致美国从亚洲进口占比重新恢复快速上升趋势。

美国曾经部分是英国殖民地，经过独立战争脱离了英国的控制，并着力发展自己的民族工业。1865 年南北战争结束后，美国实施贸易保护主义政策，随着美国贸易伙伴增加，英国在美国贸易中的份量逐渐下降。1860—1970 年美国对英国进出口额占美国对欧洲进出口额的比例如图 8-15 所示。1860 年美国对英国出口占对欧洲出口比例为 67.9%，从英国进口占从欧洲进口的 63.6%；1970 年两比例分别下降至 17.1%、19.3%。1970 年，美国对欧洲出口中，英国占比 17.1%，德国占比 18.5%，法国占比 10.0%；美国从欧洲进口中，英国占比 19.3%，德国占比 27.4%，法国占比 8.3%。由此可见，由于独立战争后美国开始实施贸易保护主义政策，同时英国的经济制裁迫使美国开始抵制英国货物，美国对英国的贸易额显著下降。另一方面，南北战争后美国民族工业兴起，其工业水平在世界地位逐渐提高，开始在各个国家广泛地寻求市场。

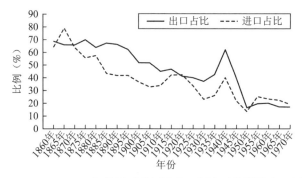

图 8-15　1860—1970 年美国对英国进出口额占对欧洲进出口额比例
资料来源：同图 8-8。

在亚洲，美国一直以来将日本作为主要的进出口市场。1854 年，美国和日本正式承认对方，并于 1858 年签署了友好通商条约，正式建立了外交关系之后，美日之间的贸易逐渐繁荣。1860—1970 年美国对日本进出口额占美国对亚洲进出口额的比例如图 8-16 所示，1860—1935 年出口及进口占比由 0 上升至 53.7% 和 25.3%。这一时期，由于日本正处于明治维新后发展民族工业的阶段，工业水平不及美国，因此美国对日本的贸易以出口为主。

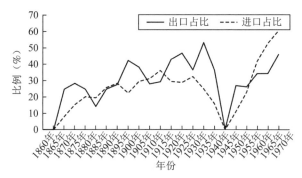

图 8-16　1860—1970 年美国对日本进出口额占对亚洲进出口额比例
资料来源：同图 8-8。

1937 年日本发动全面侵华战争，美国随即切断了对日本的石油和钢铁供应，这导致了日本对美国的报复性军事行动，最终导致美国于 1941 年与日本暂停外交关系。战后日本经济复苏，谋求与美国的经济合作，两国于 1952 年恢复了正常外交关系。1970 年，美国与日本的出口额和进口额占美国与亚洲的出口额和进口额的比例达到 46.4% 和 61.1%。这一时期，借助美国的技术和资金支持，日本工业水平跃居世界领先水平，而美国正处于去工业化时期，因此与日本之间的贸易转为以进口为主。

4）美国贸易商品的演变

美国贸易商品的演变与其产业结构的变迁密不可分。19 世纪以前，美国是一个农业大国；19世纪中期，美国借助第二次技术革命实现了快速工业化。1869—1879年，美国农业在国民产值中占比20.5%，工业占比21%；到1909—1918年，农业占比降至17.7%，工业占比上升至27.3%，到1960—1964年，农业占比下降至4%，工业占比上升至36%。

图8-17、图8-18分别反映了1860—1970年美国主要商品类型出口额、进口额占出口总额、进口总额的比例。1860年美国出口以原材料为主，占比达到了68.7%，而成品出口仅占11.4%。至1970年美国出口原材料比例降低至10.7%，成品出口比例上升至61.9%。美国出口结构实现了转型。从1860—1970年来看，美国原材料出口占比持续下降，成品、半成品出口占比持续上升。出口结构变化反映了美国产业结构的转型，同时体现了美国长期的贸易保护主义政策对于本国工业的扶持效果。

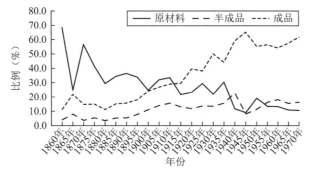

图8-17　1860—1970年美国主要商品类型出口额占出口总额的比例
资料来源：同图8-8。

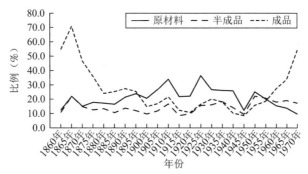

图8-18　1860—1970年美国主要商品类型进口额占进口总额的比例
注：除上述三种品类以外的其他商品主要为食品和加工食品等。
资料来源：同图8-8。

产业结构的转移也必然引起进口商品需求的改变。1860—1970年，美国进口成品占比经历了先下降后上升的趋势，1860—1945年成品进口由54.4%下降至8.7%，后持续上升，至1970年达到53.5%。原材料的进口则经历了先上升后下降的趋势，1860—1925年原材料进口由12.7%上升至36.3%，后呈下降趋势，至1970年降至9.8%。在进入20世纪中叶以前，美国的工业化水平不断提高，生产力处于全球领先地位，需要大量进口原材料，输出工业制成品。在20世纪30年代，美国受到大萧条的影响，取消了贸易保护主义政策，带头形成了全球多边贸易格局,并开始在海外扩大市场和发展企业,将部分低端制造业迁移至发展中国家。最终导致美国的成品和半成品进口大幅上升。1971年后,美国开始了长期的贸易逆差格局。

5)美国海运业发展

自人类进入快速帆船时代,海运业便一直受政府的高度重视。1914年前欧洲战争和政治冲突的相关政策,以及不干涉国内商业的理念,为海运业的科学发展提供了利好背景。这种理念促使美国大量使用外国造船和外国船队服务。相比之下,1939年以来美国的政策主要是安全意识,海运业必须适应对海运专制的强大需求;这种观点使美国海运业在这段时间的相对地位发生了根本性的转变。正是因为海运业高度安全的军事化色彩,美国海运业才会在20世纪30—50年代间重现繁荣。相应地,冷战结束后全球多极化发展的和平年代,美国不得不削弱海运行业的军事支出,而且,韩国海运业的飞速发展也使得美国海运业的国际地位逐渐降低。总体来看,美国海运业自20世纪30年代飞速发展至20世纪50年代后,便逐渐没落。下面将详细分析美国海运业发展,分为上述两个阶段。

(1)第二次世界大战结束前美国海运业的繁荣发展

20世纪30年代,世界资本主义经济危机使美国造船工业处于低潮。且其商船队老化和船舶拥有量减少的问题日益突出,为应对这一局势,美国先后通过了"1936年美国商船法"和"扩充海军法"。美国政府向船厂提供造船和船舶改装差额补贴,旨在鼓励船厂多造船,激励航运公司买国产船。同时,政府还增加20%的海军装备费,这些措施使得美国海运业短暂回升。除此之外,美国对各海港的投资力度也逐年攀升,图8-19为1910年至1935年政府投资海港的资金数额,可以发现,1930年较1910年其政府海运投资力度增加了近5倍,海港基础设施的发展成为推动海运业蓬勃发展的关键因素,并为其进出口商品贸易创造了良好的环境。

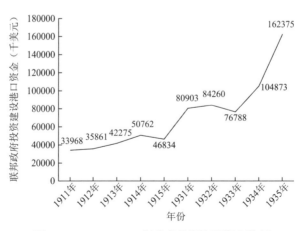

图8-19 1911—1935年政府投资海港资金数额

资料来源:同图8-8。

第二次世界大战的爆发为长期处于低迷状态的美国造船业带来了机遇，使美国造船业进入巅峰时期。在1942年至1945年期间，美国在三大海岸、大湖地区和主要岛屿上的船厂雇用工人人数高达400万，这些船厂共交付了4070艘货船、720艘油船、125艘客船和1556战舰。这不仅为美国人创造了大量的就业机会，也为美国带来了120亿美元的收入。造船业成为当时支撑美国经济高速发展的重要产业。

表8-13为三个关键时间点全球船舶吨位对比情况。可以看出，在1914年，英国还是世界上船舶吨位占比最高的国家，当时美国的船舶吨位还不到英国的十分之一。然而，到了1952年，美国总船舶吨位数增加到了2560万t，超越了英国，成为世界上船舶吨位最大的国家。这与美国实施的海事政策密切相关。

全球船舶吨位对比情况（单位：百万t） 表8-13

地区	1914年	1939年	1952年
世界	35.1	58.2	80.2
英国	17.5	17.8	18.8
德国	4.7	3.9	1
法国	1.7	2.7	3.3
美国	1.5	8.1	25.6
日本	1.4	5.1	2.4
荷兰	1.3	2.7	2.9
意大利	1.3	3.2	3
挪威	1.1	4.5	5.5
瑞典	0.5	1.3	2.2
丹麦	0.5	1	1.3
希腊	0.7	1.7	1.2

资料来源：HUTCHINS J G B. The American shipping industry since 1914[J]. Business History Review 1954, 28(2): 105-127。

造船技术的进步是评估一个国家海运业发展的关键指标。20世纪中期，美国海运业的发展与其技术发展有不可分割的关系。英国首先发明了蒸汽机，引领了第一次技术革命，使船舶发展迈入新时代，汽船逐渐取代传统的帆船，因此成为世界头号海运大国。美国在第二次技术革命中取代了英国海运霸主地位，这得益于其国内环境对现有技术的完美应用，汽船吨位也超过了英国。图8-20为1880—1920年各国从商汽船登记毛重对比。从图8-20中可以看出，在20世纪以前，英国汽船吨位数一直领先，美国技术进步和政策调整后，于20世纪初反超英国。

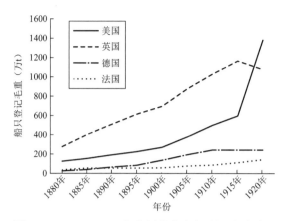

图 8-20　1880—1920 年各国从商汽船登记毛重对比

资料来源：同图 8-8。

美国引领的第二次技术革命又称"能源革命"，这一时期石油和铁矿石的使用极大推动了钢铁行业的发展，海运行业也随之迎来机械化的广泛应用。表 8-14 和表 8-15 为美国商船按照动力和材料分类下各种船的数量变化。

1930—1970 年美国以动力分类的各船型吨位（单位：千 t）　　表 8-14

年份（年）	帆船		汽船		机船		总吨位数（千 t）
	吨位（千 t）	占比（%）	吨位（千 t）	占比（%）	吨位（千 t）	占比（%）	
1930	673	4.76	12475	88.29	982	6.95	14130
1935	441	3.40	11433	88.11	1102	8.49	12976
1940	200	1.73	10102	87.44	1251	10.83	11553
1945	115	0.38	28669	94.42	1578	5.20	30362
1950	82	0.29	26273	92.48	2055	7.23	28410
1955	40	0.15	24706	92.08	2086	7.77	26832
1960	23	0.10	21526	91.30	2027	8.60	23576
1965	8	0.04	17560	88.97	2170	10.99	19738
1970	6	0.03	16447	86.20	2627	13.77	19080

资料来源：同图 8-8。

1930—1960 年美国以材料分类的各船型吨位（单位：千 t）　　表 8-15

年份（年）	木船	钢船	总吨位数	钢船占比（%）
1930	2554	13514	16068	84.11
1935	2185	12469	14654	85.09
1940	2329	12159	14488	83.92
1945	1915	30898	32813	94.16
1950	1952	29263	31215	93.75
1955	1622	28336	29958	94.59

续上表

年份（年）	木船	钢船	总吨位数	钢船占比（%）
1960	1397	27184	28581	95.11
1965	1198	25318	26516	95.48

资料来源：同图 8-8。

可以发现，在发达的钢铁产业加持下，海运船舶快速进化。钢船比例从 84.11%涨至 95.48%，且以发动机为动力的船舶数量占比从 6.95%涨至 13.77%，汽船比例略有下降，帆船几乎降为零，足以体现出技术革命对于海运行业的影响。除了政策和技术因素，贸易也是推动海运行业发展的重要因素。

第二次技术革命使得美国各产业实现机械化，特别是在交通运输行业的海运业中表现显著。如上所述，海运业发展所促成的原材料和制成品的进出口贸易更是让美国在第二次技术革命期间反超英国，成为世界第一大经济体。海运业和对外贸易的关系具体如图 8-21 和图 8-22 所示。

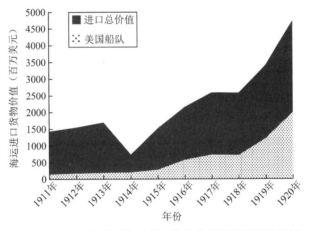

图 8-21　20 世纪初美国海运进口货物总值及美国船队承担比

资料来源：同图 8-8。

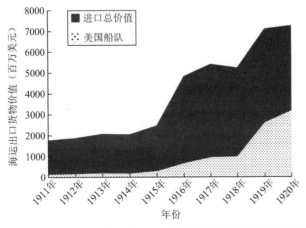

图 8-22　20 世纪初美国海运出口货物总值及美国船队承担比

资料来源：同图 8-8。

可以看出，在 20 世纪初期，美国海运进出口货物总值不断攀升，本国船队承担的运输比例也在逐年增大，足以反映出美国海运业的发展之快。此外，美国的出口货物总值高于进口，表明美国是较大的贸易出口国。如前文所述，美国低价进口原材料，高价出口制成品，而海运业的发展便是其贸易的坚实保障，这也正是为了贸易畅通，美国大力发展海运业的原因。表 8-16 反映了 20 世纪中期这一比例的变化，可以发现此时美国海运业达到顶峰，其 60%以上的海运进出口货物运输工作由本国船队承担。

20 世纪中期美国海运进出口货物总值及美国船队承担比（单位：百万美元） 表 8-16

年份（年）	进口总价值	美国船队	外国船队	美国占比（%）
1943	—	—	—	—
1944	—	—	—	—
1945	—	—	—	—
1946	3691	2289	1452	62.01
1943	10275	4828	5447	46.98
1944	11382	5582	5800	49.04
1945	7860	4052	3808	51.55
1946	7705	4692	3013	60.89

资料来源：同图 8-8。

（2）20 世纪后期美国海运业的低迷

1945 年后，第二次世界大战的结束导致美国造船和修船业开始走下坡路。1945—1970 年期间，在欧洲、日本、韩国、中国等地区的船厂激烈竞争下，美国船厂订单数量大幅度下降。表 8-17 详细展示了美国各类型船舶的规模，可以看出，其市场份额从 1960 年的 16.9%降至 1990 年的 2.7%。20 世纪末，世界商船朝着大型化发展，尽管美国船舶总吨位在下降，但是随着技术的进步，集装箱船舶的数量及规模在与日俱增。新技术的诞生使得大型集装箱船舶、滚装船舶、液化石油气船规模不断增长。但在全球多极化的背景下，各个国家均重视海运技术的发展，美国海运业由于其浓厚的军事化色彩，逐渐走向没落。这也间接体现了在技术未领先的情况下，海运业的发展方向。

美国船队的数量和规模及其在世界船队中所占的份额 表 8-17

项目	年份（年）						
	1960	1965	1970	1975	1980	1985	1990
世界船队（艘）	17317	18329	19980	22872	24867	25555	23596
美国船队（艘）	2926	2376	1579	857	864	737	636
美国船队占比（%）	16.9	13.0	7.9	3.7	3.5	2.9	2.7
总船数（艘）	2138	1747	1076	511	471	417	367
总吨位（千 t）	2877	18127	11733	7051	6885	7353	7265
杂货船数（艘）	—	—	—	356	259	209	166

续上表

项目	年份（年）						
	1960	1965	1970	1975	1980	1985	1990
杂货船吨位（千t）	—	—	—	4640	3329	2980	2605
集装箱船船数（艘）	—	—	—	109	121	104	92
集装箱船吨位（千t）	—	—	—	1773	2289	2651	2856
半集装箱船船数（艘）	—	—	—	37	68	63	59
半集装箱船吨位（千t）	—	—	—	510	940	904	836
滚装船船数（艘）	—	—	—	9	23	41	50
滚装船吨位（千t）	—	—	—	128	327	818	968
油轮船数（艘）	422	341	294	267	308	258	233
油轮吨位（千t）	7815	7561	7739	9711	16152	15534	15641
石油/化工船数（艘）	—	—	—	—	—	244	219
石油/化工船吨位（千t）	—	—	—	—	—	14574	14681
液化石油气船数（艘）	—	—	—	—	—	14	14
液化石油气船吨位（千t）	—	—	—	—	—	960	960
综合驳船数（艘）	309	227	171	60	65	37	10
综合驳船吨位（千t）	2070	1488	1107	388	446	299	91
干散货船数（艘）	57	61	38	19	20	25	26
干散货船吨位（千t）	805	1107	767	544	607	1152	1270

资料来源：https://www.princeton.edu/~alaink/Orf467F17/NTS_Entire_2017Q2.pdf。

表8-18能更加清晰地反映出技术对于运输业和贸易业的影响。技术的进步使得大型集装箱船舶不断发展，2011年美国海运货物总值中，集装箱船舶运输货值占所有船舶的一半以上。

2011年集装箱船舶价值占船舶总价值的百分比（单位：百万美元）　　表8-18

项目	所有船舶运输货值	集装箱船舶运输货值	集装箱船舶承担比
进口	115910	63538	55%
出口	57029	24924	44%
总值	1729382	884624	51%

资料来源：根据美国商务部统计数据整理。

8.4 日本贸易市场变化

日本作为亚洲最早发展资本主义的国家，在第二次世界大战后通过"贸易立国"战略，大量引进技术和资本，在短时间内实现了高度工业化，产业结构持续转型，工业产品产业结构经历了从劳动密集型、资本密集型到技术密集型的快速转变。日本的贸易伙伴则从以美国为主，逐渐扩展至亚洲、欧洲等国，在全球化背景下实现了与多国的密切贸易往来。作为岛国，日本的商品贸易模式直接体现出了其对原材料的大量需求，但在全球化背景下，其进口商品品类中仍然包含了大量的工业制成品。日本的出口商品则呈现出工业制成品出口量上升的趋势。为了发展贸易，日本大力扶持其海运业，船舶保有量在短时间内得到了巨大提升，虽然在后期国际竞争力下降导致船舶保有量出现了下降趋势，但液化石油气船等高技术船舶的数量仍然保持在较高水平。

本节围绕日本贸易发展中贸易伙伴变化和贸易商品演变两个主题，探讨在全球化背景下日本贸易发展如何受到国际关系和国家政策的影响，最后分析日本海运业如何与贸易相互影响。

（1）日本贸易发展概况

第二次世界大战后，亚非拉民族解放运动蓬勃兴起，帝国主义殖民体系开始瓦解，日本无法再推行用武力控制原料产地和市场的殖民政策。此外，日本作为岛国，自然资源匮乏，依赖国际市场为其提供矿物、石油等工业原材料。同时，冷战时期美国对日本的政治和经济支持，为推行贸易立国战略创造了有利条件。复杂的历史条件促使日本走上了"贸易立国"和"技术立国"的道路。

在日本政府鼓励下，日本对外贸易进入高速发展时期。1946—1990 年日本进出口贸易额变化趋势如图 8-23 所示。1946 年，日本出口额为 22.6 亿日元，进口额为 40.7 亿日元，到 1985 年日本出口额达到 42.0 万亿日元，进口额达到 31.1 万亿日元。1950—1960 年，日本出口额、进口额年均复合增长率分别为 17.2%、16.6%；1960—1970 年，日本出口额、进口额年均复合增长率分别为 16.9%、15.4%；1970—1985 年，日本出口额、进口额年均复合增长率分别为 12.73%、10.7%。1950—1985 年间，日本出口额增长率略大于进口，反映了日本以出口作为对外贸易的战略重点。同时，进出口额的高速增长也体现出日本通过产业结构升级、重工业化实现了贸易的快速增长。

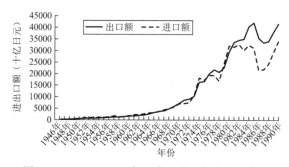

图 8-23　1946—1990 年日本进出口额变化趋势图

数据来源：STATISTIC BUREAU. Historical statistics of Japan: 1868—2002[R]. 2005.

日本为实施"贸易立国"和"技术立国"战略，采取了鼓励产业结构转型的政策。为了扶持机械工业发展、提高其产品出口的竞争力，1951 年日本对机械工业实行资金补助制度，1956 年制定了《机械工业振兴法》，政府对机械行业进口最新设备负担一半费用，对加工精度不合标准或使用年限过长机床的报废给予政府补贴。20 世纪 60 年代初到 70 年代中期，针对重化工业，日本推行了一系列优惠政策：首先推行结构性保护关税和限制外资的战略进口贸易政策，提高了对化学、石油化工、钢铁、有色金属及机械等部门的实际保护率，为提高这些行业的国际竞争力创造了有利条件。1955 年日本加入关税及贸易总协定，通过对国外先进技术的引进、吸收、消化、创新，迅速实现了重要行业的产业化、规模化。以钢铁行业为例，1951年日本六大钢铁公司每吨钢材的主要原材料成本比美国八大钢铁公司高61%，但到1970年却低了15%。

此外，日本采取了一系列鼓励对外贸易的政策。1946年在《重建战后日本经济的基本问题》文件中提出"实现经济的民主化和技术的高度化"并"依靠技术的高度化促进出口贸易的发展"。文件提出日本应建立能够开发具有国际竞争力的新兴出口产业的生产结构以振兴贸易和扩大出口，并指出出口贸易的关键是技术。日本为推动重化工企业开拓国际市场提出了出口优惠金融制度、出口振兴税收制度和出口保险制度等一系列制度。

（2）日本主要贸易伙伴变化

1946—1990年日本进出口市场主要集中在亚洲、北美洲及欧洲三个地区，对三个地区出口额占比保持在80%以上，进口额占比保持在75%以上，具体变化如图8-24、图8-25所示。1959年前，日本主要出口对象为亚洲，但出口额占比呈现逐渐递减的趋势，1951年前后，日本对北美洲和欧洲的出口额占比逐渐上升，1959年后日本对三个地区出口额占比相对稳定，对亚洲和北美洲出口额占比在35%～50%波动，对欧洲出口额占比在15%～23%波动。从进口来看，日本从北美洲进口额占比呈持续下降趋势，1946—1990年由86.4%下降至18.2%，而日本从亚洲进口额占比则呈持续上升趋势，1946—1990年由8.8%上升至41.8%，1946—1985年日本在欧洲的进口额占比稳定在5%～10%，1985年后上升至20%。

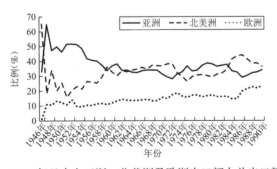

图8-24　1946—1990年日本向亚洲、北美洲及欧洲出口额占总出口额比例变化趋势
数据来源：同图8-23。

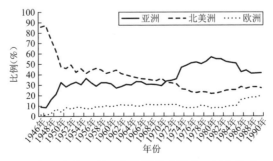

图8-25　1946—1990年日本从亚洲、北美洲及欧洲进口额占总进口额比例变化趋势
资料来源：同图8-23。

日本对亚洲地区进出口贸易情况为：1950 年日本在亚洲的主要出口对象为印度尼西亚、泰国、中国台湾、巴基斯坦及中国香港，占日本在亚洲出口额的比例分别为 12.1%、11.3%、9.9%、14.5%、13.9%；1980 年日本在亚洲的主要出口对象转变为中国、中国台湾、中国香港、韩国及沙特阿拉伯，占日本在亚洲出口额的比例分别为 10.0%、10.4%、9.6%、10.9%、9.8%；1950 年日本在亚洲的主要进口对象为泰国、中国、中国台湾、巴基斯坦及马来西亚，占日本在亚洲进口额的比例分别为 13.8%、12.5%、11.4%、12.2%、12.4%；1980 年日本在亚洲的主要进口对象转变为阿联酋、印度尼西亚及沙特阿拉伯，占日本在亚洲进口额的比例分别为 10.1%、16.4%、24.2%。

日本对北美洲的进出口对象主要为美国，1950 年日本对美国出口额及进口额占日本对北美洲出口额及进口额的比例分别为 85.3%、90.3%，1980 年这一比例则变为 82.7%、79.8%。

日本对欧洲地区进出口贸易情况为：1950 年日本在欧洲的主要出口对象为英国、德国及法国，占日本在欧洲出口额的比例分别为 26.0%、10.3%、10.5%；1980 年日本在欧洲的主要出口对象转变为英国、德国及俄罗斯，占日本在欧洲出口额的比例分别为 16.9%、25.6%、12.4%；1950 年日本在欧洲的主要进口对象为英国、瑞典、德国及比利时，占日本在欧洲进口额的比例分别为 17.4%、15.0%、17.7%、14.6%；1980 年日本在欧洲的主要进口对象转变为英国、德国、法国及俄罗斯，占日本在欧洲进口额的比例分别为 18.1%、23.5%、12.1%、17.4%。

在亚洲，日本一方面在战后利用战争赔偿方式，与缅甸、菲律宾、印度尼西亚等东南亚国家签订赔偿和经济合作协定。另一方面，东南亚国家在战后重获独立，急需振兴民族经济，日本因此建立和东南亚国家的贸易往来。进入 20 世纪 70 年代，与美国不同，日本采取支持阿拉伯国家的外交政策，对阿拉伯国家采取资金和技术支持，这获得了阿拉伯国家巨大的石油资源支持，同时也开辟了阿拉伯国家对日本先进产品的需求市场。

第二次世界大战后，美国跃居为全球霸主，并与苏联展开"冷战"。在这一时期，美国开始扶持日本的垄断资本政策，提供了大量先进技术和资金，使日本能够在短时间内实现产业升级。因此，在战后初期，日本对美贸易额是日本贸易额中最重要的组成部分。战后随着发展中国家经济的崛起，世界资源分布开始发生转变，主要资源产地由欧美转向东南亚、澳大利亚、南美、南非等国家。同时，由于产品的国际竞争力不断提升，在价格优势下，日本开辟了新的国际市场，因此日本对美国的贸易额呈现下降趋势。然而，20 世纪 80 年代开始，美国不满日本紧闭国内市场的政策，以单边报复相威胁，迫使日本开放市场，向西方市场经济模式靠拢，最终导致日本对美贸易额由降转升。

（3）日本贸易商品演变

第二次世界大战后日本实现了快速产业升级，贸易内容也在持续转变。20 世纪 50 年代，日本以轻纺工业为主，1950 年棉织品出口额占总出口额的 24.9%。20 世纪 60 年代，随着日本技术、资本投资的提升和扩大，劳动密集优势让位其他发展中国家，日本钢铁、船舶等资本密集型商品快速发展，1960年钢铁、船舶的出口额占总出口额的16.7%，而棉织品则快速下降至8.7%。20世纪20年代以后，重化工业成为贸易的主导内容，1978年重化工类产品出口额占总出口额的85.8%。

图8-26、图8-27分别反映了1979—1999年日本主要进出口商品贸易额的变化趋势。从出口看，传输用机械出口额较高且相对稳定，一般机械及电气机械的出口额提升较快，而纺织原料及纺织制品和金属及金属制品两类劳动密集型和资本密集型商品出口额较低且呈下降趋势。因此，出口商品中，技术密集型商品出口额持续上升，而劳动密集型和资本密集型商品出口额持续下降，这是日本产业升级的直观体现。

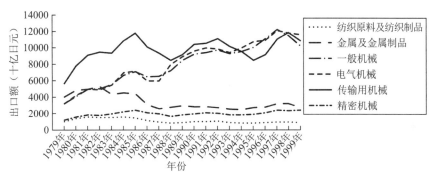

图8-26　1979—1999年日本主要出口商品出口额变化
资料来源：同图8-23。

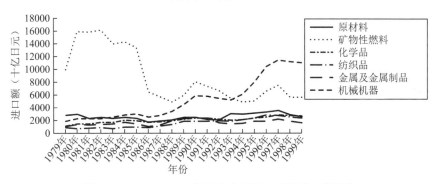

图8-27　1979—1999年日本主要进口商品进口额变化
资料来源：同图8-23。

从进口看，日本对原材料、金属及金属制品的需求相对稳定，化学品、纺织品及机械机器三类商品的进口额呈上升趋势，1985年后矿物性燃料的进口额大幅下降。由此可见，日本出口向着先进技术产品转型，大量劳动密集型和资源密集型的商品开始更多地依赖进口，而非国内生产。机械机器进口额的上升主要反映了日本贸易全球化趋势，由于本国生产的技术产品无法完全满足国内市场，部分商品依赖进口。

（4）日本海运业发展

在日本工业化快速进步，产业结构不断升级的背景下，日本海运业也经历了多次变革。表 8-19 反映了日本各类船舶总吨位的变化情况。1950—1980 年，日本钢船及渔船总吨位快速增加，钢船总吨位增加了 20.1 倍，渔船总吨位增加了 1.3 倍。1980—2000 年，日本各类船舶数量迅速下降，2000 年的钢船总吨位为 1980 年的 34.6%，2000 年的渔船总吨位为 1980 年的 51.7%。

日本钢船、木船及渔船总吨位变化情况（单位：千 t） 表 8-19

年份（年）	钢船	木船	渔船
1950	1818	762	1210
1955	3573	677	1315
1960	6508	795	1741
1965	10404	896	2191
1970	24972	566	2516
1975	37130	332	2688
1980	38346	181	2815
1985	37548	110	2762
1990	25442	85	2371
1995	19040	89	1671
2000	13251	78	1456

资料来源：同图 8-23。

另一方面，第二次世界大战后，日本海运业的发展基础较差，低性能船舶数量较多，且大量的船舶损坏无法使用。第二次世界大战后初期，美国实际控制了日本海运业，随着冷战局面的形成，美国解除对日本海运业控制，归还了船舶和造船厂，并鼓励和扶持日本海运业发展。此后，日本实施了计划造船政策，并设置复兴金融金库，以资本助造海运业的发展。这一时期，日本海运公司船舶保有量大幅上升。

20 世纪 70 年代后，受世界及自身经济状况的影响，日本船舶数量快速减少。从世界经济来看，1973 年第四次中东战争导致石油价格大幅上升，造成了世界性经济危机，日本出口贸易量降低，海运业也受到了较大的冲击。从贸易竞争上，由于韩国、新加坡和中国的相继发展，日本最重要的贸易航线——北美航线上的货物贸易受到了亚洲新兴发展中国家的竞争，日本运送电器产品、杂货等工业制品的集装箱船服务受到了较大的冲击。

表 8-20、表 8-21 更加清晰地反映了 1950—2000 年日本各类船舶总吨位数的变化情况，并反映了日本船舶中用于远洋货运的船总吨位数占各类船舶总吨位比例的变化情况。

1950—1970 年日本各类船种总吨位变化情况　　　表 8-20

年份（年）	货船（千 t）	客货船（千 t）	客船（千 t）	油船（千 t）	总计（千 t）	用于远洋货运的船（千 t）	占比（%）
1950	1240	112	78	281	1711	518	30.27
1955	2407	117	55	674	3253	2611	80.26
1960	4406	114	60	1422	6002	5021	83.66
1965	6453	131	76	3642	10302	8304	80.61
1970	14563	—	269	8883	23715	20040	84.50

数据来源：同图 8-23。

1975—2000 年日本各类船种总吨位变化情况　　　表 8-21

年份（年）	油船（千 t）	散货船（千 t）	液化气船（千 t）	集装箱船（千 t）	一般货船（千 t）	总计（千 t）	用于远洋货运的船（千 t）	占比（%）
1975	17414	6593	593	1119	4284	38198	32266	84.47
1980	17099	6897	632	1668	3516	39015	33721	86.43
1985	13610	11364	1510	1899	1933	38141	33470	87.75
1990	7586	8098	1665	1254	1228	25186	20406	81.02
1995	6121	4847	1740	1182	1113	19030	13849	72.77
2000	4507	2661	2608	740	965	14874	10098	67.89

资料来源：同图 8-23。

从表 8-20、表 8-21 可以看出，1950—1970 年，货船和油船的总吨位数快速上升，尤其是在 20 世纪 70 年代，日本与阿拉伯国家建立了广泛的合作关系，大量进口石油，油船的数目大幅增加。1975—2000 年一般货物船、油船的总吨位数开始呈现下降趋势，集装箱船在 1985 年后也开始出现下降趋势，但液化气船的数量上升。油船总吨位数下降，一方面是由于日本随着产业结构升级，出现了去工业化趋势，对石油的需求降低；另一方面则是由于能源运输船的技术变化，液化气船取代了传统的油船。集装箱船总吨位数的下降，则主要与日本的海运业竞争力有关。一方面，日本传统电器产品、工业制品受到中国及东盟国家的冲击，贸易量出现下降；另一方面，日元升值导致日本船运价格在国际失去竞争力，而新兴的亚洲发展中国家则利用价格优势占领了市场，最终导致日本集装箱船总吨位数下降。总体来看，虽然日本船舶数量出现了大幅下降的趋势，但技术水平较高的液化气船等依然保持着增长趋势，体现了日本对于高技术领域的重点关注与支持。

从用于远洋货运的船占比中，可以看出日本船舶在贸易中的地位。战后，日本大力发展海运业，配合其快速实现工业化，大量的日本船舶用于远洋货运中。但 1985 年以后，随着日本海运业国际竞争力下降，日本本国的贸易增长放缓，用于远洋货运的船占比逐渐降低，远洋货运市场被外国船舶公司占领。

8.5 小结

从本章分析可以得出以下几方面结论。

（1）由技术变革引发的全球贸易格局变化是全球化运行体制下重塑国家地位的重大机遇。在这种机遇中实现弯道超车的国家或地区一般应具备三个条件：一是本国的科技人才队伍在新的核心技术群中占有重要地位，即掌握着部分或主要的核心新技术，具备利用新技术的条件；二是在国内已经或能够迅速建立一套高效的围绕新技术、新产品研发的体制机制，可以充分支撑开展产业升级研发所需要的相关投入、面向研发者的激励机制、面向行业与发明者的知识产权保护、全球市场开拓能力建设等；三是国内已具有一流、庞大的工业生产体系与能力。

（2）新技术驱动下的贸易格局变化涉及三个基本要素：一是由新技术驱动的新产品在全球范围内具有明显的规模与市场竞争力；二是拥有自主可控的、开展进出口贸易运输组织所需要的软、硬件等基本运输条件，能够支撑贸易市场的扩大；三是建立了与全球经济融为一体的、具有较强抗干扰性、可控的运行机制。

（3）随着全球社会与经济的不断发展，第一梯队中的国家并非仅有一两个，而可能是一群，这与世界的多极化程度有关，即与引领国和跟踪国的差异大小有关。国家从"后发"走向"前沿"的过程需要时间，而非一蹴而就。换言之，走向"领先"往往需要以"跟踪"为先导性基础。

我国自2011年以来尽管已成为第一货物贸易大国，但主要体现在货物的数量上而非质量（价值）上，这与我国粗放型的产业结构以及新技术领域的话语权不足有关。因此，在领先的未来新技术第一方阵中不断强化我国自身的实力，在部分重要领域形成不可替代的技术优势，对提升我国在未来国际贸易中的地位具有战略意义。

（4）从全球看，技术革命下的引领国地位之争具有更加复杂的政治与文化背景。近年来从我国与美西方之间爆发越来越频繁的各种政治、经济与科技冲突中可以发现：第一，制度冲突是最难以调和的矛盾，这可能是我国与美西方矛盾长期化的重要根源；第二，引领国地位之争是仅次于制度矛盾，难以调和的第二大要素，尤其是当前美国实行的是"美国优先"的单边主义路线；第三，在上述两大背景下，影响技术变革和国家经济发展的因素在现实世界中变得越来越复杂，包括政治与军事在内的国家关系成为第三大要素，且对我国技术和贸易的打压已成为常态；第四，引领经济发展离不开包括军事实力在内的综合国力的支撑。

第 9 章
技术变革导致的运输系统结构演变

运输系统结构是运输资源在综合运输系统内各种运输方式之间的分布和配置。在一定技术水平下，各种运输方式存在着一定的比例关系，维持这种比例关系是取得良好经济和社会效益的前提和基础。在世界经济发展的不同阶段，由于各国工业化水平、产业结构及区位条件等要素的差异，以及运输技术的不断发展，各国不同时期的运输供需关系不同，形成了不同的运输系统结构。

运输系统结构演变一般包括两方面内容：一是运输方式本身设施构成的变化，二是运输方式承担运输量比例的变化。运输方式设施构成的变化，体现了交通运输技术的历史发展，包括水路、铁路、公路、航空等运输技术的出现和发展。运输方式运输量比例的变动则取决于社会经济和区位因素等。运输需求与运输供给存在相互作用，如图 9-1 所示。

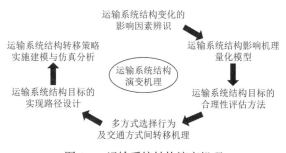

图 9-1 运输系统结构演变机理

具体来看，影响运输系统结构的因素主要包括生产力的发展和技术进步、产业结构和运输需求结构的变动、自然条件、国家政策和运输方式的技术经济特性五个方面。宏观来看，生产力的发展和技术进步导致了生产关系转变、产业结构升级，对交通服务提出了新的要求，而技术进步带来的运输方式升级和新的运输方式出现则使交通供给能力提升。产业结构的变化必然引起产品结构的变化，从而导致运输的货种结构的随之变化，而各种运输方式的技术经济特征不同，其适用对象与优势范围亦不同。自然条件包括一个国家国土面积、人口分布、地理环境等，不同运输方式在不同时空范围内的经济性存在显著差异，导致不同国家在相同历史时期的运输结构差异较大。国家政策可以通过投资、价格、税收、金融等手段，引导运输系统结构向更好服务于国家发展需要的方向发展。从微观来看，运输方式的技术经济性使不同运输方式在不同时空范围内服务于不同的旅客、货物类型，各方式均存在其优势的服务范围，也有不同的供给能力和需求规模。

综上所述，运输系统结构演变体现在运输方式内容和各方式比例的变化，其原因可分为外因和内因两部分，外因是外部社会经济环境，内因是各种运输方式的技术经济特性。本章从不同技术革命时期各国运输系统结构变化入手，探索技术引起运输方式经济性变革以及技术引起工业化水平、全球贸易格局变化对各国运输系统结构的影响。

9.1 第一次技术革命前后运输系统结构变化

英国是世界上第一个工业化国家，研究其技术革命前后运输系统结构的变化对当今把握交通发展方向仍有重要意义。以马车为主的公路运输、基于运河的水路运输和铁路运输组成了 18 世纪初至 19 世纪中期英国的交通运输系统。在 18 世纪末技术革命带来的重大变革之前，不存在任何形式的机动交通，运输技术主要限于利用畜力进行陆路运输和利用风力进行海上运输。蒸汽机诞生后，不仅解决了轮船逆流而上的问题，使得运河一度狂热发展，还带动了铁路运输的发展，运输系统因此发生重大变革。下面以时间线展开，详细论述技术革命前后运输系统结构的变化。

（1）收费公路信托机制下英国公路的发展

第一次技术革命以前，在运河还未得到广泛应用时，公路运输在英国运输系统中占据主导地位，这离不开收费公路信托机制的建立。在当时的英格兰，每个教区的道路都由教区居民的强制劳动维护，每年六天，但是某些频繁使用的道路仍旧会经常处于泥泞状态。在 16 世纪 70 年代，煤炭是英国公路上最重要的货物，每年约有 200 万 t 在英国各地运输。大约 100 万 t 来自海上，四分之一来自内陆河流。丹尼尔·笛福在他的《大不列颠全岛环游记》一书中解释说，"要取得收益，煤矿运输需要靠近水源，因为一旦下雨，道路处于泥泞状态，难以通行"。

1700—1750 年间，工业生产的快速增长导致需要改善运输系统。只要有机会，矿主就使用英国的河流网络来运输他们的货物。然而，其客户并不总是住在河边，因此他们不得不使用英国的道路，这样矿主的运输成本就会提高。如果他们不能以有竞争力的价格将煤炭推向市场，他们就会倒闭。面对迫切需要改善的道路运输系统，英国议会讨论得出的结论是只有在道路建设能够盈利的情况下才能解决这个问题。因此，鼓励商人团体组建收费公路信托公司。这些公司获得了议会许可，可以修建和维护道路。为了能够从这个冒险的项目中获利，公司被允许向用户收取使用这些道路的费用。1700—1750 年间，议会建立了 400 多家此类收费公路信托公司。到 1750 年，英格兰和威尔士公路信托总里程超过 3300mile，伦敦至各地方线路几乎都为收费公路，布里斯托尔湾—塞文河谷—伯明翰贸易区也形成密集的公路网络。随着收费公路的扩展以及路面状况的改善，伦敦货运和客运服务持续增长，促进了地方都会（利物浦、曼彻斯特、伯明翰、诺里奇）交通服务网络的形成。

随着 18 世纪下半叶收费公路的普及，1750—1770 年的"收费公路热"使收费公路总里程达到 1.5 万 mile。18 世纪末，伦敦、中西部和北部大城市及其周边道路都已成为收费公路，这一势头到 19 世纪上半叶才开始放缓。这一时期的陆路运输服务数量和范围不断扩展，乘客出行选择更多。

（2）地理优势及工业产值上升引发运河时代

英国运河系统在技术革命中发挥了重要作用，大运河于 18 世纪开始建造，连接全国主要制造中心。1790 年议会法案只授权了 1 条运河，但到 1793 年已增至 20 条。1790 年授权的资本为 9 万英镑，但到 1793 年增至近 300 万英镑。到 1820 年，世界上第一个运河网络建设完毕，证明新运河的发展非常成功。运河上的船只由马牵引，运河旁边有一条牵引路，供马匹行走。这种马拉系统非常经济，并成为整个英国运河网络的标准。运河船一艘运船只用一匹马就可以运载 30t 货物——这是一辆马车每匹马所能承载的货物量的 10 倍以上，这种巨大的供应量促进了煤炭价格的下降。

英国运河的建设加密了水运航道网络，斯塔福德—伍斯特运河（1772 年）使默西河与塞文河相通；特伦特—默西运河（1777 年）使东西两大港口赫尔和利物浦贯通；考文垂—牛津运河（1790 年）沟通了泰晤士河、塞文河和默西河；大枢纽运河（1805 年）便利了伦敦与西米德兰的水路往来。1790 年英格兰河流通航里程 2200mile，到 1830 年接近 4000mile。19 世纪中叶，英国水路通航里程已领先法国、西班牙和德国。

在港口设施方面，英国 18 世纪中后期着手建设沿海港口设施。1790—1815 年，伦敦、利物浦、布里斯托尔、赫尔等城市的一系列码头得到改善。到 1830 年，港口设施已有了巨大变化，港口容量迅猛增加。

道格拉斯·费歇认为英国技术革命最重要的是棉花、煤、铁等的运输。英国技术革命的重要支柱产业是棉织业，而原材料的原棉几乎全部依赖进口，这离不开运输业的支撑。原棉需求从 1760 年 300 万 lb 猛增至 1800 年 5600 万 lb；1835 年英国消耗的棉花占全球总量的 63%。另一方面，英国财富的很大一部分来自煤炭工业。实际上，英国煤炭年采量从 1650 年起直线上升：1660 年 225 万 t，1770 年增至 640 万 t，到 1800 年达到 1400 万 t。此外，食盐、石料、谷物等工业制成品产量也逐年递增。这些大宗重商品需求的膨胀成为英国运河业发展的直接动力。地区间贸易量的迅速增长，必然会促进与之相适应的某种货物运输方式的发展。

从时代背景看，运河具有当时其他运输方式难以比拟的优点：承载量大、运输路程短、安全性高等。煤作为运河上最大宗的货物，运河业的发展使煤炭的价格得到了降低。1759 年以后的 165 项运河建设法案中有 90 项是直接为了方便煤炭运输的，包括多伦特—默西运河、福斯—克莱德运河、利兹—利物浦运河等著名运河。此外，运河对城市发展、工业扩展以及中部山区、南威尔士和英格兰北部等交通不便地区的开发发挥了重要作用。约克郡兰开夏的棉织业的快速发展除了纺织技术革新的支撑外，运河提供了强大的物流服务也功不可没。实际上，曼彻斯特、利物浦、伯明翰、格拉斯哥等城市经济的繁荣都离不开运河的支撑。运河联结关道、公路及城市，构建了一张覆盖全国的庞大运输网络，缓解了制约发展的交通瓶颈，被称为英国"工业革命的生命线"。

连接曼彻斯特和利物浦的布里奇沃特运河为两地商人们赚取了巨额的利润。在利益刺激下，18世纪90年代，英国的运河业进入到一个高潮时期，一大批运河如雨后春笋般涌现出来，而这些运河交织成了发达的全国运河网络。

1600年，英格兰和威尔士拥有约950mile的可通航水道。到1760年，这已增加到1400mile。1835年，当伯明翰和利物浦交界运河完工（最后一次重大扩建）时，水道网络总长度约为4000mile，其中大部分增长是由于运河建设。英国的第一条现代运河是1755年筹备开挖的桑基运河，该运河主要是为了解决利物浦对煤炭的大量需求而开挖的一条人工运河，但是这一条运河没有受到当时人们的广泛关注，所以人们通常不把这当作英国运河的开端。而真正拉开英国人工运河序幕的是1761年由布里奇沃特公爵在曼彻斯特和沃斯利的煤矿间开通的一条长7mile的运河，因此被称为布里奇沃特运河。它同1830年9月15日利物浦—曼彻斯特铁路通车一样，成为英国运输史上的重大转折点。

（3）铁路运输的繁荣——运输系统大变革

铁路预示着一场交通革命，对通信、金融和企业组织产生了深远的影响。在英国，铁路投资完全由私人出资。1830年和1840年英国铁路股的两次独立"铁路狂热"金融泡沫使许多小投资者遭受了巨大损失，其中第二次被称为"历史上最大的泡沫"。与运河一样，早期的铁路投资者代表当地利益。到1844年，随着工业化的好处更广泛地传播财富，全新的投资者阶层开始为铁路提供资本。乔治·斯蒂芬森凭借"标准轨"赢得了建立技术标准的斗争。

利物浦—曼彻斯特铁路1830年通车是交通体系的根本性变革，催生了一个长达百年的铁路时代的到来，英国引领欧美进入铁路时代。1844年，英国铁路里程2235mile，1852年铁路里程7736mile，1870年铁路里程达到15500mile，短短30年基本形成了近代英国铁路网络。蒸汽机车凭借前所未有的价格和速度，替代了水路与公路运输，占据了客运和高价值货运的主要份额。例如，1865年三等火车车厢票价按1700年价计算为0.05先令，仅为客运马车的四分之一；而火车时速是客运马车的近3倍。

铁路是改变人类流动模式的重要力量。铁路最初被认为是煤炭和工业货物运输的方式，但运营商很快意识到铁路旅行的市场潜力，这直接导致了铁路客运服务的迅速发展。维多利亚时期，公共马车最多能载15个人，铁路列车却能载1000个甚至更多的人。1840年，从诺丁汉向莱斯特的列车可载2000人。"火车像移动的街道，车厢像街道两旁的房子，房子里坐着很多人",这说明了铁路巨大的能力和良好的出行体验,此后铁路客运和货运增长稳定。1842—1850年,英国铁路客运量增长了3倍,货运量增长了7倍;客运收入增长了3倍,同一时期货运收入增长了4倍。铁路不断增加的运输能力充分满足了英国技术革命时期对运输的需求,实现了铁路运输的大众化和社会化,促进了社会流动和信息交流。

由于运输时间大为缩短,铁路拓展了其运输市场空间:鲜活货物如鱼、肉、鲜奶、蔬菜等在原有的保鲜期内能运到更远的消费地。例如,铁路通车后,更多地方的人可以喝到从特伦特河畔伯顿生产的啤酒,吃到从格里尔姆斯比、赫尔、洛斯托夫特以及大雅茅斯等新型港口捕捞的活鱼等海鲜产品。铁路也使快速来往不同地区成为可能。著名文学家查尔斯·狄更斯在1851年从伦敦到巴黎只花了11h,他对铁路的速度表示惊叹,认为这是只有在《一千零一夜》的神话故事中方能实现的愿望。

大约从1840年开始,铁路运输开始对运河运输产生影响。铁路不仅能比运河运载更多的东西,而且其运输人和货物的速度也远比运河船的步行速度要快得多。以前用于运河建设的大部分投资都转移到了铁路建设上。运河无法与新铁路的速度竞争,为了生存,他们不得不削减价格。到1850年,铁路系统已经完善,运河上的货物运输量下降了近三分之二。

图9-2可以清晰地反映出铁路客货运量的剧烈增加,展示出铁路的优势地位。在许多情况下,陷入困境的运河公司被铁路公司收购,有时这是铁路公司关闭运河公司并消除竞争或在运河沿线修建铁路的一种战术举措。较大的运河公司独立生存并能够继续盈利,主要是因为它们占据了铁路错过的运输市场的一部分,或者通过供应当地市场,如大城市的耗煤工厂和磨坊。

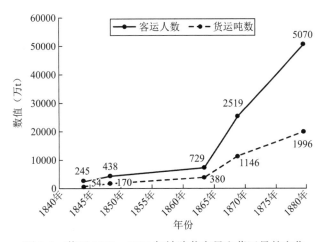

图9-2 英国1840—1880年铁路载客量和货运量的变化

铁路网络整合是通过乔治·哈德森等私人金融投资者收购不同的线路来实现的。从1844年颁布《铁路法案》开始,政府就铁路定价、时间表和协调制定了法规,以弥补市场失灵。20年内,英国的铁路网长度从零增长到6500km。

英国基础交通设施率见表 9-1。可以看出英国运河的繁荣年代为 1760—1830 年间；期间运河船也有所发展。早期的运河更接近于河流；事实上，第一条运河是河流航行。后来的运河以直线段和船闸为主，可通航不同形式的船只。

英国基础交通设施建设率（单位：km/10 年） 表 9-1

年份（年）	运河	铁路	主干道	高速公路
1760	93	—	—	—
1770	876	—	—	—
1780	355	—	—	—
1790	164	—	—	—
1800	1660	—	—	—
1810	251	—	—	—
1820	277	—	—	—
1830	172	157	—	—
1840	30	2233	—	—
1850	—	7407	—	—
1860	—	4806	—	—
1870	—	6955	—	—
1880	—	3502	—	—
1890	—	2767	—	—
1900	—	2133	—	—
1910	—	1717	—	—
1920	—	920	—	—
1930	—	145	—	—
1940	—	0	4953	—
1950	—	—	8322	—
1960	—	—	305	153
1970	—	—	883	904
1980	—	—	486	1498
1990	—	—	717	515

资料来源：LOWSON M V. Surface Transport History in the UK: Analysis and Projections[C]//Proceedings of the Institution of Civil Engineers-Transport. Thomas Telford Ltd, 1998, 129(1): 14-19。

与运河的情况一样，铁路的主要建设时期大约在 50 年内结束，即 1830—1880 年。然而，在 1880 年之后，英国的铁路建设并没有完全停止，其建设一直持续到 1940 年。

汽车的关键技术被公认为是戈特利布·戴姆勒发明的高速汽油发动机，该发明于 1885 年获得专利。这主要是基于尼古拉斯·奥托开发的燃气发动机。然而，早期的内燃机并未广泛用于运输。1900 年，在美国制造的 4192 辆汽车中，1681 辆配备了蒸汽机，1575 辆配备了电动机，只有 936 辆配备了内燃机。第二次世界大战后英国公路主干道快速发展，以及随后的高速公路系统的发展，使得机动车交通得以大规模扩张。这一发展是由个人旅行需求的大幅增长推动的，这既来自经济增长，也来自诸如更多休闲时间等社会因素。在主干道开发之前，铁路仍在建设中，必须将其视为整个以汽车为基础的交通系统发展的关键要素。

9.2 第二次技术革命前后运输系统结构变化

第一次技术革命后，各国运输系统结构因汽船的兴起和铁路的萌生发生了巨大改变。到了 19 世纪中后期，美国引导第二次工业化引发了更深层次的交通变革。在 20 世纪前，钢铁、铁路和煤炭之间的协同作用促使美国铁路迅速发展，取代运河成为国内主导运输方式，并领先世界，这一状态直至内燃机的诞生，汽车出现在人类生活中后才被打破。美国以钢铁产业和技术领域的绝对优势，成为当时世界上最大的汽车制造国，并率先完成了本国运输系统结构的蜕变，即客货运均由铁路向公路转移。由于美国率先完成第二次技术革命且引导交通变革，本节以美国为研究对象，基于历史数据，分析其技术革命间运输结构的变化。

美国运输系统的发展历程按照时间先后顺序大致可分为五个阶段。第一阶段：重点发展海洋运输（19 世纪之前）；第二阶段：重点发展收费公路、运河运输（19 世纪初至 19 世纪上半叶）；第三阶段：重点发展铁路运输（19 世纪 30 年代至 20 世纪 30 年代）；第四阶段：重点发展公路运输（20 世纪 30—70 年代末）；第五阶段：协调综合运输阶段（20 世纪 70 年代末至今）。第二次技术革命横跨第三、四阶段，前期重点发展铁路运输，后期重点发展公路运输。铁路运输和公路运输在第二次技术革命期间迎来发展高潮，这与内燃发动机与土木工程领域的各项技术发明密切相关，同时也受益于美国高度发达的钢铁行业。

1）第二次技术革命前期——铁路发展的高潮

从表 9-1 可以看出，第二次技术革命前，运河系统大概有 30 年一直处于高速发展阶段并在 1836 年左右达到顶峰。它的范式转变发生在 1825 年伊利运河的开通，以及它的成熟和衰落，都是由更加灵活高效的内陆交通系统——铁路的出现引起的。随着 1869 年横贯北美大陆的太平洋铁路建成，铁路在 19 世纪下半叶起飞，标志着其范式转变。19 世纪末和 20 世纪初，美国大部分运输服务都由铁路提供服务。

（1）技术进步

机车技术是铁路运输的基础。美国 18 世纪末实际上就已开始研制蒸汽机车。不过，乔治·斯蒂芬森蒸汽机车试验成功后，人们才认识到铁路和机车不可分离的关系，这推动了机车制造和应用。早期美国从英国购买机车，也加紧研制国产机车。纽约彼得科柏工厂于 1830 年成功研制了"陶森号"小型机车。到 19 世纪 40 年代，美国已可以生产相当数量的蒸汽机车，并向欧洲出口。这一时期，美国还在俄国开设了第一家铁路工厂。19 世纪 50—60 年代时，蒸汽机车及其零部件的生产逐步实现了标准化，这不仅降低了成本，也提高了产量和质量。19 世纪中叶以后，铁路在美国交通运输业中发挥了主导作用，20 世纪 20 年代，美国铁路营业里程达到 40 万 km 左右，美国至今仍拥有全球最庞大的铁路网络（图 9-3）。

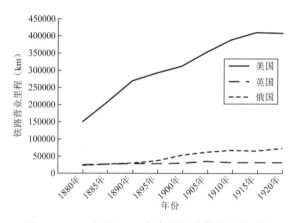

图 9-3　1880 年至 1920 年各国铁路营业里程对比

数据来源：根据文献[52]和文献[53]绘制。

表 9-2 和表 9-3 分别展示了各国铁路货物周转量对比和各年代运输方式参数对比，得益于列车制造技术的进步，美国在第二次技术革命间铁路营业里程数和货物周转量都出现大幅增长，远超第一次技术革命引领国英国和其他欧洲国家，达到 40 万 km。

各国铁路货物周转量对比（单位：10^2 万 t·km）　　　　表 9-2

年份（年）	美国	德国	法国	英国
1880	21140	13500	10350	—
1885	71761	16600	9791	—
1890	116000	22500	11760	—
1895	124000	26600	12900	—
1900	207000	37000	16000	—
1905	272000	44600	17400	—
1910	372000	56400	21500	—
1915	406000	58300	16500	—
1920	604000	60200	25900	31400

数据来源：根据文献[52]和文献[53]整理得到。

各年代运输方式参数对比 表 9-3

年代	交通方式	平均速度（mile/h）	年出行距离（mile/a）	人均 GDP（美元）
19 世纪初期	步行、马力	3	1500	1200
19 世纪中叶	汽船、铁路革命	4	1600	1900
20 世纪初期	火车、有轨电车	8	2000	5000

资料来源：https://energyfuse.org/structure-transportation-revolutions-clues-next-paradigm/。

到 1900 年，铁路已逐步发展成熟，人类的出行方式迎来了巨大变化。表 9-3 体现了铁路革命后人们的出行效率的提升，平均速度和年出行距离大幅增长，足以体现技术发展给交通、人类生活带来的好处。

（2）政府支持

美国交通运输的最大变革是铁路的发展。美国可以说是最早发现铁路潜力的国家之一，英国 1825 年修筑了第一条铁路后，美国 1828 年就开始动工修建铁路。乔治·斯蒂芬森发明蒸汽火车后，美国一方面从英国进口机车，另一方面加紧研制国产机车。

美国内战前 30 年间，政府偶尔向铁路公司赠地，但规模不大。19 世纪 50 年代是政府向铁路公司赠地的高峰期，这一时期赠地总规模超过 9000 万 arce（1 arce = 4048.86m^2）。不少州政府在 19 世纪 30 和 40 年代也投入大量资金修筑铁路。据估计，内战前 15 年，有关州共举债 9000 万美元修筑铁路。例如，马萨诸塞州于 1841 年修筑了第一条铁路，1854 年州议会决策投资第二条穿越该州的铁路；纽约州资助铁路的资金更多，到 1846 年，纽约州向 10 家铁路公司投入铁路建设资金。表 9-4 列出了 19 世纪末期美国政府投资铁路行业的资金变化。这些资助不仅解决了大量的就业问题，还使得铁路的飞速发展。

美国铁路发展的黄金时代 表 9-4

年份（年）	总投资（亿美元）	运行收入（亿美元）	运营铁路（条）	雇员人数（人）
1870	25	4	—	—
1880	50	6.1	—	419000
1890	90	10.2	1797	749301
1900	110	13.7	2023	1017653
1916	210	33.5	1785	1701000

数据来源：BOYD J, HOWES J, WILLIAM F. American railroad。

（3）铁路运输成为该时期美国运输系统的核心

由于运河在地理上存在较大的局限性，铁路的兴起逐渐取代了运河业务，结束了以运河为代表的水上交通时代。据统计，美国西部经过伊利运河从纽约获得的商品 1836 年为 36.5 万 t，1845 年达到战前最高点 65.5 万 t，这个水平保持到 1854 年；1854 年后西部从伊利运河获得的东北部商品下降，到 1860 年降至 37.9 万 t，与 1836 年的水平大致持平。这种下降是运输结构变化导致的,因为1854年正是运河时代向铁路时代转变的转折时期。

铁路网络的建设与完善,从根本上改变了美国运河和铁路在全国运输系统结构中的比重。据统计,1890年全美铁路完成的运输量,大约为由其他运输形式完成的运输量的2倍。运河运输的市场占比不断下降,1850年其完成的运输量占全美运输量的3/4,到1870年已降至不足1/4。以圣路易城商品贸易运输为例,1871年到1887年,圣路易城通过河道运输的商品量从34%下降到了10%。

2)第二次技术革命后期——公路发展的高潮

公路运输出现在20世纪初,尤其是在1913年福特推出T型车——第一辆量产的汽车。公路运输系统的发展标志着铁路客运的衰落,特别是中短途铁路。州际公路系统的发展标志着公路运输系统的成熟,美国越来越多的贸易发生在大都市区之间的高容量公路走廊上,减少了对区域公路建设的需求。

(1)技术进步

动力变革为诸多工业部门带来了前所未有的影响。例如,内燃机的创造和使用为铁路、汽车等行业的发展奠定了坚实基础。与蒸汽机相比,内燃机体积小、成本低,这使得内燃机技术的应用前景更为广阔。1860年,比利时人以燃煤产生的煤气作为动力制造了一个二冲程的内燃机。1886年汽车之父卡尔·本茨在汽油为燃料的内燃机技术基础上研制了世界第一台汽车。汽车技术大门因此被打开,以汽车为基础的发明喷涌而出,有力地推动了现代公路运输的发展。

随着发动机技术的不断提升,汽车技术得到不断改进和应用。1918年,通用汽车公司研发了可摆脱水冷发动机笨重的水箱散热器和水管系统,且可以减少发动机零件数量、降低重量和成本、提升"铜冷发动机"的发动性。

从图9-4可以看出,正因美国不断吸收世界各国先进汽车制造技术,加之其引领世界的钢铁行业,其汽车行业发展迅猛,远超其他国家,在20世纪中期已有5000万辆在用汽车,体现了公路运输的飞速发展,也一定程度体现了运输系统结构的变化。

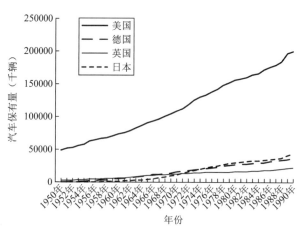

图9-4　20世纪中期发达国家汽车保有量对比

资料来源:同图8-1。

第二次技术革命给交通行业带来了翻天覆地的变化，内燃机技术的出现使得人们出行更加便捷。从表 9-5 可以看出，20 世纪中叶，出行距离较 20 世纪初期增长了 3 倍多，大大加快了美国经济的发展。

各年代运输方式参数对比　　　　　　　　　　　　　　表 9-5

年代	交通方式	平均速度（mile/h）	年出行距离（mile/a）	人均 GDP（美元）
20 世纪初期	火车、有轨电车	8	2000	5000
20 世纪中叶	汽车	24	6900	12000
21 世纪初期	喷气客机	73	18000	35000

数据来源：https://energyfuse.org/structure-transportation-revolutions-clues-next-paradigm/。

（2）政府支持

20 世纪 30 年代以前，美国社会处于以就业为导向的发展阶段。为缓解第一次世界大战带来的经济发展压力，罗斯福政府决定加大公路基础设施的建设，1956 年颁布了《联邦公路资助法案》，化解日益紧张的社会就业矛盾。由于 20 世纪 40 年代的其他法案都没有为州际公路系统建设解决资金来源，第二次世界大战前后公路建设相当缓慢，1936—1951 年的 15 年间，美国建成的公路不到 6 万 mile，每年新建成公路不到 4000mile。

美国公路快速发展是 20 世纪 50—80 年代这段时期。该时期美国公路实现了从区域性公路（Interregional）向州际公路（Interstate）的转变。1956—1979 年的 20 多年间，美国平均每年新建成公路约 2.12 万 mile，基本形成了州际公路网络系统。该时期颁布的《联邦资助高速公路法案》是一个里程碑意义的法案，解决了公路建设的资金来源问题。该法案提出要构建一个综合化、现代化、覆盖率广的全国公路体系；公路建设资金 90% 由联邦政府负担，10% 由州和地方政府负担。这一政策改变了原联邦与地方政府 1∶1 的投资比例，奠定了公路可持续发展的基石。

表 9-6 列出了 1925—1965 年美国对公路建设的投资力度。可以发现，20 世纪中期政府用于公路建设的资金投入大大增加。《联邦资助高速公路法案》还提出了"使用者付费"的融资理念，推出了燃油税等一系列税种，一定程度上解决了政府资金来源不足问题。

1925 年至 1965 年美国政府投资建设公路里程及投入资金　　　　　　表 9-6

年份（年）	公路里程（mile）	资金（百万美元）
1925	179501	221
1935	219869	242
1945	308741	101
1955	749166	1287
1965	908722	4569

资料来源：U.S. DEPARTMENT OF COMMERCE. Historical statistics of the United States, colonial times to 1970[R]. 1975。
注：1960 年前数据不包含阿拉斯加和夏威夷地区。

（3）运输系统出现明显"铁路转公路"现象

第二次技术革命后期，随着汽车的发明与成熟，美国国内运输结构发生了由"铁路向公路转移"的现象，不仅如此，在20世纪中期，由于民航产业技术的成熟，其分担了一定的铁路和公路客运量。表9-7、表9-8、表9-9分别列出了第二次技术革命期间美国铁路、汽车及民航行业数据，可以清楚地发现，1920年后美国列车旅客周转量及货物周转量不断下降，而汽车产量和从业人数剧增。同时，民航也渐渐发展成熟起来。

1890—1940年美国铁路行业数据　　　　　　　　　　　　　　　　　　表9-7

年份（年）	雇员（人）	旅客周转量（人·km）	货物周转量（百万 t·km）
1890	7490000	492431000	76207
1900	1018000	576831000	141597
1910	1699000	971683000	255017
1920	2076000	1269918000	413699
1930	1517000	707987000	385815
1940	1046000	456088000	375369

资料来源：https://www.louisianabelieves.com/docs/default-source/assessment-guidance/leap-2025-u-s-history-task-set---the-american-transportation-system-of-the-late-19th-and-early-20th-centuries.pdf?sfvrsn=4。

1900—1940年美国汽车行业相关数据　　　　　　　　　　　　　　　　表9-8

年份（年）	汽车产量（辆）	雇员（人）
1900	2000	4192
1910	76000	181000
1920	343000	1905560
1930	323000	2784745
1940	465000	3717385

资料来源：同表9-7。

1930—1940年美国民航产业相关数据　　　　　　　　　　　　　　　　表9-9

年份（年）	雇员（人）	旅客周转量（人·km）
1930	2778	384506
1932	4020	476041
1934	4201	475461
1936	7079	931683
1938	9008	1197100
1940	15984	2802781

资料来源：同表9-7。

铁路运输量在两次世界大战及1929—1933年经济大萧条时期下降，给美国公路运输发展带来契机。1933年罗斯福新政用行政手段控制经济，大力发展公共工程，暂时缓解了经济危机恶果，保护了劳动生产力。美国经济从危机中恢复后进入发展快车道，汽车工业的发展与城市化带来的道路运输需求数量与质量的双旺，推动了公路建设大潮的到来。

美国公路网到20世纪80年代基本建成。公路发展极大提高了公路运输在综合运输体系中的地位和作用，社会经济发展对公路的依赖程度进一步提高。这一时期，公路在美国运输体系中已居主导地位，是客运的主力、货运的骨干，公路完成的旅客周转量比重一直在90%左右；货物周转量所占的份额也逐年提高，从1940年的9.5%上升到1950年的15.8%，1980年的22.3%。

9.3 第三次技术革命前后运输系统结构变化

20世纪中叶，随着私人小汽车及民航业的普及，美国等技术引领国的运输系统结构也随之改变，美国发展成为了汽车大国，汽车在客运中开始占据主导地位，在货运中的占比也在不断提升。小汽车在日本也成为了客货运的主导方式。相对应的是铁路、运河等曾经优势的交通方式逐渐被替代，占比逐渐下降。本节以美国和日本为例，探索第三次技术革命前后，美国和日本运输结构的变化。

（1）美国

根据美国商务部统计数据，1950—1970年美国城市间出行各运输方式旅客周转量及占比见表9-10、表9-11。从旅客周转量看，1950—1970年总旅客周转量上升了133.3%，私人小汽车旅客周转量上升了134.2%，航空旅客周转量上升了1090%，公交旅客周转量基本保持稳定，铁路旅客周转量下降了86.6%，内河水运旅客周转量上升了233.3%。从客运结构看，1950—1970年，私人小汽车占绝对优势地位并基本保持稳定，航空占比由2.0%上升至10.0%，公交占比由5.1%下降至2.1%，铁路占比由16.1%下降至0.9%，内河水运占比始终较低并保持在0.23%~0.35%之间。因此，第三次技术革命前后，美国客运呈现以小汽车为主导，航空快速发展，铁路快速没落的趋势。

1950—1970年美国城市间出行各运输方式旅客周转量（单位：10^9人·km） 表9-10

年份（年）	总旅客周转量	私人小汽车	航空	公交	铁路	内河水运
1950	508	438	10	26	82	1.2
1955	716	637	23	25	29	1.7
1960	784	706	34	19	22	2.7
1965	920	818	58	24	18	3.1
1970	1185	1026	119	25	11	4

数据来源：U.S. DEPARTMENT OF COMMERCE. Historical statistics of the United States, colonial times to 1970[R]. 1975。

注：1960年前数据不包含阿拉斯加和夏威夷地区。

1950—1970年美国城市间出行各运输方式旅客周转量占比 表9-11

年份（年）	私人小汽车	航空	公交	铁路	内河水运
1950	86.2%	2.0%	5.1%	16.1%	0.24%
1955	89.0%	3.2%	3.5%	4.1%	0.24%

续上表

年份（年）	私人小汽车	航空	公交	铁路	内河水运
1960	90.1%	4.3%	2.4%	2.8%	0.34%
1965	88.9%	6.3%	2.6%	2.0%	0.34%
1970	86.6%	10.0%	2.1%	0.9%	0.34%

数据来源：同表9-10。

注：1960年前的数据不包含阿拉斯加和夏威夷地区。

20世纪初，美国汽车工业开始蓬勃发展，1900—1930年美国汽车注册量由8000辆上升至2675万辆。由于价格低、车速快的福特T型车的成功设计，以及福特发明的汽车装配流水线作业方式，导致汽车产量大幅上升、成本大幅下降。1950—1970年，美国小汽车客运占比大于85%，占据绝对的主导地位。汽车工业的快速发展，导致工人工资上升，而汽车价格下降，汽车保有量在这一时期得到了快速提升。此外，汽车使用量的快速上升，导致了美国城市形成了分散的布局。这一时期，美国汽车公司通过合并和联合形成了大量多部门、分散经营的股份公司，而小汽车的广泛使用促使这些公司大量地在大城市周边卫星城建厂，改变了人们的出行行为，同时又进一步促进了小汽车的使用。20世纪中期，小汽车已成为美国人出行的主要交通方式。

第二次世界大战后，由于美国政府大力推广小汽车的使用，并对铁路实行了减少投资、冻结运价、限制公司合并等一系列严格管制措施，导致铁路公司出现了大量的亏损。此外，州际公路的兴建和民航业的发展，进一步导致了铁路客运需求的下降，铁路公司运营亏损严重，大量公司为了减少成本降低了服务质量，进一步导致了客流需求的下降。因此，1950—1970年美国铁路客运占比由16.1%下降至0.9%。

1925年美国颁布了《凯利法案》，该法案引发了航空公司间的竞争，并最终导致航空公司的业务范围从运送邮件扩展到运送人员和商业货物。随着收入的上升，美国民航业自第二次世界大战后快速兴起。技术进步也导致航空公司能够制定98%的定期航班，相比于1930年仅能够制定92%定期航班有了较大的提升，另外，1954年航空公司每百万人英里的死亡人数已低于铁路。因此，美国航空客运占比由1950年的2.0%快速上升至1970年的10%，成为除小汽车以外美国客运的重要支柱。

由美国商务部统计数据可知，1950—1970年美国城市间出行各运输方式货物周转量及占比情况，详见表9-12、表9-13。从货物周转量上来看，1950—1970年美国总货物周转量上升了81.5%，铁路货物周转量上升了22.8%，汽车货物周转量上升了131.5%，内河水运货物周转量上升了95.7%，输油管道货物周转量上升了219.6%，航空货物周转量上升了1167%。从货物运输结构来看，1950—1970年铁路占比始终较大，但占比由57.4%下降至39.8%，汽车占比由15.8%上升至21.3%，内陆河运基本保持稳定，输油管道占比由11.8%上升至22.3%，航空占比由0.03%上升至0.17%。因此，第三次工业革命前后，美国货运以铁路为主导但占比下降，汽车、航空、输油管道快速发展，内河水运保持相对稳定，总体呈现出各运输方式均衡发展的趋势。

1950—1970 年美国城市间各运输方式货物周转量（单位：亿 t·km）　　表 9-12

年份（年）	总货物周转量	铁路	汽车	内河水运	输油管道	航空
1950	1094	628	173	163	129	0.3
1955	1298	655	223	217	203	0.6
1960	1330	595	285	220	229	0.8
1965	1651	721	359	262	306	1.9
1970	1936	771	412	319	431	3.3

数据来源：同表 9-10。

注：1960 年前的数据不包含阿拉斯加和夏威夷地区。

1950—1970 年美国城市间各运输方式货物周转量占比　　表 9-13

年份（年）	铁路	汽车	内河水运	输油管道	航空
1950	57.4%	15.8%	14.9%	11.8%	0.03%
1955	50.5%	17.2%	16.7%	15.6%	0.05%
1960	44.7%	21.4%	16.5%	17.2%	0.06%
1965	43.7%	21.7%	15.9%	18.5%	0.12%
1970	39.8%	21.3%	16.5%	22.3%	0.17%

数据来源：同表 9-10。

注：1960 年前的数据不包含阿拉斯加和夏威夷地区。

19 世纪，美国铁路得到了蓬勃的发展，1916 年美国铁路营业里程达到了 25.4 万 mile，成为了铁路大国。20 世纪 20 年代后，受到两次世界大战、大萧条及小汽车快速发展等因素的影响，美国铁路公司在严格监管中无法实现利润，大量企业破产倒闭。1950—1970 年，美国铁路货运周转量并未得到较大的提升，占比由 57.4%下降至 39.8%。虽然美国铁路货运受到了极大的冲击，但在煤、铁、谷物等大宗货物上仍然保有一定的优势，仍然是美国货运中的重要支柱。

20 世纪 30 年代开始，内燃机开始应用于公路运输。1929—1933 年大萧条时期，美国企业由大规模原材料采购，转变为少量化、多批次采购，运输需求从铁路转向公路，使运输业开始发展。第二次世界大战后，美国制造业的发展促进了道路运输需求结构的优化，运输需求由大宗的工业原材料、农产品等，转向价值更高的制造业产品和消费品，对运输服务的质量更加关注。运输能够提供更加准确的时效，可靠性与一对一的运输，并且更加适应小批量的货物，从而促进了整车和零担运输的出现。因此，美国汽车货运稳步增长，1958 年开始占比超过 20%，部分取代了铁路运输，成为美国货运的重要支柱之一。

美国内河水运能够为大宗货物的运输提供低廉的运费，20 世纪美国内河水运每吨千米运费 0.4 美分，铁路为 1.6 美分，汽车为 6.5 美分。美国内河运输主要承担煤炭、石油、谷物等货物的运输服务，进入 20 世纪中叶，美国输油管道的广泛应用，吸引了部分内河运输的运量。不过，美国不断地对内河水运基础设施进行现代化改造，委派陆军工程兵团负责 1.9 万 km 水道的维护工作，自 20 世纪 60 年代投资超过 30 亿美元用于内河航道现代化建设，该现代化进程直到今天仍在继续。因此 1950—1970 年美国内河水运是美国货物运输的重要组成部分，货物周转量占比稳定在 15%~17%。

早期的管道大部分建于陆地上，20 世纪 20 年代在汽车工业推动下，美国管道总长度增加到 18.4 万 km，从 20 世纪中叶开始，随着海上钻探提取石油的技术进步，美国开始大量新建海上管道，以提取墨西哥湾等地的巨大海上石油和天然气储量。此外，20 世纪 30—40 年代出现了一些管道上的技术进步，例如在管道安装过程中使用煤焦油涂层、使用射线照相检查环焊缝等。因此，美国输油管道占比在 1950—1970 年得到了快速提升。

20 世纪 20 年代后期，美国民用航空业开始兴起，为了维持航空业的生存，美国政府批准并资助航空公司在全国范围内运送航空邮件，从而使美国拥有了世界上最大的航空邮件系统。第一、二次世界大战后，美国飞机供应过剩以及飞机工业的兴起，导致美国航空业持续发展。因此，1950—1970 年美国航空货物周转量上升了 10 倍，但由于飞机货运能力有限，占比始终小于 0.2%。

综上所述，第三次技术革命前后，美国小汽车的快速普及是影响客货运输结构的重要因素，其次是航空客运、输油管道的快速发展。从客运来看，1950—1970 年美国小汽车已经成为了客运的主导方式，航空在客运中的地位快速上升，相应的是铁路客运的快速下降，内河水运在客运中的占比始终较小。从货运看，铁路呈现出快速下降的现象，但仍然占据主导地位，汽车货运和输油管道的货运发展迅速，内河水运的占比保持稳定，受技术革命的影响较小，航空货运的占比极小。

（2）日本

第二次世界大战后日本经济迅速恢复，通过引进美国、德国等国家的先进技术，大力发展加工贸易，日本 1955—1970 年 GDP 由 83695 亿日元上升至 733449 亿日元，年均复合增长率 15.57%，工业占比也由 1950 年的 30% 上升至 1970 年的 46%。同时，在经济高速发展过程中，日本的城市化率也由 1955 年的 56.1% 增加到 1985 年的 75.9%，经济增长推动日本的客货运输快速发展。

由日本总务省统计数据可知，日本各运输方式客运量及旅客周转量情况，见表 9-14、表 9-15。从客运量占比来看，1950 年日本铁路占比为 83.9%，小汽车占比 15.1%，至 1970 年随着小汽车的高速发展普及，小汽车占比迅速上升至 59.2%，相应的铁路占比下降至 40.3%，此外，沿海水运和航空发展较快但占比较小。从客运量看，1950—1970 年小汽车客运量增长了 14.86 倍，1950—1970 年铁路客运量增长了 95%，这一时期小汽车的发展速度远高于铁路。

1950—1970年日本各运输方式客运量（单位：百万人）　　表 9-14

年份（年）	总客运量	小汽车		铁路		沿海水运		航空	
		客运量	占比	客运量	占比	客运量	占比	客运量	占比
1950	10004	1515	15.14%	8392	83.39%	—	—	—	—
1955	14116	4262	30.19%	9781	69.29%	74	0.52%	—	—
1960	20293	7901	38.94%	12290	60.56%	99	0.49%	1.2	0.01%
1965	30792	14863	48.27%	15798	51.31%	126	0.41%	5.2	0.01%
1970	40605	24032	59.18%	16384	40.35%	174	0.43%	15	0.04%

数据来源：STATISTIC BUREAU. Historical statistics of Japan: 1868—2002[R]. 2005.

1950—1970年日本各运输方式旅客周转量（单位：十亿人·km）　　表 9-15

年份（年）	总旅客周转量	小汽车		铁路		沿海水运		航空	
		周转量	占比	周转量	占比	周转量	占比	周转量	占比
1950	118	9.0	7.7%	106	89.8%	2.6	2.2%	—	—
1955	166	28	16.6%	136	82.1%	2.0	1.2%	0.2	0.1%
1960	243	56	22.9%	184	75.7%	2.7	1.1%	0.7	0.3%
1965	382	121	31.6%	256	67.0%	3.4	0.9%	2.9	0.8%
1970	587	284	48.4%	289	49.2%	4.8	0.8%	9.4	1.6%

数据来源：同表 9-14。

结合旅客周转量计算各方式平均运距，1950年小汽车平均运距为6.0km，铁路平均运距为12.6km；1970年小汽车平均运距为11.8km，铁路平均运距为17.6km，沿海水运平均运距为27.6km，航空平均运距为626.7km。日本的轨道交通较为发达，其铁路的平均运距相对较短，但略大于小汽车。1950—1970年，随着日本高速公路网和铁路网的完善，小汽车、铁路的平均运距得到了较快提升。航空则主要服务于长距离的旅客输送，平均运距较大。

根据日本总务省统计，日本各运输方式货运量及货物周转量见表 9-16、表 9-17。从货运量结构看，1950年日本铁路占比为31.6%，小汽车占比59.2%，沿海水运占比9.4%，至1970年随着小汽车的高速发展普及，小汽车占比迅速上升至88.6%，相应的铁路占比下降至4.9%，沿海水运占比下降至6.5%。此外，航空货运量极小。从客运量来看，1950—1970年小汽车客运量增长了13.97倍，1950—1970年铁路客运量增长了55%，这一时期小汽车的发展速度远高于铁路。

1950—1970年日本各运输方式货运量（单位：百万t）　　表 9-16

年份（年）	总货运量	小汽车		铁路		沿海水运		航空	
		货运量	占比	货运量	占比	货运量	占比	货运量	占比
1950	522	309	59.2%	165	31.6%	49	9.4%	—	—
1955	832	569	68.4%	203	24.4%	59	7.1%	0.0	0.0%
1960	1503	1156	76.9%	238	15.8%	108	7.2%	0.0	0.0%
1965	2625	2193	83.5%	252	9.6%	180	6.9%	0.0	0.0%
1970	5223	4626	88.6%	256	4.9%	342	6.5%	0.1	0.0%

数据来源：同表 9-14。

1950—1970年日本各运输方式货物周转量（单位：十亿 t·km） 表 9-17

年份（年）	总货物周转量	小汽车		铁路		沿海水运		航空	
		周转量	占比	周转量	占比	周转量	占比	周转量	占比
1950	65	5	7.7%	34	52.3%	26	40.0%	—	—
1955	85	10	11.8%	44	51.8%	32	37.6%	0.0	0.0%
1960	140	21	15.0%	55	39.3%	62	44.3%	0.0	0.0%
1965	186	48	25.8%	57	30.6%	81	43.5%	0.0	0.0%
1970	342	136	39.8%	63	18.4%	143	41.8%	0.1	0.0%

数据来源：同表 9-14。

结合货物周转量计算各方式平均运距，1950 年小汽车平均运距为 16.2km，铁路平均运距为 206.1km，沿海水运平均运距为 530.6km；1970 年小汽车平均运距为 29.4km，铁路平均运距为 246.1km，沿海水运平均运距为 418.1km。从货运平均运距来看，小汽车由于其机动性较强，承担了较多的城市内运输任务，因此其平均运距较短，货运量较大，且 1950—1970 年随着路网的完善，平均运距上升较快。铁路主要服务于中距离的货物运输，平均运距大于 200km。沿海水运主要服务于中、长距离的货物运输，平均运距大于 400km，但 1950—1970 年日本沿海水运平均运距有所下降。

日本公路的快速发展体现在里程和汽车保有量的快速增加上。1950—1970 年，日本的一般国道里程由 9322km 增加至 32650km；1956—1970 年，铺装道路由 19497km 增加至 187333km。此外，1950—1970 年，日本小汽车保有量由 4.8 万辆增加至 677.7 万辆。

日本小汽车的快速发展与日本的小汽车扶持政策和小汽车产业发展密切相关。日本公路建设的投资占公共事业费支出的比重，由 1953—1958 年 19%提高到 1965—1981 年的 32%。1950 年日本政府对汽车企业在引进美国专用机床方面进行投资，并积极向汽车企业投入国家资金，另外在税制方面以促进产业合理化为核心制定倾斜税制政策，对汽车产业规定，为打造日本汽车自主品牌，降低汽车企业引进技术和设备关税，减免固定资产税。到 20 世纪 60 年代，日本经济进入高速增长时期，并提出了《国民收入倍增计划》，在该计划的引导下日本通过技术引进，建立家电、汽车和合成纤维等新兴耐用消费品工业。汽车工业在这个时期引进了先进的生产自动线，建立起了大规模流水线生产体制。此外，日本于 1952 年加入国际货币基金组织，1955 年加入关税和贸易总协定，日本贸易得到了较大的发展。在经济增长、产业结构升级、国家政策推动和贸易环境改善的背景下，日本小汽车实现了如前文所描述的发展。

虽然日本公路发展迅速，使铁路占比有所下降，但铁路依然处于较快发展中。1950—1970 年，日本铁路公司线路里程由 19615km 增加至 21270km，而日本铁路公司以外的私铁中，地方铁路线路里程由 6002km 下降至 5326km，有轨电车由 1721km 下降至 906km。在这一时期，日本铁路技术得到了较快的进步，日本铁路公司铁路电气化里程在 1950 年仅为 1659km，到 1970 年达到 6021km，电气化率由 8.46%增加至 28.3%。此外，日本铁路公司大力推进列车电气化和内燃化，1950—1970 年，日本铁路公司铁路电力机车由 356 辆增加至 1810 辆，内燃机车由 0 增加至 1266 辆，相应的是蒸汽机车快速淘汰，由 5102 辆降低至 1601 辆。

日本战后成立的日本国营铁路公司（简称"JNR"）基本上垄断了铁路运输业，1950 年后铁路客货运受小汽车发展的冲击，JNR 经营日益困难，1987 年开始实行私有化改革。日本都市圈轨道交通建设取得了较好的成果。在经济高速发展、城市化率快速上升背景下，小汽车普及导致了拥堵、高污染等问题，民营铁路企业开始兴建服务于通勤通学需求的城际或市郊铁路。这些民营企业除铁路运输外，通常还以铁路沿线为依托，进行房地产开发，为铁路客运带来了新的客流需求。

综上所述，战后一段时期，日本由于其经济发展、产业结构升级，汽车产业快速发展，小汽车取代铁路成为客货运输的主导方式。另一方面，铁路受到小汽车的冲击，国铁经营效率较差，但民营铁路在城市建设发展中取得了较大进步。铁路电气化、内燃化趋势说明日本铁路积极引进新技术，使铁路客货运依然保持了较快增长。

9.4 运输系统结构变革中的政策驱动因素

1）交通政策的概念

White 和 Senior 在 1983 年出版的《交通地理》中指出，交通系统的发展、交通结构的演变主要受限于五方面，分别是：历史因素、技术因素、物理因素、经济因素和政策因素。广义上看，政策指一切包含政治动机的政府行为，政策颁布政策的目的是希望社会、经济、政治的发展与现实相协调；鉴于社会目标和期望会随着社会的发展而变化，政策往往呈现动态性和发展性。此外，从政策与立法的关系上看，政策常常作为制定规划干预措施的框架，并被纳入法律和其他法律文书中，可见，政策与立法关系紧密。

随着交通在国家的经济、社会和政治活动中扮演越来越重要的角色，交通政策应运而生。对于交通政策而言，交通政策的目标是使交通资源得以合理有效地分配，具体措施包括对现有交通活动予以管理和监管等。

2）典型发达国家具体交通政策案例

（1）英国

①第一次技术革命——收费公路信托模式

按照定义，信托是指委托人基于对受托人的信任，将其财产权委托给受托人，由受托人按委托人的意愿以自己的名义，为受益人的利益或特定目的，进行管理和处分的金融政策行为。

1707 年，通过收费公路法案，英国在伦敦—切斯特路段设立了第一个非法人受托人的计划，新信托的第一个行动是建立收费固定的收费公路，譬如规定了每类车辆或动物的最高通行费。在 18 世纪的前 30 年，通往伦敦的主要径向道路的部分路段处于个人收费公路信托机构的控制之下。到 1750 年，新收费公路的建设步伐加快。

由图 9-5 可知，从 18 世纪末到 19 世纪初，英国收费公路里程不断增长，支撑了收费公路的发展以及路面状况的改善，伦敦的货运和客运服务也获得了持续增长，地方都会（譬如：利物浦、曼彻斯特、伯明翰、诺里奇）的交通服务网络正在形成。

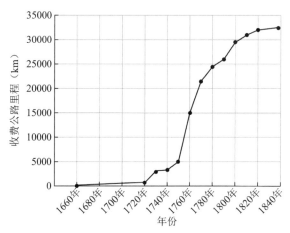

图 9-5　18 世纪末到 19 世纪初英国的收费公路里程变化

资料来源：https://transportgeography.org/contents/chapter1/emergence-of-mechanized-transportation-systems/uk-turnpike-19th-century/。

随着英国陆路交通服务的数量、类型和范围逐步扩展，由此带来的旅行时间变化也显而易见。由表 9-18 可知，无论是从伦敦至爱丁堡，抑或是从曼彻斯特至伦敦，乘客的旅行时间均有了大幅度的减少。

公路带来的旅行时间变化　　表 9-18

时间段（年）	起讫点	旅行时间变化
1750—1800	伦敦—爱丁堡	由 12d 减少至 4d
1760—1788	曼彻斯特—伦敦	由 3d 减少到 28h

资料来源：同图 9-5。

1837 年，随着维多利亚女王即位，英国进入维多利亚时代，收费公路被视为自由贸易的障碍。鉴于众多小型信托经常被指控资源使用效率低下，并可能滋生腐败行为，同时随着铁路时代的到来，英国大多数收费公路信托公司开始没落，最直接的体现是信托基金的收入变化。1829 年，即利物浦—曼彻斯特铁路开通的前一年，沃灵顿和下伊尔拉姆信托基金的收入为 1680 英镑，但到 1834 年，这一数字已降至 332 英镑；博尔顿和布莱克本信托基金在 1846 年的收入为 3998 英镑，但在 1847 年两个城镇之间的铁路建成后，这一收入已降至 3077 英镑，1849 年则为 1185 英镑。

至此，以信托作为金融政策的英国收费公路信托模式不再适用，第二次技术革命宣告着英国铁路时代的到来。

②第二次技术革命——铁路

进入第二次技术革命，英国的第一条铁路是 1838 年开通的伦敦—伯明翰铁路；随后由于纺织业发展需要，英国修建了利兹—曼彻斯特铁路；由于采矿业发展需要，英国则修建了利兹—塞尔比铁路等。

纵观第二次技术革命英国铁路的发展，不难发现，议会立法和融资渠道扩大是助推英国铁路发展的关键政策因素。议会立法指每一条线路在法律上必须得到一个单独的议会法案的授权；融资渠道扩大则是尽可能为交通基础设施修建提供大量资金。

譬如为了促成伦敦—伯明翰铁路的修建，伦敦—伯明翰铁路公司提交了第一份国会法案，然而伦敦—伯明翰铁路的走向遭到了地主的强烈反对，因为铁路线路可能会穿越地主内的庄园，严重侵犯了地主的财产利益，迫于土地所有者施加的压力，伦敦—伯明翰铁路公司的第一份国会法案于1832年被拒绝。1833年，伦敦—伯明翰铁路公司修改了通过赫特福德郡的铁路路线走向，使得伦敦—伯明翰铁路沿着赫默尔亨普斯特德的边缘修建，随后第二份法案获得批准，该路线在获得王室的同意之后，同年11月开始施工。

事实上，随着交通基础设施投资不断增长，议会立法不仅可以确定铁路修建的合法性，也可以为铁路融资提供帮助。以利兹—塞尔比铁路为例，1830年5月通过的法案除了允许修建线路之外，该条线路还被允许筹集总计300000英镑的股票和贷款。

总体而言，政府鼓励发展铁路的行为实质上是为刺激经济和为军事运输提供便利。譬如在1836年前建造的铁路都会支付很高的股息，以促使财团来投资；到了1845年，英国铁路项目不断增加，铁路股的价格随之上涨，导致越来越多的投机资金流入；1846年，英国的铁路投机狂潮达到顶峰，而随之呈现的是英国铁路系统的巨大扩张。

（2）美国

①第三次技术革命的客运——公路

第三次技术革命期间，公路在美国客运市场上扮演着重要的角色。图9-6是当时世界上主要国家的汽车普及率（每台车的使用人数，数值越小则反映汽车普及程度越高）对比，不难看出，美国的普及程度明显高于英国、德国和法国，并且从1960年到1975年，美国的普及程度呈现上升趋势，到1975年接近1.7。

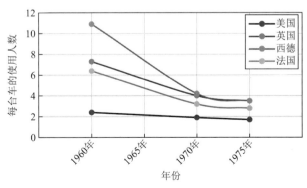

图9-6 汽车的普及率

有效可行的交通政策工具还包括监管控制，政府通过建立公共机构来监督运输行业的特定部分，进而影响该行业的整体特征和绩效，譬如美国国会于1966年举行了一系列关于公路安全的听证会，强制汽车安装安全带等，接着颁布美国国会法案89-563、法案89-564和法案89-670等，促使1967年美国交通部正式成立。

事实上，每一次重大质量安全风险的产生，都会促使社会对其发生的规律与特点进行反思，并在此基础上成立新的政府质量管理机构，或对原有的机构进行调整，并制定面对新问题的法律、技术法规或监管手段。该演进路径与美国国家公路交通安全管理局（NHTSA）的成立路径基本一致。

表9-19统计了从1960—1975年美国的车祸死亡数据，不难发现1970年是美国车祸死亡人数和死亡率的拐点，该结果与美国国家公路交通安全管理局成立时间一致。美国国家公路交通安全管理局的工作包括编写和执行机动车辆相关的安全、防盗、燃油经济标准相关标准，通过职能定位的描述可以准确发现，美国国家公路交通安全管理局的核心使命，就是对质量安全风险的管理。

美国车祸死亡数据　　　　　表9-19

年份（年）	死亡者数量	死亡率
1960	38137	21.2
1970	54633	26.7
1975	46550	21.8

注：死亡率 = 车祸死亡人数/10万人。

②第三次技术革命的货运——铁路

美国货运铁路均为私营铁路，不享受政府财政支持，其经营活动由行业协会协调。美国私营铁路形成的背景与19世纪盛行的自由放任政治经济有较大关系。自由放任是18世纪的一种经济理论，出发点是反对任何政府干预商业事务，其驱动原则是：政府对经济的参与越少，企业就越富裕，进而整个社会也就越富裕。

美国铁路货运公司按年营业额分为三类，年营业额大于2.5亿美元的为I级铁路，年营业额在0.2亿~2.49亿美元的为II级铁路（地区铁路），年营业额小于0.2亿美元的为III级铁路（地方铁路）。

鉴于市场化运作，第一，为降低单位生产成本，美国铁路货运产品以大宗货物重载运输和集装箱联合运输为主，运输组织上开行重载列车，以提高单位生产率；第二，美国铁路制定了"产品—服务"营销策略，对线路、时间、车次、运价等进行不同的组合，为不同地区市场、沿不同路线、以不同发车密度提供服务；第三，美国铁路运价比较灵活，其特点是多运低价；第四，美国负责运营I级铁路的公司为上市公司，可发行和出售股票来获取资金支持（美国政府虽然不对铁路投资，但每年都提供一定额度的贷款担保）。

当然，自由放任并非完全没有公共政策参与，监管控制应运而生。如交通部联邦铁路管理局负责制定安全规章制度；地表运输委员会负责制定关于价格、服务、建设、收购、废弃铁路线等；各个州也会对铁路公司进行监管，例如马萨诸塞州公共事业部。

（3）日本

铁路可以引领城市结构的发展，有助于振兴城市，增加地方税收收入，提高住房价值。有鉴于此，日本1868年开始便开启铁路建设计划。根据日本铁路发展史，日本铁路私有化前可大致分为三个阶段：第一阶段为1868—1949年，第二阶段为1949—1964年，第三阶段为1964—1987年，如图9-7所示。

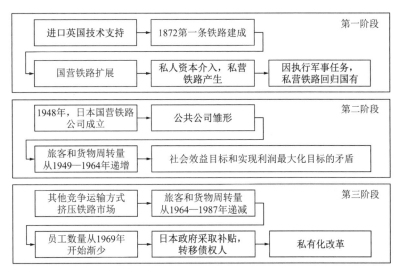

图9-7 日本铁路发展历程

资料来源：SMITH I B. The privatisation of the JNR in historical perspective: an evaluation of government policy on the operation of the national railways in Japan[J]. 1996.

① 1868—1949年日本国营铁路公司发展

明治天皇从1868年开始执政，其目标是使日本从一个封建主义国家转变为一个现代工业化国家，这将依赖于高效、联通的交通网络。当时日本政府国家安全角度出发，建议建立一个全国性的铁路网络，并于1872年开通了从新桥（东京）—横滨铁路（全长18mile），这是日本第一条铁路线路。

值得注意的是，日本第一条铁路线路及随后的第一批主要干线，主要依赖于英国技术的进口。以1872年开通的从新桥（东京）—横滨铁路为例，该线单程旅行大约为53min，负责修建该条线路的技术顾问主要来自英国和其他欧洲国家，技术顾问团队规模为300人左右，技术支持包括线路设计、机车制造、司机培训、运营等。

随后政府也修建了从京都到大阪、从神户到大阪的线路，然而由于财政上的限制，这些路线很难延伸扩展。在这种情况下，国家行政部门采取了一项新的政策，主张利用私人资本建设铁路，政府通过提供财政激励措施，如免除其土地所有权的税收，来鼓励私人铁路公司的建立。比如1884年修建的从上尾到高崎、上尾到青森和从神户到下关的三条线路为私人公司所有。图9-8描述了日本从1890—1908年国内铁路运营里程变化。

由上述变化可知，日本铁路全国运营里程中私营所有部分从1905年之后出现断崖式下降，其背后的主要原因是日本政府采取了私营铁路国有化的措施。

技术变革与交通发展

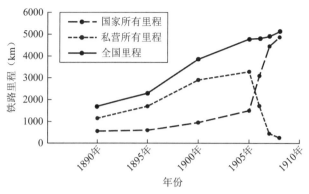

图 9-8 全国铁路里程数变化
资料来源：同图 9-7。

1892 年，日本颁布《铁路建设法》，预告了当时日本 17 家干线私营公司的国有化，该法确立了政府未来建设铁路线路的原则，并授权国家收购私营铁路公司。日俄战争（1904—1905）之后，日本政府将所有私人干线收归国有，理由是对铁路网络的集中控制不仅有利于国家的军事活动，且对国家战略工业发展也起到至关重要的作用。

第二次世界大战后，日本铁路一度陷入萧条，表 9-20 为第二次世界大战后日本铁路的收支情况。

日本铁路收入支出（单位：百万日元） 表 9-20

年份（年）	运营收入	总支出	盈余
1946	5844	9871	−4027
1947	27352	40674	−18322
1948	72171	103299	−31128
1949	11659	115219	−358

资料来源：同图 9-7。

②1949—1964 年日本国营铁路盈利时代

1948 年 12 月，创建日本国营铁路公司的法律颁布，1949 年 6 月，日本国营铁路公司成立。日本国营铁路公司建立初期，面临着许多问题，譬如由于公司员工规模大于实际需求，解雇的人数迅速增加；日本国营铁路公司作为公共公司的雏形期，员工工资、工作时间、假期、晋升和安全等都要经过严格的审议，且其经济预算都要经由国会批准才可予以通过等。

自第二次世界大战结束后，日本国营铁路公司在国内运输市场上享有垄断地位，并获得了可观的经营利润。从 20 世纪 50 年代初开始，鉴于国内存在较大的运输需求，以及铁路缺乏有力的竞争对手，使得在该阶段日本铁路运输获得了较多的盈利收入。

图 9-9 与图 9-10 是 1949—1964 年日本铁路货物周转量和旅客周转量的变化情况，可以看出该时期日本铁路货物周转量和旅客周转量大体呈现增加上升趋势，可见其货运和客

运业务均获得了较为不错的营业收入。

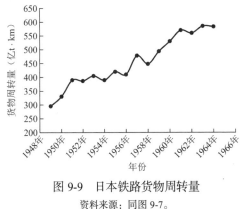

图 9-9　日本铁路货物周转量
资料来源：同图 9-7。

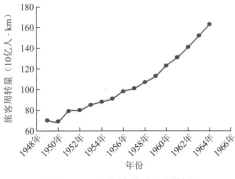

图 9-10　日本铁路旅客周转量
资料来源：同图 9-7。

其实，日本国营铁路公司也面临着实现社会效益目标和实现利润最大化目标的矛盾，然而，在其法定形式下，日本国营铁路公司的成立是为了维护和发展国家铁路网（社会效益），而不是获得私营部门经营的盈利性收入，而正是日本国营铁路公司试图平衡公共事业和财政偿付能力这两个相互冲突的政策目标，导致公司业绩从 1960 年中期以后不断恶化。

③1964—1987 年日本国营铁路亏损时代

1960 年末，经济的高速增长也带动了其他运输方式的发展，其他运输方式的发展在一定程度上挤压了铁路运输的市场份额，最直接的表现就是铁路旅客周转量占比和货物周转量占比的下降，比如日本铁路旅客周转量从 1965 年的 45%下降到 1975 年的 30%，再到 1985 年的 23%（图 9-11）；货物周转量则从 1965 年的 31%下降到 1975 年的 13%，再到 1985 年的 5%（图 9-12）。

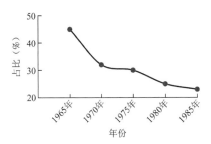

图 9-11　铁路旅客周转量占比变化
资料来源：同图 9-7。

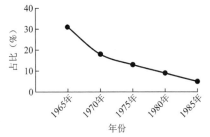

图 9-12　铁路货物周转量占比变化
资料来源：同图 9-7。

此外，日本国营铁路公司员工数量变化也反映了该公司的运营情况，从图 9-13 可看出日本国营铁路公司员工数量从 1969 年开始减少。

日本国营铁路公司横跨整个国家，员工数量众多，1966 年日本国营铁路公司员工数量达到 469693 人，庞大的组织架构造成了日本国营铁路公司的低效运营。据统计，日本国营铁路公司私有化改革前的 1987 年，其财政赤字达到了 37.1 万亿日元，相当于 2378 亿美元。

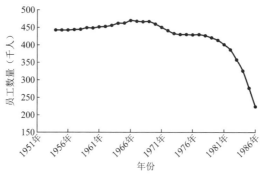

图 9-13　日本国营铁路公司员工数量变化

资料来源：同图 9-7。

为应对铁路亏损，日本政府也曾对铁路企业实施过补贴政策，如图 9-14 和图 9-15 所示。具体办法是通过政府中央预算偿还日本国营铁路公司的部分累积债务。不难看出，这一补贴措施主要面向过去的债务，与日本国营铁路公司未来投资关系不大，其本质是用新的债权人代替旧的债权人。

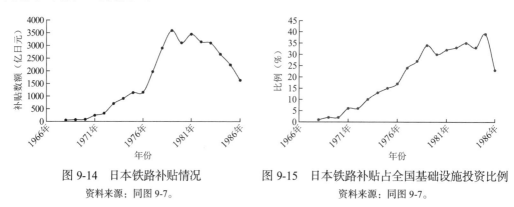

图 9-14　日本铁路补贴情况　　　　　图 9-15　日本铁路补贴占全国基础设施投资比例

资料来源：同图 9-7。　　　　　　　　资料来源：同图 9-7。

由于政府补贴无法改变铁路的发展，私有化改革被提上日程。实际上，20 世纪 80 年代以后，国有企业私有化在全球很盛行，其目的是通过所有权的改变来改善企业经营水平，从而提高盈利能力和提供更好的服务。日本国营企业的私有化改革分两波进行，第一次私有化改革是在 20 世纪 80 年代由首相中曾根康弘为应对国债危机而采取的措施，其中就包括当时的日本国营铁路公司。当时日本政府根据国营铁路公司的地理条件和功能，将其细分为八个日本铁路公司。与欧洲的铁路私有化经验截然不同的是，私有化后的日本铁路公司获得了铁路基础设施和运营权限，使得日本铁路公司能够处理和使用其实际资产，以实现其业务线的多样化。日本铁路公司的私有化被认为是现代历史上第一个全国性国有铁路的改革案例。

9.5 运输系统结构变革的直接与间接效益

1）运输结构的直接和间接效益内涵

间接效益亦称外部效益。经济学外部效益（间接效益）的概念是 1980 年阿尔弗雷德·马歇尔在《经济学原理》中提出的。他认为内部效益（直接效益）是指企业内部各种因素导致的生产费用的节约，这些因素包括劳动者工作热情、工作技能、内部分工协作、先进设备应用、管理水平和管理费用等，外部效益指企业外部的各种因素导致的生产费用减少，包括原材料供应地和产品销售市场距离、市场容量、运输的便利程度、其他相关企业发展水平等。

其他经济学家对外部性也给出了类似定义。保罗·萨穆尔森在《经济学》中定义：外部性指生产或消费过程涉及的对其他团体强征了不可补偿的成本或支付了无须补偿的收益的情形。阿兰·兰德尔在《资源经济学》书中提出：外部性表示当一个行动的某些效益或成本不在决策者的考虑范围内时所产生的一些低效率现象，即某些效益被给予（赠送），或某些成本被强加给没有参加这一决策的人。

从交通经济角度看，交通项目的可量化效益分为直接效益和间接效益两部分，新项目产生的客流从机理上也可分为诱发客流和转移客流两部分。诱发客流为由于交通的投入运营带来交通条件的改善和大规模物业开发而诱发新增的运量；转移客流为交通项目建成并投入使用后，因其具有相对其他既有方式更快、更高效或更舒适的特点，而从其他交通工具转移至建成项目上的运量。对于国民经济而言，诱发客流是交通项目直接效益的源泉，诱发客流导致了新增运营收入，该收入可采用影子票价计算；交通项目的间接效益即转移客流产生的效益，主要包括替代其他方式而减少交通事故效益、改善环境效益、节约时间效益、减少疲劳效益等。

为探讨在历次技术革命期间运输结构变化而带来的效益，这里将直接效益定义为由于运输结构的变化，对消费者出行或货物运输的广义费用相关参数直接产生影响所获得的效益，通过影响不同交通方式的效用、出行者选择倾向也可进一步改变运输结构。历次技术革命中直接效益主要体现在运输成本的降低、运输距离的增加、运输速度的提高、运输能力的扩大、客货运事故率的减少等。

间接效益指运输结构的变化而间接产生的交通部门以外的社会经济效益。历次技术革命中产生的间接效益主要包括促进人口流动，促进工业、服务业、商贸业等相关行业的发展等。

2）典型引领国运输结构直接效益案例

（1）英国

①以公路运输为主导的时期

第一次技术革命前，公路运输占英国旅客和货物运输系统的主导地位。在16世纪初，作为一个国土面积仅20余万 km^2 的岛国，1541年的英国仅有9条主要道路，分别从九个地方城市通往伦敦。到1587年，通往伦敦的道路增加到17条，并且其他城市间也开始有道路连接。到17世纪，随着经济的繁荣，生产物资逐渐增多，物资的运输需要更强大的运输工具，载货量大、人力需求少的四轮马车成为了主要运输工具。在19世纪初期，英国可用于运输的马超过100万匹。1836年伦敦每天发出342趟客运马车。

马车运输速度慢，运载能力较小，公共马车最快速度仍不到8mile/h，一辆驿车在当时最好的公路上行驶233mile，最快仍需23h。早期的出租马车仅能承载2人，之后出现的公共马车最多能承载15人，1856年的双层公共马车可以乘坐20人，极限状态下车顶还可以再坐16人。但是这种公共马车舒适性较低。公共马车本质上是由货运马车改造而来，为同时乘坐尽可能多的人，座椅非常狭小，坐在顶层的旅客需从马车后部的楼梯自行爬上。

从运输距离来看，马车运输距离受马匹的体力和环境因素影响较大。一只健康的马匹仅可连续行走60mile。若想实现短时间内长距离运输，需不断更换马匹，因此运输成本较高。18世纪英国出租马车起步价相当于普通家庭的半天的收入，只有相对富裕的中产阶层能够承担高额的运价。直至19世纪中期，公共马车出现后运价才有所降低，不过其乘坐费用也要占家庭总收入的四分之一。

受司机身体原因、道路安全性、马车质量、马匹的失控和人马交叉通行等因素的影响，马车安全性有限，西英格兰大学研究发现1485—1688年间30%的人口伤亡是由陆路交通事故导致的。

②以水路运输为主导的时期

第一次技术革命结束后水路运输成为英国货物的主要运输方式。19世纪以前，快速帆船是长距离贸易的主力，航速由风向、洋流决定，贸易路线和时间都依赖于自然条件。到19世纪20年代，世界上第一个运河网络建设完成，但该时期运河网缺乏系统性和一致性，直达运输只限于最小的船舶，且严重依赖自然供水状况，造成运输的不定期性和延缓性。英国发明蒸汽机后，随着蒸汽轮船的投入使用与海上贸易的发展扩大，水路运输才成为英国货物运输系统的主要运输方式。

水路运输速度有限，甚至低于公路运输，但运输距离较远。19世纪20年代汽船运输业已由江河口岸运输发展为春夏秋三季的远距离沿海和跨海峡运输。1838年英国"西留斯号"汽船可完全依靠蒸汽动力，以每天6kn的平均速度航行18天零10小时横渡大西洋。1854年英国"大东方号"最高航速可达16kn。货船速度较慢，20世纪初货船航速仅10kn（表9-21）。

不同时期英国汽船航行速度　　　　　　　　　　　　　　　　表9-21

时间	船型	速度（kn）
1838年	西留斯号	6
1854年	大东方号	16
20世纪初	货船	10

从运载能力来看，蒸汽轮船的运力显著提高，英国的汽船数量和吨位由1814年的11艘542t增至1828年的338艘912t。1839年由英国法兰西斯·史密斯发明的装备当时最先进装

置螺旋桨推进器的"阿基米德号"实验成功，其马力可达 80hp。1854 年英国"大东方号"能载货 6000t，满载排水量达 2.7 万 t。到 1870 年英国拥有铁船 130 万 t，木船 36.8 万 t，木铁混制船 1 万 t。

铁制汽船的应用进一步提高了水运的经济性和安全性，木船每吨成本由 1600 年的 5 英镑上升至 1805 年的 36 英镑，而每吨生铁的成本则由 1801 年的 6.3 英镑下降到 1830 年的 3.44 英镑，同时铁制汽船增加了船体硬度，减少了船体质量，从而增加了船的载货空间和质量。铁船质量比相同排水量的木船小 3/4，载货空间大 1/6，木船的载货质量仅占船只质量的 55%，而铁船为 65%。

汽船速度比马车慢，灵活性较低，但运输距离、运载能力均高于马车，且成本较低。在 19 世纪 40 年代的远洋运输中木制帆船仍占主导地位，由于运输动力的蒸汽化和船体的铁制化直接与工业革命进程相联系，随着技术革命的深入发展，水路运输的直接效益将进一步提升。

③以铁路运输为主导的时期

第二次技术革命中期后，铁路运输在英国运输系统中占据主导地位。自 1820 年起，英国铁路里程迅速增加，仅 20 年便已经有 2400km。第二次技术革命初，铁路已经取代了 20% 的马车和 50% 的河道运输。19 世纪 50 年代，英国大中城市都开通了铁路，大部分地区距最近火车站的距离均不超过 10mile。1870 年英国近代铁路交通网络大体建成，铁路运输成为英国的主要运输方式。由于铁路能快速、大容量地运输旅客和货物，极大地改变了陆上运输的情况。特别在旅客运输和高价值货运中，铁路运输在成本、速度和运载力上均有显著优势。

从运输成本方面看，1815 年英国燃料（煤炭）比食物（马的饲料）价格还低，当时被农业利益把持的议会通过了《谷物法》，规定对进口谷物课征重税，致使谷物价格上涨，谷物价格过高导致机械力量取代了畜力。19 世纪 40 年代初，铁路客运票价低于公路运输费用（4~5 便士）；1865 年的铁路三等车厢票价折算为 1700 年的货币价值是 0.05 先令，仅为客运马车票价的四分之一（表 9-22）。铁路在当时为英国节省了 40% 左右的运输费用。

不同时期英国铁路票价 表 9-22

时间	等级	票价
19 世纪 40 年代初	一等	3.5 便士
	二等	2.5 便士
	三等	2 便士
19 世纪 60 年代	三等	0.05 先令

从运输速度方面看，1808 年第一辆载人蒸汽机车速度可达 11mile/h，1828 年"火箭号"蒸汽机车的最高速度可达 30mile/h，1845 年铁路平均速度在 20~30mile/h 之间，是以前公共马车速度的 3 倍多。英国最快的火车大西部快线速度能达到 46mile/h。邮件是马车运输

速度最快的货物，但即便采取极端方式，其运输速度仍无法超过 10mile/h，而利物浦的铁路能够轻松保持 15mile/h 的平均速度（表 9-23）。

不同时期英国铁路速度 表 9-23

时间	速度
1808 年	最高 11mile/h
1828 年	最高 30mile/h
1845 年	平均 20～30mile/h，最高 46mile/h

从运载能力方面看，1814 年"布鲁克号"机车牵引质量可达 30t，1825 年的"旅行者号"机车牵引质量可达 90t。1829 年"火箭号"蒸汽机车能牵引 30 节车厢，承载 700 多名旅客，大约相当于 1500 匹马奔跑的力量。1840 年铁路列车拥有 73 节车厢，可承载 2000 人（表 9-24）。

不同时期英国铁路运载能力 表 9-24

时间	牵引质量/承载人数
1814 年	30t
1825 年	90t
1829 年	700 人
1840 年	2000 人

此外，从安全性方面看，铁路运输受天气影响较小，安全性较马车和汽船有显著提高，1870—1920 年间，英国发生的铁路事故约 110 起，平均每年仅 2 起。因此从运输成本、速度、运载能力和安全性方面看，铁路运输直接效益均高于马车运输，是陆路运输效益最高的方式。

（2）美国

①以铁路运输为主导的时期

从美国货物运输结构来看，第三次技术革命前期铁路运输为美国货物的主要运输方式。美国第一条铁路于 1830 年建成通车，19 世纪 50 年代铁路网络规模逐渐扩大，80 年代形成高潮，在 20 世纪 10 年代发展到顶峰，在 1850—1910 年的 60 年间共修建铁路 37 万 km。第三次技术革命前期铁路运输占据货运的主要地位，1950 年美国铁路运输货物周转量在总货物周转量中占比达 57.4%。

从运载能力来看，美国铁路约有 3 万台机车、147 万节货运车厢，每年可发送 3953 万车货物，平均每节装载货物 63t，平均运送距离 917mile。美国从 20 世纪 30—40 年代便开始逐步淘汰蒸汽机车并换装内燃机车，至 50 年代大部分蒸汽机车已退出运输市场，1935 年美国仅有 180 台内燃机车，1960 年已经达到 28000 台。

全国铁路网络的统一导致铁路运输成本降低。19世纪60—70年代受铁路过度建设的影响，为争夺贸易份额，美国铁路公司间不断掀起激烈的价格战，使某些铁路运价降低到成本以下。例如，东部港口城市向芝加哥谷物市场的东西走向的交通线是美国最繁忙的铁路线，1874—1879年间，铁路公司在原有四条铁路干线的基础上又增加了四条相互竞争的平行路线，各铁路公司东西走向的长途货运单位价格不断降低。

从运输安全性来看，美国铁路事故发生次数较低，20世纪50—70年代期间美国铁路共发生事故270起，平均每年9起。

②以公路运输为主导的时期

第三次技术革命期间公路运输始终在美国旅客运输中占据绝对主导地位，20世纪80年代后，公路运输在货物周转量的占比超过了铁路运输，成为了美国货物的主要运输方式。美国汽车自20世纪开始发展，汽车千人保有量从1915年的24.8辆提升到1929年的219.3辆。20世纪30年代开始，内燃机载货汽车也开始应用于陆路运输。

从汽车速度看，20世纪前20年的代表车型为福特T型车，速度可达72km/h，1923年T型车销量超100万辆，市场份额占56%。此后不同时期代表车型见表9-25，汽车最高速度逐渐提高。1940年美国第一条高速公路的通车，进一步提升了汽车实际运行速度（表9-25）。

代表车型性能介绍　　　　　　　　　　　　　　　　　　　表9-25

车型	销售年份	速度（km/h）	功率（hp）
福特T型车	1908—1927	72	20
雪佛兰K型车	1925	—	26
福特A型车	1927	96	40
水星8型车	1938		95
福特雷鸟	1954	161-185	
福特野马	1964	—	101

从运输成本来看，1914年依靠升级的流水装配线，美国可在93min内生产一辆汽车，福特T型车的售价从1908年的825美元降至1916年的360美元，只是一个产业工人72d的收入。同时汽车经销商们开始通过分期付款的方式扩大销量，德克萨斯、俄克拉何马和加利福尼亚等大油田的发现进一步降低了汽油价格，汽车购买成本和燃油成本的降低使得普通消费者也能承担汽车出行的费用。

从运载能力方面看，20世纪50年代后随着发动机技术的发展，汽车载重量逐渐提高。美国尤克力德载重量从1939年的18t，提高至1951年的50t，总功率可达375hp。1960年载重量提高到了68t（表9-26）。

不同时期美国汽车载重量　　　　　　　　　　　表 9-26

年份（年）	载质量（t）
1939	18
1951	50
1960	68

随着汽车的普及使用和速度的提高，美国也开始重视安全性的提升。1978 年美国开始一项新车评估项目（NCAP），该项目中制造商、购买者和政府合作，对新的车型进行碰撞等级试验，用"星级"评定系统来划分其性能，以此鼓励与监督汽车制造商改进其产品的安全性。1975—1998 年期间，每 10 万人口的道路交通事故死亡率在美国下降 27%。美国道路交通事故总数虽较高，但道路交通事故影响范围小，事故率整体呈下降趋势。

汽车的运载能力低于铁路，但不受轨道限制，灵活性较高。随着第三次技术革命的发展，汽车性能不断改善，在速度、安全性和舒适度方面均有很大提升，公路运输的直接效益不断增加。

（3）日本

①以铁路为主导的时期

第三次技术革命期间，铁路运输在日本的旅客运输系统中占据主导地位。1872 年日本第一条铁路建成通车，1881 年在政府鼓励下形成了民营资本投资修路的热潮，到 1905 年民营铁路里程达 5231km，国营铁路里程达 2562km。1906 年，日本颁布了《铁路国有化法》，将全部干线收归国有，但随着列车速度的提升和里程的增长，日本国营铁路公司背负了沉重债务。为解决债务问题，1987 年日本铁路改革正式开始，将国营铁路拆分为 7 家公司从而实现私有化。20 世纪末期铁路改革后客运量平均每年递增 5%。

从运输距离看，随着铁路网的完善，平均运距大幅提升，铁路主要服务于较长距离的出行。1950 年铁路平均运距为 12.6km，1970 年铁路平均运距为 17.6km。

同时，第三次技术革命期间日本铁路电气化迅猛发展，日本铁路公司的电气化铁路里程由 1950 年的 1659km 增长至 1970 年的 6021km，电气化率增加了 20%。铁路电气化的发展伴随着蒸汽机车的淘汰，日本铁路公司的电力机车增加了 1454 辆，内燃机车增加了 1266 辆，蒸汽机车淘汰了 3500 辆。从运输速度来看，铁路电气化使其运输速度进一步提高，1965 年日本高速铁路新干线的运行速度达 162.8km/h。

从运输安全来看，铁路改革使得各公司提高了对安全的重视。改革使得公司间过轨率降低，路网在各公司内部基本保持完整，日本铁路各公司既是基础设施的所有者又是受益人，对安全负有不可推卸的责任。因此日本铁路各公司都重视铁路安全状况，各公司内部设有铁路安全事业部，负责在公司内部对运行安全问题进行统一协调和管理，使得运输安全水平较国铁时代得到提高。

从运输成本来看，自1988年中、西、东日本铁路公司成立后，各条线路月票、普通票每公里票价均未变化,日本铁路公司并未有过提价措施。1997年新干线每公里票价约为26.3日元，普通线约为13日元（表9-27），使用月票价格更低。此外，与小汽车高昂的停车费用和拥挤的城市公路相比，在同距离运输中，日本铁路客运进出大型城市的便捷性和舒适性均更高。与其他交通工具相比，日本铁路的乘坐频率最高，每年每人平均乘坐170次，平均每人2天乘坐一次。

1997年日本铁路票价（单位：日元/km） 表9-27

铁路类型	普通票	月票	月票/普通票
新干线	26.3	13.5	51.33%
普通线	13.0	6.6	50.77%

资料来源：http://pg.jrj.com.cn/acc/Res/CN_RES/INDUS/2013/3/9/23577afa-63a1-4058-bd65-98a9a08eeef5.pdf。

受国情和铁路发展的影响，日本铁路客运直接效益较高。同时，第三次技术革命期间日本铁路改革完善了路网建设，铁路运能、生产效率等均有显著提高。此外，通过调整列车运行时刻表、美化站内环境等措施，铁路运输服务质量得到了明显改善。

②以公路为货运主导的时期

第三次技术革命初期，铁路运输同样在日本货物运输系统中占据主导地位，但20世纪60年代以后公路运输逐渐成为日本货运的主要运输方式。1936年，《汽车制造行业法》正式在日本国内实施，日本汽车国产化趋势开始发展，并在20世纪60年代中期进入高速发展阶段。日本汽车年产量从1960年的16万辆增加至1967年的300万辆，超过德国成为第二大汽车生产国。1970年日本国内汽车销量达238万辆，千人平均保有量达170辆，比1950年增加了近60倍。

从运输距离来看，公路货运平均运距1950年为16.2km，1970年为29.4km，运输距离大幅提高。公路运输的灵活性较好，使得城市内货物采用公路运输时直接效益较高。从运输速度来看，20世纪后汽车发动机技术进步速度加快，1962年日本本田推出的小型敞篷跑车最高车速可达160km/h。虽然公路货运的运载能力、平均运距和速度均低于铁路运输，但其灵活性较高，更适宜日本国情发展。

3）典型引领国运输结构间接效益案例

（1）英国

第一次技术革命后，水路运输在英国逐渐占据主导地位，水路运输的发展带来了促进制造业城镇兴起的间接效益，而第二次技术革命后，铁路运输逐渐成为英国主要的运输方式，产生了促进钢铁行业、煤炭行业等相关工业，商贸业、服务业等相关行业的快速发展的间接效益。

作为技术革命的发源地，英国工业发展意味着大量原材料和产品的流通，以及地区间贸易的急剧增长，但当时道路运输能力远远不能适应巨大的运输需求，因此在这一时期英国开始了大规模河道的改进和运河的兴建。

英国第一次技术革命前后水路运输的快速发展促进了一批制造业城镇的兴起。18世纪英国西北部涌现出了六个工业区，分别是以曼彻斯特为中心的曼彻斯特棉纺织工业区、以利兹为中心的约克郡西莱丁毛纺织工业区、以伯明翰为中心的西密德兰兹郡铁器制造区、以谢菲尔德为中心的哈兰姆郡铁器制造区、以纽卡斯尔为中心的达勒姆-诺森伯兰采煤工业区、以诺丁汉、莱斯特为中心的东米德兰北部纺织区。

上述工业化城镇的兴起大多与18世纪英国西北部水路运输的快速发展相关，水路运输改善了各城市的交通区位，使其在煤炭开采及利用、产品流通等环节上更加便利。例如默西河的建成将曼彻斯特和利物浦紧密联系起来，两地运费由原来的每吨12先令降低到每吨6先令，使两地之间原材料及货物流通更加便捷，利物浦还可以将小麦供给曼彻斯特，保证这个人口日益增长的工业中心的粮食供应；艾尔河和科尔德河的改进大大加强了利兹在约克郡西莱丁纺织城镇群中的中心地位。埃里沃什河、诺丁汉河以及特伦特河的改进促进了诺丁汉的繁荣；同时，谢菲尔德、伯明翰、莱斯特原本都不接近可通航河流，而河道改进使上述工业城镇焕发勃勃生机。

英国第二次技术革命期间铁路的快速发展带动了钢铁行业、煤炭行业等相关工业的发展。1825年英国修建了世界上第一条铁路，英国铁路运营里程发展如图9-16所示，从图9-16中可以看出，英国铁路运营里程在1830—1850年间增长迅速。在这一时期，英国的生铁产量增长速度也较快，如图9-17所示，从1830年的68万t上升到1850年的225万t，20年间生铁产量增长到原来的3倍，生铁产量急速增加的主要原因在于铁路建设的飞速发展。当时每英里轨道平均需要300t生铁，随着铁路的大规模建设，钢铁工业也蓬勃发展，尤其是1841—1843年，英国钢铁总产量的39%都用于铁路建设。其次，铁路建设也促进了煤炭业的发展。铁路的发展对钢铁的需求急剧增长，间接地带动了煤炭需求量的增长。1795年英国煤炭产量达到1000万t，1830—1850年进行铁路建设的20年间，煤产量从2240万t增长到4940万t。

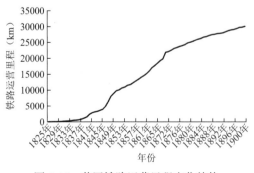

图9-16 英国铁路运营里程变化趋势

数据来源：同图8-1。

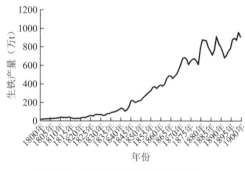

图9-17 英国生铁产量变化趋势

数据来源：同图8-1。

另外，英国第二次技术革命期间铁路的快速发展也促进了相关商贸、服务业的发展。到 19 世纪末，英国铁路运输网基本形成，各大中城市均已开通了铁路线路，大部分地方与火车站的距离已在 10mile 以内。

发达的铁路网络将英国各城市连成一片，缩短了城市间的出行时间，大大促进了商品流通和人口流动，同时带动了建筑业、邮政通信、商业服务、教育科技、文化娱乐、金融保险等许多相关的商贸服务业的发展。

（2）美国

第二次技术革命期间，铁路运输成为美国最主要的货物运输方式，带来了促进美国工业、农业快速发展，促进人口流动的间接效益。

美国第一条铁路诞生于 1830 年，1914 年时已建成 25.2 万 mile 的铁路网络，超过欧洲铁路里程总和，铁路几乎通达所有的大小村镇。

19 世纪美国铁路的快速发展是促进美国工业快速发展的首要因素。铁路发展需要大量钢铁、木材、煤炭及其他产品。这些原料和产品的运输离不开铁路，铁路与工业发展既相互依托、也相互促进。铁路与钢铁和木材生产密切相关。例如 1841—1850 年间，铁路里程以 160% 的速度增长时，木材、生铁分别以 150%、100% 的速度增长；铁路迅猛扩张的 1870—1900 年，资本投入增加了 4.87 倍，钢产量增加了 9.21 倍。

其次，美国铁路的扩张带动了美国农业的快速发展。在早期，西部耕地只有在运费低至农场主把农产品运到东部市场有利润时才算有实际市场价值。铁路扩张后，经铁路运输的农产品拥有更大的市场空间，西部地区可在更大范围开展以商品为目的农业生产。1860—1900 年，农场主和农民拥有的土地增加了 1 倍多。19 世纪最后 30 年，西部拓殖的土地比 1607—1860 年约 250 年间所开拓的土地面积还要大。密西西比河以西成为主要小麦产区，美国成为全球最大的小麦供应国，促进了美国农产品的出口。

同时，铁路在美国的发展促进了人口的向西流动。为使政府赠与的土地转化为资本，提高土地价值并为铁路提供长期的客货运输资源，铁路公司通过各种途径吸引移民。大批从东部地区和欧洲等地到来的移民由于土地和机会的诱惑纷纷沿着铁路迁往美国西部地区，这使西北部地区人口数量快速上升。以明尼苏达州、北达科他州和蒙大拿州三个地区为例：1870—1910 年 40 年间，明尼苏达州的人口增加了 4.7 倍，北达科他州的人口增加了 239.9 倍，蒙大拿州的人口增加了 18.2 倍。

（3）日本

第三次技术革命后，日本铁路运输快速发展，逐步占据主导地位，产生了促进人口迁移及聚集、带动沿线工商业、旅游业发展的间接效益。

日本经济在 20 世纪 50 年代进入复兴期。为促进经济发展，日本制定了以产业发展带动城市快速发展的策略。利用 1964 年东京奥运会的契机，日本在东京、大阪两大都市区廊道上新建了东海道新干线，这也是全球第一条高速铁路。

东海道新干线的开通首先带动了人口及产业向郊区的迁移。东海道新干线开通后的 30 余年中，日本都市圈在总人口持续增加趋势下，东京都、大阪和名古屋三大中心城市均出现不同程度的人口流出，这种城市向外围拓展的态势显然离不开交通条件改善导致的产业向郊区迁移。同时，城市周边服务设施的完善，也推动了人口分布的郊区化进程。

其次，东海道新干线的开通带动了沿线工商业发展。东海道新干线开通后，沿线城市交通区位得到改善，城市工商业迅速发展。1969 年东海道新干线沿线停靠城市工商企业数比 1963 年增长了 12.3%，而非停靠城市仅增长了 8.1%。东海道新干线开通时仅 12 个车站，挂川市并未设站。考虑到东海道新干线带来的效益，挂川市政府及市民集资兴建挂川站，1988 年挂川站开通后，1992 年商业产出较 1988 年增长 37.6%，商业就业率增长 8.1%；工业产出增长 39.2%，工业领域就业率增长 6.9%。

同时，铁路的建成不仅能够吸引大量的人流，更重要的是能聚集信息和财富，使得铁路沿线城市企业和人口的增加会显著超过其他地区。有关东海道新干线沿线城市的研究表明，东海道新干线开通后沿线人口增长速度比未设站城市高出 22%；零售、批发、工业、建筑业增长速度高出 16%~34%；就业机会高出 13.8%。

另外，铁路客运的扩张对旅游业的发展也具有积极影响。以 1997 年建成通车的秋田新干线（起点岩手县盛冈站，终点秋田县秋田站）为例，1998—2006 年秋田县全县的游客数量持续增长，显著高于新干线开通前的增速。新干线开通对旅游观光人数提升作用明显，原因是新干线开通后，列车运行速度加快、运行时间缩短、旅行过程更加舒适，吸引了大量游客。

9.6 小结

运输结构的演变是一个复杂的问题。从本章的分析可以得到以下几方面的结论。

（1）全球交通运输发展历史表明，未来的客货运输需求将向更加个性化的方向发展。客运的具体体现可能是多样化、快速化与分散化，而货运的特征可能是小型化与短距离化，这将对运输效率与服务水平提出更高要求。一方面，这些特征在信息化背景下将因运输过程更加透明而更易受到客货运用户诟病。就运输过程组织而言，运输商需要更多关注运输产品的细节及其运输过程的衔接效率。另一方面，客运分散与货运距离的缩短将压缩运输业的利润空间，从而提高运输效率变得更重要了。

在上述背景下，个性化的定制交通成为重要发展方向。以客运为例，人们出行的时空特征更加复杂多变，而信息化支撑下对满足需求的服务水平要求却有增无减。货运方面，批量更小、更分散的运输业务需要过程更透明的运输服务，而短距离运输需求可能对供给的即时性要求更高。这些对交通运输供给产品设计提出了新挑战，并成为推动运输过程智能化、无人化或自动化的重要因素。未来科技作用下的运输系统变化如图 9-18 所示。

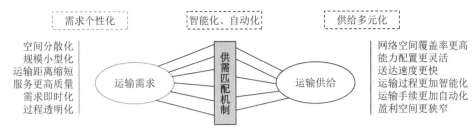

图 9-18　未来科技作用下的运输系统变化

（2）第三次技术革命期间，发展最快的为公路运输和航空运输。20世纪30年代以后，随着高速公路和民航技术的发展，铁路遭到具有短距离"门到门"优势的公路运输与长距离快速与日益普及的航空运输的两面夹击，市场份额急剧下降，成为20世纪的"夕阳"产业。这期间，各地区客货运输结构得以重构。

不过，鉴于运输结构问题的复杂性与影响因素的多样性，不同社会环境、不同经济发展水平甚至不同自然地理条件的地区的运输结构并未出现相似的变化趋势。铁路运输尽管在部分领域的竞争力有所下降，但在一些地区依然保持了较强的份额，例如美国、中国、印度甚至俄罗斯的铁路货运与日本、中国的铁路客运。

（3）未来交通运输结构演变的因素可能增加了新的变数，这就是能源动力的变革、人类社会生活与出行模式的变化以及人类社会对环境保护的要求。由于化石能源碳排放带来的温室效应，人类的生存环境与生活质量面临威胁；碳中和已经被许多国家和地区作为2050—2060年的目标。人类研发的新能源技术正在取得越来越多令人鼓舞的成果，这将改变不同方式的技术经济特性，进而改变交通运输结构的演变结果。

另一方面，受恐怖主义、自然灾害以及经济发展水平等因素的影响，未来人类社会生存生活行为可能发生变化。例如，发达地区人口增长停滞、远程办公更普及、资源节约需求的不断增强以及越来越普及的共享理念可能导致未来客货运需求规模下降，这些因素将改变交通运输业的供需关系，并将使未来运输结构的变化充满变数。

第 3 篇

未来交通新技术

近代科技发展表明,新技术将以更快的方式改变社会、改变交通。未来交通运输领域的新技术可以分为载运工具技术、信息技术与能源技术三大类。

第 10 章

载运工具技术

本章以自动驾驶技术、高速列车技术、城市空中交通技术与智能船舶技术为例进行讨论。

10.1 自动驾驶技术

自动驾驶是指车辆以自动的方式持续地执行部分或全过程驾驶任务的行为。随着智能化技术的发展，汽车自动驾驶成为全球各国交通技术发展的重点。美国继 2017 年发布的《自动驾驶 2.0：安全愿景》及 2018 年发布的《自动驾驶 3.0：为未来交通系统做准备》后，2020 年发布了《自动驾驶 4.0：确保美国自动驾驶领先地位》。对美国汽车行业、各州和地方政府如何发展自动驾驶提供了政策指导。"自动驾驶 4.0"提出了自动驾驶技术的十项原则，并从政策、财政、监管等方面明确了各级政府间的合作机制，强调技术成果转化，规避自动驾驶对社会环境的不良影响。美国交通部 2021 年发布的《自动驾驶汽车总体规划》进一步明确了自动驾驶汽车行业的目标和策略。

日本以移动出行服务联盟 MONET（Mobility Network）为核心，通过自动驾驶生态聚集推动产业发展。国土交通省汽车局和经济产业省制造产业局牵头，举办了多次"自动驾驶商务研讨会"，推动自动驾驶技术研发及商业化发展。2021 年日本发布的《面向实现和普及自动驾驶的措施报告与方针》提出 2025 年后实现多种区域、多样化车辆的无人自动驾驶服务。

欧盟委员会（European Commission）于 2018 年发布的《通往自动化出行之路：欧盟未来出行战略》相对乐观地提出到 2030 年实现全自动化驾驶；并提出 2020 年欧盟所有新车都要接入互联网，且车辆与车辆之间、车辆与环境之间能直接通信。在地图方面，2020 年要实现基于伽利略卫星系统的全免费高清地图导航。

全球交通领域新技术中，自动驾驶技术已是不少国家中长期战略的重点。我国先后发布了《汽车产业中长期发展规划》《车联网（智能网联汽车）产业发展行动计划》《智能汽车创新发展战略》等一系列有关自动驾驶的发展规划。自动驾驶汽车能够通过标准的驾驶操作、精准的驾驶判断有效提升驾驶安全性，在一定程度上提高道路交通效率。

1）技术概念

我国的《汽车驾驶自动化分级》（GB/T 40429—2021）将自动驾驶分为以下6个等级。

0级驾驶自动化（应急辅助）：系统不能持续执行动态驾驶任务中的车辆横向或纵向运动控制，但具备持续执行动态驾驶任务中的部分目标和事件探测与响应的能力。

1级驾驶自动化（部分驾驶辅助）：系统在其设计运行条件下持续地执行动态驾驶任务中的车辆横向或纵向运动控制，且具备与所执行的车辆横向或纵向运动控制相适应的部分目标和事件探测与响应的能力。

2级驾驶自动化（组合驾驶辅助）：系统在其设计运行条件下持续地执行动态驾驶任务中的车辆横向和纵向运动控制，且具备与所执行的车辆横向和纵向运动控制相适应的部分目标和事件探测与响应的能力。

3级驾驶自动化（有条件自动驾驶）：系统在其设计运行条件下持续地执行全部动态驾驶任务。

4级驾驶自动化（高度自动驾驶）：系统可在其设计运行条件下持续地执行全部动态驾驶任务并自动执行最小风险策略。

5级驾驶自动化（完全自动驾驶）：系统能在任何可行驶条件下持续地执行全部动态驾驶任务并自动执行最小风险策略。

目前等级较低的安全驾驶辅助系统已实现了广泛应用。自动驾驶需在安全驾驶辅助系统的基础上，进一步实现无人为干预的自动化驾驶。自动驾驶与安全驾驶辅助系统的区别在于前者对驾驶环境识别和危险判断主由系统自动执行。我国驾驶自动化等级划分与美国自动驾驶标准委员会2018年修订的《标准道路机动车驾驶自动化系统分类与定义》（SAE J3016）（表1-1）基本一致。

此外，美国《自动驾驶汽车总体规划》根据车辆的应用场景定义了5种不同类型自动驾驶车辆的功能目标要求。

无人驾驶低速车（Occupant-less Low-speed Vehicles）：指应用自动驾驶技术的新型车辆，这些车辆用于杂货店或仓库，为客户提供送货服务。车辆配备L4、L5级自动驾驶系统，额定总质量小于3000 lb（约1.36t），最高速度在25mile/h以内，可在市区和郊区的低速公路运行。

有条件自动驾驶乘用车（Passenger Vehicle Conditional Driving Automation）：指在特定条件下具备执行完整的动态驾驶任务的能力，但驾驶员可在需要时收回控制权的车辆。这种车辆主要用于风险较低驾驶环境，如拥堵时的低速行驶，以及城市和高速公路场景，不限制最大速度，自动驾驶等级为L3级。

自动驾驶乘用车（Paasenger Vehicle Automated Driving Systems）：指完全由自动驾驶系统操作、没有手动驾驶控制的车辆；自动化等级要求至少达到L4级。这类车辆可作为按需移动专用车队的一部分，在天气和道路条件达标时，可在某区域内使用；车辆需通过通信网络将信息传送到远程平台。

自动驾驶卡车（Automated Trucking Operations）：指在特定区域内可长距离无人驾驶，在其他区域内由人工操作的车辆。这类车辆适用于某些点到点运营模式的企业，实现两地间货运的门到门无人驾驶。自动驾驶卡车等级需达到L4级以上；仅能用于部分有条件的高速公路。

低速客运摆渡车（Low-speed Passenger Shuttle）：低速客运摆渡车是自动驾驶技术的另一新兴车型。此类车辆适用于为政府人员、企业客户、学生或社区居民等特定人群提供出行服务（尤其是第一英里和最后一英里出行）。车辆需达到L4级自动驾驶系统，总质量小于3000 lb（约1.36t），速度限制在25mile/h之内。

2）技术对社会经济影响分析

自动驾驶汽车未来将取代人工驾驶汽车。相比人工驾驶，自动驾驶的精度更高、反应更灵敏且可以采用优化的操纵方法，使自动驾驶汽车具有缓解交通拥堵、提高长途配送效率、提高道路安全性及绿色节能等优点。此外，自动驾驶汽车能够结合共享交通和定制交通理念，间接降低公众购买汽车的欲望，减少汽车保有量。然而，自动驾驶由于其高度的智能化、信息化的特点，可能产生诸如隐私安全、成本高昂、伦理困境和破坏就业等一系列的社会问题。

（1）公众对自动驾驶接受度

全球不少文献针对不同国家地区的公众调研了其对自动驾驶的接受度，包括不同人群的接受度、不同应用场景接受度以及公众对自动驾驶技术的感知和关注点。

大多数研究得出了相似的结论，即公众对自动驾驶的关注点主要包括安全、控制模式、隐私和法律责任等。多数研究发现公众关注的第一要素是安全问题，资深驾驶员更关注汽车在意外情况下的应急反应能力、交通事故责任承担、个人隐私泄露、与人类驾驶员驾驶车辆的相互干扰等问题。在公共客货运输领域推广完全自动驾驶汽车可能会面临一定阻力，消费者更希望能保留转向盘、制动踏板及加速踏板等传统驾驶员操作装置，以便在特定情形下干预完全自动驾驶汽车的运行。针对隐私问题，发达国家公众对隐私安全的重视程度更高，倾向于选择拒绝数据共享的自动驾驶汽车。

伦理和法律责任也是影响自动驾驶公众接受度的关键要素。相关的伦理和法律问题还包括：自动驾驶系统的伦理决策准则、自动驾驶汽车事故责任判定、车辆保险责任范围等。

（2）自动驾驶成本

作为新产品，自动驾驶汽车的成本是其初期发展的关键因素。自动驾驶汽车的成本包含生产成本及运营成本两部分，其中生产成本主要受激光雷达、人工智能、车路协同等技术的影响，运营成本则受动力、操作方式、应用场景等的影响。

根据核心部件价格及L3和L4级自动驾驶汽车对核心部件的需求，安信证券给出了2018—2025年L3和L4级自动驾驶汽车硬件配置成本预测结果（表10-1）。

自动驾驶汽车硬件配置成本预测（单位：美元/车） 表 10-1

年份（年）	L3	L4
2018	4390	44700
2021	2794	15004
2025	1900	4440

资料来源：安信证券. 自动驾驶：百年汽车产业的"iPhone"时刻[R]. 2019。

自动驾驶技术可以实现私人小汽车的智慧化，提高道路运行效率。未来自动驾驶应用于出租车、网约车等共享和定制的道路交通领域，还将一定程度改变道路交通运营环境。

表 10-2 测算了自动驾驶技术用于出租车、载货汽车等场景导致的整体拥有成本（Total Cost of Ownership，TCO）的变化。

不同应用场景自动驾驶汽车的 TCO 对比 表 10-2

车型	出租车	载货汽车		
		7.5t	18t	38t
当前的 TCO（英镑/年）	36729	61888	79785	126925
自动驾驶改造的年化成本（英镑/年）	2280	2800	2417	2500
额外资本利息（英镑/年）	342	420	435	450
燃油节省（英镑/年）	−198	−696	−990	−2126
驾驶员薪资节省（英镑/年）	−13500	−16500	−17400	−19800
TCO 变化（英镑/年）	−11076	−13976	−15539	−18976
TCO 变化率（%）	−30.2	−22.6	−19.5	−15.0

资料来源：WADUD Z. Fully automated vehicles: A cost of ownership analysis to inform early adoption[J]. Transportation Research Part A: Policy and Practice, 2017, 101: 163-176。

从表 10-2 可以看出，商业化模式下自动驾驶汽车可以更显著地降低企业的 TCO，尤其是出租车。由于减少了驾驶员薪资成本，总 TCO 降低达 30.2%。相比个人用户，仅高收入群体能够实现 TCO 降低，且降低幅度仅为 6.4%。因此，自动驾驶技术初期应首先从商业化运营开始。

2021 年，Wadud 进一步对比了私人人工驾驶汽车、私人自动驾驶汽车、自动按需专用移动服务及自动按需共享移动服务的总拥有和使用成本（TCOU，Total Cost of Ownership and Use），考虑了汽车折旧、燃油、非生产性旅行时间、零部件更换等成本。他发现消费者可能仍然会遵循传统的私有制模式，难以完全过渡到接受自动驾驶按需服务，同时共享或定制出租车车队中拥有 1/3~3/5 成本最低的自动驾驶汽车。他还发现自动驾驶服务的推出将促使家庭放弃购买第二辆或第三辆车，且农村地区更愿意拥有私人的自动驾驶汽车，伦敦市区推行按需移动服务的成本最低。

Bauer 以美国曼哈顿区为例，基于出租车行程数据探索了共享自动驾驶电动汽车（SAEV）的成本。结果表明，SAEV 车队服务成本为 0.29~0.61 美元/mile，而曼哈顿区 2015 年出租车的平均成本为 5.42 美元/mile，SAEV 的成本优势显著。此外，电力的自动驾驶车队（SAEV）平均服务成本相较混合动力、内燃动力自动驾驶（ICEV）车队低 0.05～0.08 美元/mile。同时，SAEV 车队较 ICEV 车队能减少曼哈顿市区 73%的温室气体排放及 58%的能源消耗。

3）技术研发进展

各国自动驾驶汽车发展水平各不相同。美国、日本以及欧洲国家在自动驾驶可行性和安全性方面开展了大量实际测试，部分企业已进行产业化生产。我国尽管在自动驾驶领域起步较晚，总体上仍然处于研发试验的初级阶段。许多汽车企业、高校及科研机构近年合作研发自动驾驶汽车。目前特斯拉和谷歌 Waymo 的测试车辆达到了 L3 级，多数公司自动驾驶技术徘徊在 L2 级。

当前的 L4 级车辆不能完全适应所有驾驶场景，大多数企业只能在一两个场景中部署。技术上看，目前用于测试（或试运行）的 L4 级自动驾驶汽车主要提供单车智能解决方案。要实现更安全的自动驾驶须不断优化车辆的环境感知能力。如 Voyage 的 G2 自动驾驶汽车搭载 Velodyne 的 VLS-128 LiDAR 系统，探测范围可达 300m，是第一代自动驾驶汽车上安装的 64 通道 LiDAR 的 3 倍。谷歌 Waymo 下一代自动驾驶系统拥有 29 个摄像头，可实现 500m 范围检测。此外，通过集成高精度定位模块［由 5G 模块、IMU（惯性测量单元）和高清地图组成］可以实现高精度定位。

短期看，单车智能解决方案与强场终端解决方案都只能在密闭区域内实现 L4 级自动驾驶。长期看，协同整车基础设施系统（CVIS）是 L4 级自动驾驶的主流技术路线。通过时空动态交通信息的集成、车辆主动安全控制和路侧协同管理系统，才能确保自动驾驶汽车的安全运行。

20 世纪 70 年代开始，发达国家部分著名汽车企业以及 IT 行业的领先者投入大量的资源来研发自动驾驶汽车技术，且取得了实质性的突破。不过，不同企业对自动驾驶的观点也略有分歧，在选择的技术发展路线时存在一定差异。

（1）谷歌 Waymo

谷歌（Google）在人工智能方面的积淀为其研发自动驾驶汽车奠定了基础。GoogleX 实验室于 2007 年开始筹备自动驾驶汽车研究工作，2009 年利用丰田车身进行了自动驾驶测试。2016 年 Google 成立新公司 Waymo 开展自动驾驶技术与自动驾驶汽车的研发。与其他公司不同，谷歌致力于研发以计算机为"大脑"的全自动无人驾驶，试验车没有可供人工操作的转向盘。

2012 年内华达州机动车辆管理部门（DMV）为 Google 的自动驾驶汽车颁发了首例驾驶许可证，这也是美国首例自动驾驶汽车路测许可。2014 年 Google 公布了其自主设计的自动驾驶汽车；同年 12 月，Google 推出了首辆全功能自动驾驶汽车原型。2015 年 11 月，Google 研发的自动驾驶汽车已完成 209 万 km 的路测。

Google 的自动驾驶技术处于领先地位，但尚未实现自动驾驶汽车的商品化。由于智能化程度高，Waymo 自动驾驶汽车零配件成本较高，整台自动驾驶汽车的总成本达 35 万美元，这很大程度上限制了其商业化生产。

（2）特斯拉

特斯拉的宗旨是通过自动驾驶帮助司机提高驾驶体验，重点是辅助驾驶功能，没有采用对驾驶员全替代的路线。特斯拉的商用车集成了一些基本的自动驾驶功能，但仍然要求驾驶员随时接管车辆；其自动驾驶汽车已量产，其"低成本感知＋高性能计算"技术路线有效控制了整车成本。

（3）福特

福特于 2015 年成立自动驾驶汽车研究团队，2016 年向云计算公司 Pivotal Software 投资 1.82 亿美元，并与麻省理工学院共同开展机器学习以及自动驾驶系统的研究，目标是解决车辆碰撞及自主路线改进规划问题。在传感器方面，福特公司使用激光雷达、无人机技术等，并已获专利；计划量产无转向盘自动驾驶汽车，用于出租车领域。

（4）奔驰/宝马

奔驰公司于 2013 年宣布其研制的 S 级轿车完成了从德国曼海姆到普福尔茨海姆的自动驾驶测试；2015 年发布了自动驾驶概念级豪华轿车，并在旧金山通过路试。

宝马公司于 2006 年开始在赛道上测试自动驾驶汽车，2011 年其研发的自动驾驶汽车开展首次路试。2015 年，宝马联合奥迪、奔驰收购诺基亚地图业务 HERE。2016 年宝马、英特尔及 Mobileye 三方联合举行发布会，宣布协同开发自动驾驶电动车 iNext，计划于 2021 年推出自动驾驶汽车。

（5）丰田

丰田较早投入自动驾驶的研发，在成品车中已整合部分自动驾驶技术，如车道保持、自动巡航控制、驾驶员注意力检测、并道辅助、自动泊车系统等。不过，受日本交通法影响，丰田公司对自动驾驶技术应用比较慎重，侧重研发辅助驾驶的半自动驾驶技术。这些技术有利于降低驾驶员劳动强度。

（6）我国自动驾驶汽车发展

我国对自动驾驶的理论研究始于 20 世纪 80 年代，1992 年，国防科技大学研究了一辆自动驾驶汽车。2000 年 6 月，国防科技大学研制的第四代自动驾驶汽车，最高速度达 76km/h；2011 年红旗 HQ3 从长沙经高速公路自行开往武汉，行程 286km，平均速度 87km/h。

百度研究院于 2013 年开始研究百度自动驾驶汽车，其技术核心为"百度汽车大脑"，包括高精度地图、定位、感知、智能决策与控制 4 个模块。2015 年 12 月，百度宣布已实现城市、环路及高速道路混合路况下的全自动驾驶。2016 年，百度宣布其自动驾驶汽车获得加利福尼亚州政府颁发的全球第 15 张无人车上路测试牌照。

除百度外，国内还有一些企业参与自动驾驶汽车研发。京东集团 2016 年 9 月宣布其自主研发的中国首辆无人配送车已进入道路测试阶段。

4）自动驾驶技术小结

自动驾驶汽车研发涉及多方面的技术。

在环境感知方面：特斯拉融合了多种传感器，利用视频、图像分析，以视觉为主导；谷歌、百度等公司则以激光雷达为主导，辅以其他传感器。

在行驶决策方面：一是以芯片为主导；二是以算法为主导。

在车辆控制方面：一类是基于人工智能的直接控制，通过分析驾驶员大脑感知信息后作出判断和控制，实现自动驾驶；另一类是基于规划—跟踪的间接控制。

国内外自动驾驶技术对照分析见表 10-3。

国内外自动驾驶技术对照分析表 表 10-3

研究机构	已有成果	当前不足	发展趋势
谷歌	自动驾驶技术研发先驱，获内华达州合法车牌并上路	原型阶段（车-车交互不完善）	只需按下按钮，就能把用户送到目的地
福田戴姆勒	F015 Luxury in Motion 概念车设计完成	多源技术发展不成熟，需要更高技术支持	使自动驾驶汽车超越单纯交通工具，成为人类"第三生活空间"
特斯拉	新能源汽车，无人驾驶系统匹配车型发展良好	开发时间尚短，思维、技术出发点仍待思考	新能源汽车发展成熟，完美融合自动驾驶技术
百度研究院	启动"百度无人驾驶汽车"研发计划，在芜湖建设"全无人驾驶汽车运营区域"	起步较晚，系统构建需加强完善	将深度学习、人工智能融入自动驾驶系统中
中国第一汽车集团有限公司	红旗 HQ3 的成功上路，是中国无人驾驶技术发展的标志	自主研发，成本高，对车型有要求	加强与国外机构交流，普及通用型自主驾驶系统
长安汽车股份有限公司	已通过中国首次无人驾驶汽车的 2000km 长距离测试	需人工介入，复杂路况不够灵活	发展智能互联化自动驾驶汽车，助力中国自动驾驶技术发展

资料来源：班智飞，黄波. 无人驾驶：在腾飞的前夜[J]. 中关村，2018(1): 60-63。

根据彭博慈善基金会和阿斯彭研究所的联合统计，2018 年底，全球有 47 个地区开展了自动驾驶项目测试，其中以加利福尼亚州和北京最为引人注目。

加利福尼亚州作为全球第一个开放商业性自动驾驶路测的地区，吸引了众多主机厂、供应商及自动驾驶公司进行研发和路测。

加利福尼亚州车辆管理局（DMV）制定了自动驾驶相应的法规和监管措施，要求参与测试的公司每年提交测试车队规模、测试里程、脱离次数及其每次脱离情况说明，每年发布自动驾驶脱离报告（Autonomous Vehicle Disengagement Reports），见表 10-4。

2019 年加利福尼亚州自动驾驶脱离报告（MPI 排名前十） 表 10-4

被测公司	测试车辆（辆）	测试里程（万 mile）	脱离次数	MPI
百度	4	10.83	6	18050
Waymo	148	145.41	110	13219
Cruise	228	83.1	68	12221

续上表

被测公司	测试车辆（辆）	测试里程（万 mile）	脱离次数	MPI
AutoX	8	32.05	3	10684
小马智行	22	17.48	27	6475
Nuro	33	6.88	34	2022
Zoox	32	6.7	42	1595
滴滴	12	1.93	8	1534

注：MPI 为每两次人工干预之间行驶的平均里程数。

根据 DMV 发布的报告得知，截至 2020 年 2 月 26 日：①64 家企业持有 DMV 的有效许可证，Aurora、AutoX、Pony.ai、Waymo 和 Zoox 等 5 家企业持有 DMV 的可使用自动驾驶汽车运送乘客营运许可证。②36 家企业提交了 2018 年 12 月 1 日到 2019 年 11 月 30 日的路测数据。被测试车辆 MPI 均值为 508km，为上一年的 22 倍；MPI 排名前 10 的企业有 5 家来自我国，其中百度排名第一。

国内近年也加快了自动驾驶汽车的路测组织。北京市交通委员会等部门 2017 年 12 月发布了《北京市关于加快推进自动驾驶车辆道路测试有关工作的指导意见（试行）》和《北京市自动驾驶车辆道路测试管理实施细则（试行）》。根据北京智能车联产业创新中心 2022 年发布的《北京市自动驾驶车辆道路测试报告（2021 年）》得知：

（1）自动驾驶汽车道路测试无人化专项测试已进入第二阶段，载人测试进入第三阶段，开放自动驾驶道路累计里程 7.59 万 km；已为 43 辆车发放夜间测试许可。北京市自动驾驶测试管理工作组 2020 年向百度 Apollo 颁发了 5 张无人化路测（第一阶段）许可；这意味着"自动驾驶"进入"无人驾驶"新阶段。

（2）2021 年底，已有 16 家企业 170 辆车参与自动驾驶汽车技术测试，安全行驶里程累计超过 391 万 km；其中载人车辆 124 辆，载人测试里程累计达 251 万 km。

5）技术发展与应用中的障碍

虽然自动驾驶汽车近年得到了快速发展，在一定程度上已尝试商业化生产。然而，自动驾驶在技术、公众认知、生产成本及运行法规等方面仍面临不少问题和困难。

（1）技术难题

感知是自动驾驶汽车面临的主要问题，也是不可回避的技术关键。不同类型传感器各有优缺点：激光雷达对雨雾的穿透能力较差，易受黑色汽车反射率的干扰；毫米波雷达对动物体反射不敏感；超声波雷达感知距离受频率限制；摄像头雨雾天、黑夜环境下可靠性与灵敏度下降。因此，如何提高汽车的"视觉能力"也是一个难点。

自动驾驶汽车不仅要识别周边其他车辆，还要识别周围车道、行人、交通标志等行车环境要素，并实现厘米级甚至厘米以内的定位和导航。目前，国内自主研发的北斗导航系统在定位精度上仍有待提高。这是自动驾驶汽车需要解决的重要问题。

（2）公共认知难题

自动驾驶汽车不仅是一项新技术，也是一个新产品，对政府（管理）、市场及消费者都将带来一系列认知与理念的改变。据美国的调查，75%的驾驶者对自动驾驶汽车持谨慎观望态度，其中一部分甚至持怀疑态度。

安全性是关键问题。近年来，特斯拉、优步、福特等车企自动驾驶汽车出现的事故及其导致的伤亡事件受到广泛关注。同时，政府和市场对自动驾驶技术的认知程度也同样重要。美国已有20多个州允许自动驾驶汽车进行路测，这尽管令人鼓舞，但由于各州政府对自动驾驶汽车路测过程的实际监管过于宽松，导致事故发生概率过高，反而增加了公众的负面认知。因此，对自动驾驶汽车的全面认知仍需要更多时间的积累。

（3）生产成本难题

自动驾驶汽车的成本涉及三部分：一是整车及雷达、传感器等相关硬件设施的成本；二是相关应用软件以及云计算等支出；三是企业对自动驾驶汽车和相关软件的研发成本。例如，谷歌公司每辆自动驾驶汽车的总成本高达35万美元，这对消费者来说无疑过高。虽然部分车企可寻找相对便宜的传感器等器件来降低整体成本，如特斯拉使用摄像头和40倍计算能力的车载处理器虽可降低成本，但也降低了安全性。

随着自动驾驶技术研究的深入，未来自动驾驶汽车电子器件及其替代品的成本有望降低；另一方面，随着对自动驾驶汽车带来的安全性与舒适性改善的进一步认知，可望提高消费者的价格承受力。

（4）运行法规难题

自动驾驶汽车目前尚未大规模上路，与自动驾驶汽车关联的法律法规也不健全。显然，目前各国道路交通安全管理法规并不适应自动驾驶汽车的情景，尤其是有人驾驶汽车与无人驾驶汽车并存道路环境下的法律问题。

美国、日本等国家尽管支持自动驾驶汽车研发，但对自动驾驶汽车上路行驶有明确规定及严格限制。各国目前对自动驾驶汽车上路行驶时引发的交通事故及其法律责任认定存在着模糊地带，这里还涉及刑事、民事、保险责任认定及违章处罚等。这些法律法规问题在自动驾驶汽车入市前必须予以解决。

10.2 高速列车技术

速度是人类出行追求的永恒主题。未来城市间出行中，可能存在超级高铁与磁悬浮列车两类技术解决方案。

1）超级高铁

超级高铁（Hyperloop）是硅谷"钢铁侠"埃隆·马斯克2013年提出的以"真空管道运

输"为理论核心,在管道中创造出低真空环境中能实现超高速运行的交通运输体系。Hyperloop 运行的低真空环境管道内气压 100Pa,约为海平面气压的 1/1000,这可使管道内空气阻力减小至原来阻力的 1/1000。

Hyperloop 管道中始终残存着一定量的空气。当列车在狭窄管道中行驶时,空气只能在列车与管道内壁之间的空隙中流动。列车速度足够高时,周围空气流速会达到声速而发生阻塞效应。理论上讲,可将管道直径增大为列车直径数倍以避免阻塞效应,但成本上显然不可行。埃隆·马斯克提出在列车上安装高功率空气压缩机来解决上述问题。Hyperloop 列车悬浮不是通过磁场实现的,这不同于磁悬浮列车。马斯克认为,利用磁场实现悬浮的成本远高于气垫解决方案。Hyperloop 列车的最高速度可达 1223km/h(略低于声速 1236km/h)。不过,此速度下飞机的成本显然更低。

实际上,现代火箭之父罗伯特·戈达德 1904 年在埃隆·马斯克之前就提出过在波士顿至纽约之间建超级高铁,其速度可达约 1600km/h。超级高铁设计采用三个基本组件:管道、车厢和车站。管道是一个大型密封的低压长隧道。车厢是一种在大气压下加压的客车,在管道内运行时基本没有空气阻力或摩擦,使用空气动力或磁力推进,车站处理车厢到达和离开。超级高铁即车厢可在管道内高速运行。

美国参议院商业、科学和运输委员会将超级高铁运输技术作为数十亿美元的地面运输投资法案(2016—2021)的一部分进行研究,超级高铁项目有资格获得铁路基础设施和安全改进(CRISI)拨款。此外,该法案规定美国交通部的非传统和新兴交通技术委员会(NETT)将其作为推进安全、创新的交通技术。HyperloopTT(Hyperloop Transportation Technologies)是一家美国研究公司,使用团队协作和众包混合的众包协作方法在世界各地推行基于 Hyperloop 的运输概念。2018 年 HyperloopTT 与 NOACA(俄亥俄州东北部地区协调机构)、IDOT(伊利诺伊州交通局)签署首个州际超级高铁协议,2019 年美国交通部官员访问了法国图卢兹 HyperloopTT 欧洲超级高铁研发中心。2020 年美国交通部发布远期利率协议(FRA)以监督超级高铁系统的开发。

欧盟也意识到超级高铁的前景。2021 年荷兰 Hardt Hyperloop 公司获得欧盟委员会 1500 万欧元资助,这是欧盟首次直接资助开发超快速运输项目。荷兰于 2017 年组织了一个由 20 家企业组成的团队研究超级高铁的网络架构、车道开关等关键技术,基础设施与水利管理部和经济事务与气候政策部宣布了一个 3000 万欧元的研发支持计划。2020 年 10 月启动了一个三年期、450 万欧元的超级高铁开发项目(Hyperloop Development Program,HDP)研究计划,期望能证实这一技术的安全性与经济可行性。

美国、瑞士和中国等国都在探索真空管道运输系统相关技术。其中,美国 ET3 公司 1999 年申请了真空管道专利,并在全球寻求合伙人。Hyperloop 技术被多家公司看好。2017 年 8 月,在第三届中国(国际)商业航天高峰论坛上,中国航天科工集团有限公司宣布研究"高速飞行列车",拟将超音速飞行技术与轨道交通技术结合,利用超导磁悬浮技术和真空管道，研制新一代交通工具，实现列车超音速的"近地飞行"。

2）磁悬浮列车

高速运输的另一重要技术是磁悬浮技术。非接触式的磁悬浮列车拥有低噪声、无磨耗及高安全性等优势特征，又顺应当下绿色智能社会经济的发展需求，从而成为轨道交通的一个重要发展方向。

磁悬浮技术是指利用磁力使物体悬浮的一种机电一体化技术。该技术将电力、电子、电磁学、机械学、动力学、控制工程和信号处理等技术集成运用于磁悬浮列车，是当今唯一速度能达到500km/h左右的地面客运交通工具。

德国和日本在20世纪60年代启动研发并形成了不同技术路线的磁悬浮交通模式，美、中、韩等国也相继开展磁悬浮交通技术研究。中国目前已通过引进吸收消化再创新已开通多条商业运营线路。

德国的高速常导磁悬浮技术（Transrapid）是全球进入应用阶段的首个高速磁悬浮系统。磁悬浮车型（TR）从01发展到09，最高试验时速达到505km。由于技术、经济、政治等原因，德国国内磁悬浮线路规划多次搁浅，2011年后终止了研发。

日本在技术上选择了超导磁悬浮，20世纪70年代起，陆续研发了ML系列车型以及在ML基础上开发的L0车型。2015年L0试验车载人时速达到603km，创造地面交通工具最高试验速度。日本持续不断投入研发和试验，拟规划建设国内高速磁悬浮线路即中央新干线。

韩国于20世纪80年代末开始研发低速常导磁悬浮列车技术，先后推出两代磁悬浮列车，仁川国际机场磁浮线已投入运营，但韩国并未发展高速磁悬浮系统。

我国磁悬浮列车的工程研究起步较晚，21世纪初引进了德国的常导磁悬浮技术。在政府推动下，现已全面掌握中低速磁悬浮交通关键技术，2016年和2017年先后开通了长沙和北京各一条中低速磁悬浮运营线路；在高速磁悬浮方面，我国于2006年在上海建设了高速磁浮示范运营线，正在研制时速600km以上的高速磁悬浮运输工程化系统。

磁悬浮交通投入大、周期长、技术相对复杂，应用环境受技术、经济、政治等因素制约，还需考虑传统轮轨交通、飞机等交通模式的竞争，因而充满不确定性。目前看，我国和日本发展磁悬浮交通态度较明确：我国拥有地理和人口优势，市场应用前景广阔；日本的目标是出口，希望其超导磁悬浮技术能打入国际市场。

我国近年积极探索时速600km的超高速（磁悬浮）系统。2019年，中共中央、国务院印发的《交通强国建设纲要》中提出合理统筹安排时速600km级高速磁悬浮系统，《长江三角洲区域一体化发展规划纲要》提出要积极审慎开展沪杭等磁悬浮项目规划，2020年，交通运输部印发的《关于推动交通运输领域新型基础设施建设的指导意见》（交规划法〔2020〕75号）提出要发展智能高速动车组，开展时速600km级磁悬浮列车研制和试验。2021年交通运输部交通运输战略规划政策项目计划（新开）中有一项为高速磁悬浮。从政策导向看，我国重点研究主要在时速120~200km的中低速磁悬浮列车及时速600km高速磁悬浮列车。

地方政府对磁悬浮技术的积极性也十分高涨，如成都在《东部新城综合交通规划》提到预留了成渝时速 600～800km 超高速磁悬浮建设通道；广东省在《广东省国土空间规划（2021—2035 年）》提出京广深、沿海等战略通道预留规划建设高速磁悬浮条件。

磁悬浮列车主要包括三大系统：悬浮系统、驱动系统和导向系统。按照磁悬浮原理及方式，磁悬浮技术可分为常导电磁悬浮（Electromagnetic Suspension，EMS）、电动磁悬浮（Electrodynamic Suspension，EDS）、超导钉扎磁悬浮（Superconducting Pinning Levitation，SPL）三种形式，其中电动磁悬浮又分为永磁电动磁悬浮和低温超导电动磁悬浮，超导钉扎磁悬浮又称高温超导磁悬浮。

高速磁悬浮技术在长距离地面运输中有一定优势，真空管道超级高铁速度可望超过现有的航空运输。未来高速运输技术研发的核心除了系统本身的技术之外，如何降低成本、节能降耗，确保运输组织的高效性与应用的经济可行性也是重要内容。

10.3 城市空中交通技术

由于城市地区人口与社会经济活动的高度聚集，地面交通拥堵一直是各国城市面临的、难以解决的共同课题。2016 年美国优步公司发布了《2016 空中短距离通勤系统》白皮书，提出利用电动垂直起降飞行器（eVTOL），为乘客提供空中出租车服务。2018 年美国国家航空航天局与优步公司签署合作协议，探索城市空中交通（Urban Air Mobility，UAM）的相关概念和技术。美国国家航空航天局将 UAM 定义为一种安全和高效的城市空中交通系统，包括载人和载物场景。在其 2018 年发布的《城市空中交通市场调查》报告中，提出了 UAM 的三种应用场景。

最后一公里配送：将包裹（小于 5 lb）从当地配送中心派送至指定的接收容器中。包裹的派送是非计划的，其路径由网络规划所得。

空中巴士：类似于当前的公共交通方式，例如地铁和公共汽车，具有预先确定的路线、定期时刻表，并在每个城市的高流量区域设置站点。飞行器为自动驾驶，一次可容纳 2～5 名乘客，平均每次载客 3 人。

空中出租车：空中出租车是一种几乎无处不在（或门到门）的共享交通方式，允许消费者将垂直起降飞行器（VTOL）呼叫到他们想要的上车地点，并在指定的城市屋顶上指定下车地点。像今天的租车应用程序一样，飞行器的运营是非计划的和按需的。与空中巴士一样，飞行器是自动驾驶的，一次可容纳 2～5 名乘客。通过与波音公司、Joby Aviation 航空公司等公司合作研发飞行器，优步公司于 2019 年在纽约试飞了优步直升机（Uber Copter），以探索陆空联营，并计划于 2023 年将 Uber Air 系统投入公众的日常使用。

2017 年欧盟委员会支持的欧洲智慧城市和社区创新伙伴关系（European Innovation Partnership for Smart Cities and Communities，EIP-SCC）发布了城市空中交通倡议（Urban-Air-Mobility Initiative Cities Community，UIC2）。由欧盟委员会领导的正在进行的政

策工作包括欧盟的智能交通战略和城市交通框架（UMF）以及无人机战略2.0等。2018年德国汉堡加入这一倡议，成为首批实施民用无人机和其他UAM技术的官方示范区，汉堡将与工业界、大学、政府和公众密切合作，开展在市区部署空中交通系统的可行性研究。

欧盟航空安全局（EASA）提出要在2030年使3.4亿人能够体验城市空中交通，并创造90000个就业机会，使城市平均旅行时间平均节省15～40min，紧急、医疗事件的处理时间节省70%以上。为了UAM的推广研发及实际落地应用，欧盟航空安全局做了大量的工作。目前，在适航性方面，欧盟航空安全局已于2019年7月在全球率先发布了授权小型VTOL运行的特殊条件，2020年发布了在中等风险情况下操作的轻型无人机系统标准，2021年发布了特定类别的无人机系统（UAS）操作设计指南。在空域一体化方面，欧盟航空安全局准备了世界上第一个U-Space/UTM（无人驾驶管理）监管包，由欧盟委员会于2021年4月22日通过；该包将适用2023年初，并将实现UAS操作在城市环境中的安全。

此外，韩国在其《2030未来汽车产业发展战略》中提出将新能源汽车、自动驾驶汽车和飞行汽车作为韩国未来交通出行领域的重点布局，成为第一个将飞行汽车和城市空中交通列为国家产业发展战略的国家。中国亿航智能技术有限公司2020年发布了《未来交通：城市空中交通系统白皮书》，指出城市空中交通飞行汽车可应用于地面基础设施比较薄弱的乡郊和农村地区，且在旅游、医疗救护、消防灭火、应急救援及公共安全等特定场景也能发挥积极作用。

全球部分发达地区开展了UAM系统的研发实验和试运行，美国和欧洲预测未来UAM将拥有较大的市场。然而，目前UAM技术上使用的无人机和eVTOL均处于初级阶段，仍有较多的技术瓶颈，难以投入实际运营。从外部性上，UAM将会造成噪声和安全问题。同时，UAM的成本极高，供需难以匹配。因此探索UAM未来发展前景，可以为我国城市交通问题提供新的解决方案。

以美国为例，2020年美国联邦航空管理局（FAA）发布了"城市空中交通运营概念1.0"（Urban Air Mobility Concept of Operation v1.0，ConOps 1.0），指出UAM系统是先进空中交通系统（Advanced Air Mobility，AAM）的一个子集，UAM专注于从传统的空中交通运营管理过渡到城市环境内的未来客运或货运航空运输服务。飞行器技术是UAM系统建设的关键因素。新飞行器应具备垂直起降能力，且允许在不同地点（例如城市通勤）之间进行操作。飞机技术创新包括分布式电力推进（DEP）和eVTOL，这些技术使飞行器比传统飞行器能更频繁起停。

此外，报告给出了UAM管理的三个阶段，分别是初级阶段、ConOps1.0管理阶段、成熟阶段，如图10-1所示。

初级阶段：直升机运营受到现有规则、程序和航线的支持。随着新的运行需求的开始，可能需要引入额外的程序、各种协定书（LOA）、路线和其他程序变更，以在当前空中交通管理（ATM）系统监管框架内运行额外需求和提供运行位置。

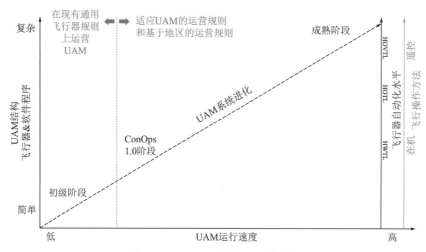

图 10-1 UAM 运营管理三个阶段

注：HWTL 指需要人员实时操作的飞机；HOTL 指需要人员实时监控的飞机；HOVTL 指飞机自动驾驶，人员无需监控和操作。

资料来源：FEDERAL AVIATION ADMINISTRATION. Urban Air Mobility Concept of Operation v1.0[R]. 2020。

ConOps1.0 阶段：一旦这些额外飞行器运行密度超过了 UAM 运行环境的当前限制，供需平衡将需要更为有效的管理。为了使这些运营飞行器能够满足运营商的业务目标，需要一种新的 UAM 飞行规则和程序。可能会是开发适应于 UAM 结构的程序、监管框架和基于区域的运行规则（Community Based Rules，CBRs），以适应增加的流量。UAM 特定结构，即 UAM 走廊，是具有特定尺寸的基于性能的空域结构。UAM 走廊将为空域用户所知，并有一套访问规则和操作管理规则。如果运营商的基础设施、飞行器和服务满足 UAM 走廊内的性能要求，运营商将能够在 UAM 走廊内运行飞行器。早期的 UAM 走廊数量可能很少或使用受限，但随着时间的推移，可能会引入新的 UAM 走廊。

成熟阶段：飞行器速度提升将对 UAM 运行环境和飞行技术提出新要求。为此，UAM 利用数据共享、供需平衡、UAM 结构和飞机自动化等技术进步成果推进 UAM 运营状态的成熟，将 UAM 驱动的管理规则转变与 CBRs 相结合。

欧洲航空安全局发布的《什么是城市空中交通？》中将 UAM 定义为一种新的安全、可靠和更可持续的城市环境中乘客和货物航空运输系统，由新技术支持并集成到多式联运系统中。运输技术包括电动飞机垂直起降、飞行器控制可遥控或飞行员在机操纵。它定义了城市空中交通系统的三个主要功能：运送乘客、应急和医疗运输、货物配送。

运送乘客：人员的商业化运输（例如市中心和机场之间的航班，或大都市区内的航班，或观光航班），计划的乘客人数 1~6 人，大多数制造商计划使用飞行员在机的飞行器开始运营。

应急和医疗运输：客运和货运飞机均可用于或改装用于应急任务；载客飞行器可用于将医疗急救人员运送到事故现场或将患者运送到医院；无人机可用于应急事件，例如评估紧急区域、直接消防、运送医疗和应急物资。

货物配送：商业或工业用途的货物运输（例如最后一英里交付、向枢纽交付、农村物资交付），不包括应急和医疗用品；送货可能发生在花园、车站、屋顶等；配送件的质量范围为 0.7~20kg；一些飞行器最初计划远程控制，而其他飞行器则计划全自主运行。

UAM 技术对未来社会经济的影响可以从两方面来分析。

从好的方面看，根据 2021 年欧洲航空安全局发布的《欧洲城市空中交通社会接受度调查研究》研究结果，2030 年 UAM 在欧洲的市场规模（包括研发、飞行器制造、运营和基础设施建设）约 42 亿欧元，占全球市场的近三分之一。2030 年可创造约 90000 个工作岗位，不包括飞行器及相关配套产品的制造岗位。以巴黎大都市区为例，估计至 2030 年用于客运和货运的 UAM 飞机在 3000~3500 架之间；其中，UAM 客机数量在 160~180 架之间，货机和派送无人机在 2840~3300 架之间。

UAM 使用电池电力推进系统，在城市环境下的排放几乎为零。大多数通过审查的 UAM 飞行器均采用这种推进类型，少数飞行器为混合动力推进系统。

乘客使用 UAM 的主要收益之一是节省时间。以巴黎为例，周四晚高峰时段从城市中心到机场的旅行速度，UAM 较小汽车可能快 2~4 倍。以柏林为例，周四晚高峰利用无人机运送设备或医疗物资的速度比救护车快约 73%。

如果 UAM 客运达到与欧盟航空业 2018 年相同的安全水平（每 10 亿乘客公里的死亡人数为 0.01），则每乘客公里的安全性大约较公路运输高 1500 倍。

从不好的方面看，欧洲航空安全局通过调研及专家论坛总结出 UAM 的七个主要风险。

（1）噪声：被认为是 UAM 的普遍风险，包括飞行器起降以及飞行中的噪声。

（2）安全性：在前文中提到的 UAM 风险中排名靠前，不安全的系统可能会对公众的接受度产生广泛影响。

（3）隐私：社会也可能关注隐私，因为 UAM 飞机可能会飞越或靠近居住地。

（4）视觉污染：一种潜在滋扰，可能阻碍公众对 UAM 的接受，也是其推广风险。

（5）失业：由于引入 UAM，一些工作岗位（如物流和出租车服务行业）可能不再存在，这可能会引起社会的不满。

（6）环境影响：使用电池的 UAM 飞行器的排放水平虽几乎为零，但电池与电力仍需要生产以及最终处置，这对环境产生影响。

（7）服务负担能力：UAM 的另一个风险是该服务的社会负担能力。如果这种服务过于昂贵，则只能提供给富裕的少数人，而外部费用（如噪声）却由全社会承担，这可能降低公众的接受度。

目前全球发达国家或地区有大量的初创公司或空客等大型飞行器制造公司从事 UAM 飞行器的设计研发、UAM 系统的构建，而这些国家或地区的航空管理机构则重点探索了 UAM 的运营管理规则、UAM 的公众可接受度。无论是 UAM 飞行器还是 UAM 的运营均处于初级阶段，产业化程度较低，大多飞行器未能大规模投入运营。

10.4 智能船舶技术

智能船舶概念是随着人工智能、移动互联网、云计算、大数据等技术的快速发展应运而生的，目前船舶智能化已成为船舶制造业的重要发展方向。

日本于1961年采用机舱集中控制和驾驶室遥控主机技术，推出了全球第一艘自动化船舶，即"金华山丸号"散货船；20世纪80年代着手研制船舶智能导航系统；2012年着手研发智能船舶应用平台（Smart Ship Application Platform，SSAP），利用船载、岸基信息系统实现船舶安全、绿色航行。

现代重工与韩国电子通信研究院于2011年联合推出智能型船1.0型4500标准箱集装箱船，其研发的"船舶综合管理有线/无线网通信技术"（Ship Area Network，SAN）已成为国际电工委员会（IEC）批准的国际标准（IEC 61162—450）。

韩国在21世纪初启动"智能船（Smart Ship x.0）"研究。运用移动互联网、物联网、大数据等信息通信技术（ICT）促进船-岸间信息互联与融合，提升船舶航运安全性、经济性与环保水平。

欧盟在2012年启动"基于智能网络的海上无人航行（MUNIN）"项目，运用自主航行和无人船舶技术，缓解人力不足及成本上升问题，降低人为失误事故概率。

美国国防部高级研究计划局（DARPA）于2016年宣布开展全球最大无人驾驶船舶（海猎人）号的研究、测试与试验。

我国在船舶智能化领域也出台了一些政策及技术层面的措施。工业和信息化部、交通运输部、国家国防科技工业局2018年12月联合发布了《智能船舶发展行动计划（2019—2021年）》（工信部联装〔2018〕288号）；2019年5月，交通运输部、中央网络安全和信息化委员会办公室、国家发展和改革委员会、教育部、科学技术部、工业和信息化部、财政部联合发布了《智能航运发展指导意见》（交海发〔2019〕66号）。技术与应用层面，造船、航运企业与科研院所、高校开展了一系列研究，"大智号""明远号"和"凯征号"分别成为中国船级社和外国船级社联合授予的首批智能船舶船级符号的散货船、超大型矿砂船和油船。科学工业部国家综合交通和智能交通重点科技研发计划启动了《基于船岸协同的船舶智能航行与控制关键技术》项目。

智能船舶已成为船舶行业发展的方向。不过，由于国内外智能船舶研发机构实际上还没有推出完整的智能船舶，因此智能船舶还没有形成统一的定义。表10-5给出了部分机构对智能船舶的定义。

主要研究机构对智能船舶定义　　　　表10-5

机构	时间	文件名	相关定义
挪威船级社	2014年6月	未来航运业	智能船舶是实时数据传输、大计算容量、数字建模、远程控制、传感器的应用等能力的集合体

续上表

机构	时间	文件名	相关定义
中国船级社	2015年12月	智能船舶规范	智能船舶系指利用传感器、通信、物联网、互联网等技术手段，自动感知和获取船舶自身、海洋环境、物流、港口等方面的信息和数据，并基于计算机技术、自动控制技术和大数据处理与分析技术，在船舶航行、管理、维护保养、货物运输等方面实现智能化运行的船舶，以使船舶更加安全、更加环保、更加经济和更加可靠
劳氏船级社	2016年7月	智能船舶入级指导文件	指导文件明确定义了船舶自动化的程度，从AL1～AL6，分为6个等级，从设计到营运，针对每个等级的特征进行了清晰准确的定义，也因此阐释了相关的投资机会和相应风险

资料来源：刘微，尚家发. 智能船舶发展现状及我国发展策略研究[J]. 舰船科学技术, 2017, 39(11): 189-193。

一般来说，智能船舶应具备四个基本特征：全船信息融合系统、自主评估与决策能力、船岸一体化技术、面向全生命周期服务设计技术。

（1）全船信息融合系统：利用传感器、物联网、互联网等技术建立综合网络平台与智能感知系统，实现船舶自身、海洋环境、物流、港口等全船信息的融合。

（2）自主评估与决策能力：以全船信息为对象，以大数据技术为手段，打造船舶自主分析、评估、预测及决策等功能模块；内容涵盖状态监测、辅助决策、自主控制、遥控、局部水域自主航行等，能实现自主航行，具有较高的智能化水平。

（3）船岸一体化技术：以船、岸数据通信技术为手段，通过搭建船岸一体化信息平台实现船岸信息交互，为船舶安全、高效、绿色航行提供支撑。

（4）面向全生命周期服务技术：通过船岸一体化平台，利用岸上资源对远程船舶进行监控、管理、控制与决策支持，为船东提供单船乃至整个船队的全生命周期服务。

智能船舶技术对未来社会与经济的影响可以从正反两方面来分析。从好的方面看，智能船舶技术的正面影响可以概括为以下六点。

（1）降低操作风险，提高航行安全性。

（2）提高能源效率，经济环保双赢。

（3）合理航线规划，提升运营效率。

（4）预防潜在风险，节约维修成本。

（5）增加应急能力，保障人财两全。

（6）实现无人航运，推动行业变革。

另一方面，智能船舶技术的推广也存在以下需要注意的问题。

（1）由于系统的极端复杂性，系统易受到攻击；在受到内、外部干扰时，系统维护及应急处置难度增加。

（2）建立适用所有可能情况的、足够可靠和灵活的系统管理算法是极其困难的。

（3）人类对这样一个高度自治的系统的控制完全消失。

（4）整个系统的能耗较大，船东不愿接受高风险创新，技术推广应用需要同时协调许多利益相关者的个人需求和利益。

10.5 小结

通过本章的分析，得出以下几点结论。

（1）新技术对载运工具发展的影响是最为直接和具体的。三次技术革命的历史演变表明：新技术首先带来载运工具的革命，改变运输供给，包括运输系统投资、建设与运营成本，促进运输规划方法的变化；并进而改变整个交通运输行业，包括运输需求的形成与市场时空分布等。

（2）从第四次技术革命的趋势看，新技术对交通运输业整体影响的形成可能较前三次技术革命更短到来；即新技术对载运工具等供给的改变可能伴随对需求、市场等要素的改变同时到来。这需要交通运输行业工作者有更长远的战略思考与预谋。

（3）我国拥有庞大的新技术应用市场，而供不应求的较低起点更为交通运输业未来发展提供了巨大潜力和支撑；这与发达国家运输系统供需基本匹配、服务水平基本接近满意的状态完全不同。充分利用这一优势有利于抓住新一轮技术变革给我国交通运输业发展带来的机遇，为交通强国建设目标的实现奠定坚实基础。

第 11 章 信息技术

过去的三次技术革命是围绕人类生存和发展的三个基本要素即物质、能量和信息开展的。蒸汽机革命和电气革命一定程度上改善了人类能量获取和物质生产效率问题，信息革命则解决了社会运行过程中的沟通与交流问题。现代互联网信息平台的出现提升了社会经济活动的信息沟通效能。

当前，全球正在加速进入科技革命跃迁、经济范式转换和生产要素重置的重要变革期。信息技术的进一步发展已不是在既有数字技术上的渐行发展，而是真正的颠覆性变革。信息技术对各行业的交叉融合特性和支撑赋能作用，彻底改变了现有感知、计算、组织、行为和交付方式。中国科学院 2009 年发布的《创新 2050：科学技术与中国的未来》中认为信息技术与纳米科技、生物技术共同构成了当今高新技术的三大支柱。美国 2020 年发布的《国防技术战略》指出：全球技术生态系统中最重要的趋势是信息革命。本章在识别关键信息技术的基础上，从技术内涵出发，分析技术对社会与经济运行格局的影响。通过分析，进一步探讨我国技术研发策略。

11.1 信息技术的概念

信息技术是多种技术的集群。根据世界各国对未来信息技术发展的规划，可识别信息类技术中影响交通运输业的主要技术。

2016 年，美国陆军发布的《Emerging Science and Technology Trends: 2016—2045-A Synthesis of Leading Forecasts Report》指出了 20 项最值得关注的科技发展趋势，其中，信息类技术占 8 项，见表 11-1。

美国 2016—2045 年新兴信息科技发展趋势　　　　表 11-1

序号	技术趋势	代表性技术	实际应用
1	机器人与自动化系统	机器学习、传感器与控制系统、人机交互	AlphaGo，机器人神经系统，微软聊天机器人（Tay）

续上表

序号	技术趋势	代表性技术	实际应用
2	数据分析	可视化、自动化、自然语言处理	深度学习超级计算机、犯罪预测、新加坡国际智能平台
3	网络安全	身份鉴定技术、自我进化型网络、下一代解密技术	美国网络司令部、Oceans 银行黑客、网络隐私与安全
4	物联网	微电子机械系统、无线通信、电源管理技术	海量数据分析、亚洲物联网联盟、医疗实时监测
5	智能手机与云端计算	高效无线网络、近场通信与低能耗网络、电池优化	数据流动性、移动端恶意软件、云端移动处理器
6	量子计算	量子纠错、量子编程、后量子密码学	量子叠加研究、IBM 云端量子计算服务、量子通信卫星
7	社交网络	区块链技术、应用社会科学、网络身份与名誉管理	区块链技术的商业应用、社交媒体与心理健康、互联网资源普及
8	先进数码设备	软件定义一切、自然用户界面、脑机接口	聊天机器人、脑波检测、软件定义网络

资料来源：OFFICE OF THE DEPUTY ASSISTANT SECRETARY OF THE ARMY (RESEARCH &TECHNOLOGY) .Emerging Science and Technology Trends: 2016-2045: A Synthesis of Leading Forecasts[R]. 2016.

该报告认为：未来30年，自动驾驶汽车和智能机器将改变大众运输和物流，自动化技术将提高人员出行和产品运输的效率。半自动或全自动商用飞机、公交车、出租车可为人们提供更安全的出行方式，同时减少拥堵和污染。

2019年，美国科技政策办公室（OSTP）发布《美国将主导未来产业》涵盖了人工智能（AI）、量子信息科学（QIS）、先进的通信（5G）、先进制造和生物技术等领域，报告认为上述技术将给教育和医疗带来革命性变化，并改变交通和通信方式。

美国于2020年发布的《国防技术战略》指出：全球技术生态系统中最重要的趋势是信息革命，信息技术在数据、网络和计算能力等多个方面呈指数级增长。在信息革命和数字化时代，应优先发展的关键军事领域包括：网络、电子战、传感器、数据、网络、云计算、人工智能、机器人、基因组学和合成生物学。

日本发布的《2020科学技术白皮书》预测了2040年未来社会发展方向。表11-2列出2040年日本预计实现的部分新技术。

2040年日本预计实现的部分新技术　　　　表11-2

预测技术	技术描述	科技实现日期（年）	社会实现日期（年）
在城市地区运送人的无人机	可以在市区载人的"飞行汽车/无人机"	2029	2033
无人机自动搬运到收货场所的系统	通过工作机器人在产品行业、服务行业、物流行业三大领域的广泛应用，实现无人工厂、无人商店、无人配送仓库、无人送货上门运输	2026	2029
农业机器人	从事劳动强度大、具有先进的培育和收割技术的农业机器人	2026	2029

续上表

预测技术	技术描述	科技实现日期（年）	社会实现日期（年）
通过测量和建模学习的AI系统	可以从非典型句子和对话中提取所需信息的自然语言处理技术，可以通过技能测量和建模获得工艺和经验的人工智能系统	2026	2029
不受地点限制的自动驾驶系统	5级自动驾驶（系统操作一切，无论位置如何）；能够自主航行的无人商船	2030、2027	2034、2031
基于量子信息通信技术的高安全性自动驾驶系统	随着量子信息与通信技术的发展，ICT系统的安全基础从基于现有密码技术的安全基础向基于量子技术等的新型安全框架转变	2031	2035
利用物联网普及精密农业	使用自动驾驶拖拉机的无人农业，使用物联网的精准农业的普及，以及基于通过它们获取的环境数据的环境控制系统	2026	2027
防止未经授权侵入计算机系统等的技术	防止未经授权侵入关键基础设施、汽车等控制系统及个人物联网设备和服务的技术（将实现未经授权通信的可能性降低到几乎可以忽略水平的技术）	2028	2029

资料来源：日本文部科学省.2020科学技术白皮书[R].2020.

日本在《第五期科学技术基本计划》提出实现"社会5.0"需要促进研发的核心技术为网络安全、物联网、大数据与人工智能（AI）。伴随AI、物联网（IoT）等领域的科技革新，日本2021年提出了《第六期科技创新基本计划》，该计划延续了第五期计划的理念，将建设"社会5.0"作为未来5年的发展目标，并补充了更加具体的部署。提出实现"社会5.0"目标的三大支柱：实现数字化社会变革、强化研究能力和培养人才；明确以数字技术推动产业"数字化转型"，加强5G、AI、超级计算机、量子技术等重点领域的研发。2022年，日本政府讨论了科学技术领域的发展战略。将"人工智能、量子技术、运用生物技术的产品制造、新一代医疗、清洁能源"五个尖端技术重点领域列入执行计划。

欧盟2018年发布的"Horizon Europe（2021—2027年）"是世界上最强大的研究和创新项目之一，聚焦全球挑战的六个群组，推动在卫生、气候、数字、能源和移动、民用安全、数字工业和空间等领域的知识创造和突破性创新。其中，信息类技术主要有：量子技术、人工智能和机器人、先进计算和计算机、下一代互联网。

我国在2050年信息科技发展路线图中指出：围绕网络信息技术研发与应用，从信息基础设施升级换代、信息器件、设备与软件的变革性突破、新信息科学与前沿交叉科学四个层次分两阶段推进信息科技的发展。

2035年前后，突破网络信息理论、网络算法理论、网络计算模型等瓶颈，建立可持续网络服务体系，突破低功耗芯片和系统设计、实用知识本体与知识网格等技术。实现超越传输控制协议/互联网络协议（TCP/IP）的未来网络和具有感知与认知能力的无线通信系统。突破纳米、量子等变革性器件与电路技术，实现泽级（10^{21}）超级计算；实现软件开发成本平均每两年降低50%。突破可信计算系统、情感理解等技术；构建人类基因组差异数据库。

2050年前后，建立普适的信息科学体系，使计算成为自然系统、人造系统、社会系统领域的基本思维方式；构建可持续的计算基础设施和应用服务体系；继计算与网络融合、计算与物理系统融合之后，在脑科学与认知科学领域取得重大突破；实现计算与智能的融合，形成整体性强、相对成熟的信息科学。

不难看出：信息技术是各国未来技术部署的重点，未来技术发展趋势是信息化、智能化、无人化。在各国提出的主要信息技术中，重点关注点是人工智能、大数据与云计算、量子技术三项技术。它们将推动信息技术走向更高水平，进一步推动未来交通的智能化发展。

11.2 人工智能技术

人工智能是机器智能和智能机器的交叉领域，涉及信息科学、心理学、认知科学、思维科学、系统科学和生物科学。近年来，人工智能在机器学习、模式识别、知识处理、博弈论、自动程序设计、专家系统、智能机器人等领域已取得不少实用性成果。

不过，不同学者对人工智能的理解不同，其发展仍存在很多争议，包括概念本身。例如，麻省理工学院伯特里克·温斯顿教授认为，人工智能是研究如何利用机器去做过去只有人类才能完成的智能性工作。斯坦福大学尼尔斯·尼尔森教授认为，人工智能是一门关于知识的科学，包括知识表示、知识获取及知识使用。谷歌技术总监雷·库兹韦尔认为人工智能是一种"创建能够完成需要人的智能才能完成的任务和工作的机器的技术"。国内多数人将人工智能视为计算机学科的一个分支，研究用计算机完成人类智能性行为；通过对人类大脑功能的模仿，研究用机器模拟人的思维过程，进而实现代替人类完成某些工作的目的。

经过几十年的探索，人工智能在很多领域实际上已超过人类。里程碑事件有1997年的深蓝战胜国际象棋世界冠军、2016年和2017年的AlphaGo击败围棋职业选手等。随着大数据、云计算、物联网等技术的发展，泛在感知数据和图形处理器等计量平台推动以深度神经网络为代表的人工智能出现在越来越多场景中，成为制造业、运输业、互联网行业、金融业甚至医疗、卫生、法律等行业发展的新动力。

人工智能技术给交通运输行业也带来了革命性变革。智能机器人、智能拣选车、无人机、自动驾驶汽车等智能硬件，极大地改变了现有仓储、运输、配送等物流作业的模式；而基于语音处理、大数据挖掘、深度学习、机器视觉的智能软件为物流业的信息识别、存储、管理、利用提供了更高效的途径，令"数据驱动物流"成为现实。

1）对社会与经济运行格局的影响

人工智能广泛应用于人类生产生活，越来越多地改变着传统的生产生活模式。伴随着人类对人工智能技术应用接受程度的加深，智慧物流和自动驾驶正逐步深入人类社会经济与交通发展过程；在提高运输效率的同时，也降低了运输成本。

（1）对劳动力结构的影响

人工智能作为能够识别和响应环境且实现智能化运行的机器人、算法或系统，在生产效率或成本等方面较人类有着更大的优势。例如，依靠机器视觉、进化计算等技术，智慧物流中可采用无人仓技术。在无人仓中可通过机器人，对仓内物流作业实现自感知、自学习、自决策、自执行等更高程度的自动化。机器人替代传统人工作业，可大大提高仓库运作效率，降低人工成本。

未来，重复性劳动工作可能最早被人工智能取代；而那些具有较强专业技术能力或者认知能力的工作，由于其特定技能存在不可确定性，短期内可能难以被人工智能技术取代，这一类劳动者的市场需求可能会有所增加。

（2）对生产效率的影响

技术是影响生产效率的重要因素，技术进步促进经济增长。智能设备通过机器学习和深度学习，可在短时间内掌握人类需要花费大量时间才能掌握的信息，从而实现效率的提高。例如，随着无人驾驶技术的成熟，未来在实时交通信息跟踪、配送路线优化、运行路径调整、物流配送时间预测，以及行进途中避让车辆、过减速带、绕开障碍物，到达配送停靠点向用户发送收货信息，用户通过人脸识别开箱取货等方面将更加快捷和高效。

（3）对产业结构发展的影响

智能产业的兴起和发展将不断吸引人力资本和金融资本等生产要素的涌入。新兴智能产业在整个产业体系中比重的上升，逐步推动产业结构中技术密集型和知识密集型产业比重的提高，进而推动产业转型升级。另一方面，第三次技术革命带来的产业升级改造为人工智能的广泛应用提供了条件。人工智能通过改变传统产业原有主导技术和生产方式来提升生产力水平和资源配置效率；并引发智能产业扩张、传统产业改造等一系列创新活动，从而实现向生产率更高的产业结构演进的目标。

（4）对经济增长的影响

人工智能促进社会经济增长的方式至少有以下三种。

①人工智能通过对劳动力的深度替代，改变了有效劳动数量与强度，促进人类生产力范围的扩展。随着人工智能算法的优化和硬件的更新，劳动替代的成本会不断下降，最终实现相关行业劳动生产率的提升。

②人机融合对劳动效率的提高促进了经济增长。机器学习、知识图谱等人工智能技术的不断发展，使人类信息收集、处理的效率不断提高，这种人机融合可大大拓展人类的生产能力，提高生产效率，从而促进经济增长。

③人工智能产业链本身可促进经济增长。人工智能在经济社会各领域的扩散形成了其自身完整的产业链，该产业链涵盖基础、技术和应用三个层面。"人工智能+"的新业态不仅可促进其垂直行业的发展壮大，其中间投入品市场份额的扩大和竞争力的增强，也可使其互补式的水平行业快速兴起，进而促进社会经济的增长。

（5）对运输效率和成本的影响

传统运输方式效率的提升需要花费大量时间和人力资源。自动驾驶技术下运输速度和效率的提高大约只需要人工模式的四分之一；换言之，在时间和成本不变的条件下，运输公司可运送更多货物。

例如，人工智能产品的应用可进一步推动物流业向"智慧物流"发展。智能物流系统可以串联工厂从采购、生产、仓储到发货等全部环节的智能识别设备、智能物流装备与信息控制系统，支撑生产效率、订单交付能力、库存周转水平的提高，这也是提升制造业竞争力的核心。

2）发展展望

人工智能理论与相关技术在语音、文本、视频的识别等感知领域取得了超过人类水准的突破，这将成为引领新一轮科技革命和产业变革的战略性技术。截至2020年底，全球已有39个国家和地区制定了人工智能战略政策、产业规划。总体上看，美国在人工智能领域的长期投资可维持其全球领先地位，其他部分经济体主要靠"独特优势"参与引领人工智能创新，而新兴经济体则尽可能从人工智能发展中获取红利。越来越多的场景已出现人工智能的身影，交通运输领域也不例外。

（1）人工智能技术

2017年，人工智能被写入我国政府工作报告。国务院发布的《关于新一代人工智能发展规划》提出的战略目标是：2025年，人工智能基础理论实现重大突破；部分技术与应用达到世界先进水平；人工智能成为带动产业升级和经济转型的主要动力，智能社会建设取得积极进展。2030年，人工智能理论、技术与应用整体达到世界领先水平，成为世界主要人工智能创新中心。

2017年3月，日本《人工智能技术战略》明确了推进研发人工智能技术的体制结构，提出聚焦工业生产、医疗护理、空间移动、信息安全四个领域；并提出了人工智能与相关技术融合的产业化发展路线图。产业化发展路线图将人工智能产业化过程分为三个阶段：第一阶段，推动数据驱动型人工智能在各领域的应用，包括在相关服务业的发展；第二阶段，2020年前后，推动人工智能和数据技术的跨领域应用，拓展包括服务业在内的新产业；第三阶段，2025—2030年，致力于打造融合发展生态，目标是将日本建成不断涌现超越现有概念服务和产品的社会、零浪费社会、健康长寿社会和可安全自由移动社会。

（2）智慧物流系统

为推动现代物流业向集约、高效、绿色、智能方向转型，不少国家提出了智慧物流长远规划，从政策角度扶持企业加快创新应用。

法国"物流2025"战略提出，完善本国及欧洲物流基础设施网络，利用数字化技术助力物流业发展。2021年提出加快绿色和智能物流发展，建设互联和低碳的高水平运输服务设施、"物流4.0"项目等；加快送货机器人、无人机等设施的研发与应用。

德国2019年推出"物流2030创新计划"，提出加强"面向未来且灵活可拓展"的数字物流基础设施、智慧物流系统以及数字供应链平台建设，促进物流智慧化、低碳化，为货运列车数字化和自动化转型提供支持。

我国 2016 年物流数据、物流云、物流技术服务市场价值已超过 2000 亿元，2025 年有望超过万亿。2017 年，京东物流联合中国物流与采购联合会发布的《中国智慧物流 2025 应用展望》提出了中国发展智慧物流的三大支柱：智慧化平台、数字化运营、智能化作业。伴随中国制造 2025 战略的实施，我国物流智能化作业系统的普及会更快。预计 2025 年物流机器人应用可望达到每万人 5 台左右，物流成本节约 20%～40%。

11.3 大数据与云计算技术

近年来，传统数据库软件已难以适应对数据的存储、管理和抓取要求，大数据与云计算技术应运而生。大数据技术不仅是技术需求层面的蜕变，更带来数据管理模式的变革。云计算技术及平台作为一种远程计算工具，其强大的综合能力可支撑大数据存储、管理和分析，与大数据技术一道成为信息时代不可或缺的工具。

一般来说，"大数据"指运用较传统数据库技术决策力更强、洞察发现力更高效和流程更优化的新处理模式，对海量、动态和多样化的数据进行存储、管理和分析的信息资产。麦肯锡全球研究所认为：大数据的四大特征是海量的数据规模、快速的数据流转、多样的数据类型和低的价值密度。关键技术包括大数据采集、大数据预处理、大数据存储及管理、大数据分析及挖掘、大数据展现和应用等。

"云计算"将计算活动从客户终端集中到可在更大范围内共享的"云端"，通过互联网提供给用户，计算过程通过分布式技术由多台计算机共同完成。狭义的云计算指互联网技术（IT）基础设施的交付和使用，可通过网络以按需、易扩展的方式获得资源。广义的云计算则指全部服务的交付和使用模式。云计算具有超大规模、高可扩展性、高可靠性、通用性、虚拟化、按需服务、廉价等特点；其核心技术涉及虚拟化、分布式数据存储、分布式并行编程模式、大规模数据管理、分布式资源管理、云计算平台管理以及信息安全、绿色节能等技术。

大数据与云计算像一枚硬币的正反面一样密不可分；基于大数据的云计算就是将数据作为处理对象，构建更高效的数据处理体系，体现了资源节约理念。

1）大数据与云计算技术在交通运输行业的应用

（1）智能交通系统

智能交通系统是将先进的数据通信、传感器、电子控制以及计算机等信息技术应用于交通运行过程，从而建立一种大范围、全方位、实时、准确、高效的运输管理与服务系统。智能交通系统一般包含交通信息服务系统、交通管理系统、公共交通系统、车辆控制系统、货运管理系统、电子收费系统、紧急救援系统。

以大数据与云计算技术在智能交通管理系统中的应用为例，智能交通管理需要统计分析道路上的车辆、行人、路面状况，通过算法支撑科学、有效的决策。

首先，云计算分析平台可整合智能系统中分散、异构的数据，加强信息资源交互，实现交通信息共享。大数据技术可解决整合后海量数据的存储时效性问题。

其次，以大数据为基础建立的智能化、自动化管理机制，可提升交通资源分配效率。例如，物流需求、私家车数量的提升使道路交通压力上涨、运行效率下降。大数据技术可实时监控交通运行，通过云计算制定优化调整方案，提升交通运行效率。

第三，大数据及云计算平台助力提升智能交通管理系统安全防护水平。通过对监控信息实时、高效处理，联合探测设备、交通传感器、通信传输网络等设备，显著缩短预警反应时间，对突发事件及时响应，提高应急救援能力，降低人身、财产损失。

（2）智能高速公路

智能高速公路通过交通信息的收集和传递，对车流进行引导、分流，改善高速公路运行环境，避免交通堵塞，提升用户安全水平。大数据、云计算、物联网等技术在高速公路规划、建设、收费以及营运管理等方面已有广泛应用。以收费系统为例说明大数据和云平台技术的应用场景：

一方面，要加快收费速度，提升收费口通行能力与效率。大数据技术具有比传统数据挖掘更快的信息处理速度。此外，大数据分析还可以实时监控过往车辆的状况，并结合动态和静态图像生成大量的数据信息。

另一方面，要保证收费准确、安全。云计算模式下收费数据传输具有备用网络链路，可保障全国联网数据传输的可靠性与计算的准确性。云计算可以保护系统数据和系统安全，将外侵程序反馈到云端服务器进行咨询判断,恶意程序交给病毒处理机构，避免病毒扩散和系统损失。

（3）第一代货物运输

新一代货物运输也离不开大数据和云计算的服务支撑。

首先，云计算与大数据可以实现路径监控、资源的合理分配等功能，有利于实现车辆调度、优化路线、信息查询等相关计算。

其次，供需双方都需要实现利益最大化，需要选择合适的对方进行合作，并分析对手动向，做出合理的决策。云计算与大数据可以为竞争环境下货物运输需求与供给方决策提供数据分析和高性能计算服务。

第三，大数据技术通过数据采集可以对客户习惯与偏好进行归类，从而通过云计算为用户提供专业且个性化的服务，提升系统效能。

随着社会经济和科学技术的快速发展，城市化水平不断提升，未来云计算、大数据等新一代信息技术与交通行业将会进行更深度的融合。

（4）大数据技术对交通系统发展的影响

交通系统依赖大数据技术获取到的实时路况信息、天气信息，对交通信息进行整合，优化交通系统运行与发展，避免发生交通拥堵，节约运输资源。

首先，大数据技术可以更准确地分析和预测目标区域的道路状况、有效引导车辆躲避堵塞路段、解决高峰时的堵车问题。例如，运用了大数据技术的高德地图导航软件可识别、标注当前时段拥堵道路，通过计算引导车辆选择其他路线，避免可能的持续拥堵，提升道路服务水平。

其次，大数据技术可为道路规划提供支撑。大数据平台统计了城市各区域人与车辆的经行信息，通过各类指标的分析计算为城市道路规划、改造方案的优化提供支持，推进城市交通网络规划的科学化，提升城镇基础设施的综合利用效率。

第三，大数据技术可即时检测交通运行行为。大数据技术能有效监控城市道路网络中车辆超速、违停、闯红灯等违章违法行为。同时，大数据图像分析技术还可识别以前有过超速、违规停车、闯红灯等违法行为的车辆与驾驶员信息，并以适当形式给出警示，辅助驾驶员规范行驶行为。

最后，大数据技术可精确定位车辆。乘出租车已成为一种常见的出行方式，大数据技术能实时、动态记录出租车轨迹，监督驾驶员按规划路线行驶，保障乘客出行安全及经济利益。

（5）云计算技术对出行服务系统的影响

云计算在 IT 资源调度、信息部署以及扩展性方面的优势已成为改善出行服务的重要技术手段。针对交通行业的需求，云计算平台可为基础设施建设、交通信息发布、交通指挥等提供决策支持及交通仿真评估，满足突发需求。

首先，云计算技术可提供路径规划与优化服务。云计算平台以道路运行实测数据为基础，对影响交通运行的各类因素进行分析、处理和预测后，再通过车载终端、地理信息系统（GIS）电子地图等各类终端发布帮助信息，为道路使用者提供路径优化与引导服务，提高车辆的通行效率，改善行车安全。

其次，云计算技术可提供交通流预测与出行引导。云计算技术基于对道路交通流数据的实时采集、分析和快速处理，从整体上对网络交通运行行为进行实时动态建模和计算，寻求不同类型的优化方案与引导建议，指导不同类型的用户正确合理出行。

第三，云计算技术可实现交通事故预警。突发事件难以避免，也严重影响交通的安全性和可靠性。大数据与云计算平台通过物联网技术快速采集和分析交通突发事件与全网络交通流量信息，及时发出预警信息，有效和安全地疏散交通流，维系交通系统正常运行。

2）研发现状与展望

发达国家高度重视云计算和大数据发展及其带来的全球信息优势重构机遇。从全球看，云计算发展已度过初级阶段向产品细分阶段发展；而大数据应用处于发展初期。从应用角度看，交通系统智能化应用较先进的国家或地区主要有日本、美国和欧洲等。我国大数据应用刚刚起步，但不少技术已在交通系统中得到了广泛应用。

（1）技术研发现状

美国是全球云计算软件领域发展最迅速的国家。从 1988 年应用服务提供商（ASP）模式的诞生开始，目前 Salesforce、Workday 等云计算软件厂商已进入全球市场。云计算良好的应用生态促进了美国开源软件和商业服务的发展，形成了以谷歌/开源 Hadoop 等为代表的分布式计算产品，和以亚马逊/开源 OpenStack、Eucalyptus 等为代表的虚拟化类产品良性循环的应用生态。国际产业联盟通过开放源码、开放应用编程接口（API）标准等方式，有效控制和促进了云计算应用生态的发展。容器技术在补充传统虚拟化技术的同时，通过便捷的应用组装及部署能力已成为创建、发布和推广分布式应用、实现业务逻辑和物理资源解耦的实际标准与云计算应用生态的新兴增长点。

2014 年末，国家发展和改革委员会联合有关部门制定了大数据战略及未来行动纲要。2015 年国务院先后发布了《关于促进云计算创新发展 培育信息产业新业态的意见》（国发〔2015〕5 号）和《促进大数据发展行动纲要》（国发〔2015〕50 号）。科学技术部"十二五"启动了类人智能系统、内存计算等基础研究以及产业技术探索项目，"十三五"又开启了一批大数据及云计算相关项目，推动了云计算关键技术及关键基础软件的自主化，指定应用的云操作系统、超级计算以及中文信息处理等部分技术已达到国际先进甚至领先水平；并行编程框架及模型、软件研发方式与环境、数据管控与分析等领域达到紧随国际前沿的水平。不过，在分析方式及算法方面仍落后国际前沿。

日本 20 世纪 70 年代开始研发智能交通系统，1993 年提出交通管理系统（Universal Traffic Management System，UTMS）研发计划，其目标是主动管理，即指挥管理中心主动将实时交通流信息传递给驾驶者实现交通诱导。UTMS 的核心技术是利用红外检测、无线通信、高清图像处理等技术，实现车辆与控制中心间双向交互式通信。

我国在智能交通系统（ITS）领域的研发起步于 20 世纪 80 年代。北京、上海、沈阳等城市陆续从国外引进了城市道路交通控制与监控系统，并加大了自主研发步伐。北京、上海、广州等大城市已经建立了不少智能化交通系统，北京逐步建立了道路交通控制、公共交通指挥与调度、高速公路管理和紧急事件管理四大系统，2004 年开始搭建以"一个中心、三个平台、八大系统"为核心的交通管理体系，利用涵盖出租车、公交车和社会型志愿者车辆的浮动车采集交通数据，并用于交通控制、交通组织。广州建立了交通信息共用主平台、物流信息平台和静态交通管理系统三大系统等。深圳市于 2000 年着手建立"一个中心，八大系统"的智能交通管理体系，已实现实时视频交通监视与控制。

（2）技术发展展望

智能交通系统的发展离不开大数据与云计算技术，下面从大数据与云计算技术和智能交通系统两个角度进行发展展望。

从大数据与云计算技术角度看，我国近年来十分重视该领域的发展。2021 年，工业和信息化部发布的《"十四五"大数据产业发展规划》（工信部规〔2021〕179 号）提出：到 2025 年，大数据产业测算规模突破 3 万亿元，年均复合增长率保持在 25%左右，将基本形成创新力强、附加值高、自主可控的大数据产业体系。同时，初步建立数据要素价值评估体系，促进数据有序流动，资源配置高效公平，培育一批较高水平的交易平台。关键核心技术取得突破，存储、计算、传输等基础设施达到国际先进水平。不断提升社会对大数据认知水平，促进产业生态良性发展，形成具有国际影响力的数字产业集群。

阿里巴巴达摩院是阿里巴巴集团在全球多点设立的科研机构，立足基础科学、颠覆性技术和应用技术的研究。达摩院 2021 年访谈近 100 位科学家，分析了 159 个领域的 770 万篇公开论文、8.5 万份专利，挖掘技术热点及重点科技，认为云计算的未来是"云、网、端融合的新计算体系"。新计算体系架构下，云、网、端将各有分工。负责计算与数据处理的"云"将会具备更好的计算效率、体系化的数据处理以及高精高效高覆盖的人工智能。作为连接的"网"的低延时、广覆盖将让整个云网端形成更有机的整体。作为交互界面的"端"的形态将更加多元，覆盖各类场景的交互需求。云、网、端的融合与协同将在各行业催生更多的新型应用，形成更大的产业链体系。

从智能交通系统角度看，圣地亚哥于 2011 年发布的《智能交通系统战略计划》提出了有效利用技术支持智能交通运营和管理目标的十年愿景，并明确了该地区可实施的关键战略，以解决区域运营计划中固有的关键技术和体制需求。该计划中一项利用 Web（云计算）、无线通信和停车传感器开发新的停车信息和管理系统，使用传感器、新型仪表和实时停车数据，使停车更容易找到，减少寻找停车位的时间和燃料浪费。

2020 年 3 月，美国发布的《智能交通系统战略规划 2020—2025》明确了"加速应用 ITS，转变社会运行方式"的愿景，以及"领导智能交通系统的合作和创新研究、开发和实施，以提供人员通勤和货物运输的安全性和流动性"的使命。ITS 战略框架包括识别评估技术、协调和领导 ITS 研发工作、展示价值、支持部署、贯彻 ITS 技术五大方面。未来市民和社区可享受安全、无缝的交通服务，无线互联生态系统可满足用户对数据的按需、实时需求。在实施组织方面，ITS 具体涉及全生命周期六大领域，包括新兴和使能技术、网络安全、数据访问和交换、自动驾驶、完整出行（ITS4US）、ITS 部署等。美国交通部等部门采用一套针对性的战略引导与其他私营和公共单位间的合作，共同研发与推广应用 ITS 技术。

2021 年，我国交通运输部发布的《数字交通"十四五"发展规划》（交规划发〔2021〕102 号）提出加快交通新基建步伐，通过推动交通基础设施的数字转型、智能升级，提升交通运输服务的运行效率和安全保障能力。例如，在智慧邮政领域，建设大数据中心等信息基础设施，支撑自动分拣、无人仓储、无人车和无人机配送、智能快件箱、智能信包箱等业务；鼓励在有条件地区试点，打造邮政业数字经济示范区。

11.4 量子技术

量子（Quantum）是不可再分割的最小能量单位；分子、原子、电子是不同形式的量子。宏观上，物体某一时刻有确定的状态和位置；微观上，量子可同时处于多种状态和多个位置的"叠加"。

量子信息科学是以量子力学为基础，对量子系统"状态"所对应的不同物理信息进行编码、计算和传输的全新信息技术，包括量子通信、量子计算、量子测量。量子技术由于其重大科学意义和应用前景已受到广泛关注。

量子力学的创立和发展引发了20世纪第一次量子科技革命浪潮，其内涵涉及微观物理现象和规律、调控和观测宏观物理量的认知与量化。第一次量子科技革命成果包括以半导体、计算机和光通信等为代表的信息通信技术领域的进展，为信息获取、存储、处理和传输介质提供了新的技术与解决方案，形成了现代信息社会物理层的使能技术。

21世纪以来，第二次量子科技革命浪潮以量子叠加、纠缠和隧穿等独特微观物理现象为特征；而以量子测量、量子计算和量子通信为代表的量子信息技术领域的推进可望突破计算处理能力、信息安全保障和测量精度极限等方面的瓶颈，成为推动信息通信技术演进和数字经济产业发展的新动能。

量子测量利用微观粒子系统调控和观测实现物理量测量，在测量精度、灵敏度和稳定性等方面较传统技术有数量级提升；未来在航空航天、防务装备、地质勘测、基础科研和生物医疗等领域应用前景广阔。

量子计算是一种利用量子力学规律调控量子信息单元开展计算的新型计算技术，即利用量子叠加和纠缠等特性，以微观粒子的量子比特为基本单元，通过量子态的受控演化实现计算处理。

与传统计算机相比，量子计算机的计算能力呈指数级增长，形成"量子优越性"。传统计算机的基础原理是二极管和逻辑门，对二进制数字或字节组成的信息进行存储和处理。量子态叠加原理使得每个量子比特可同时处于比特0和比特1的状态，通过两种状态的叠加实现并行存储和计算。操纵1个量子比特的量子计算机可以同时操纵2个状态，当量子计算机同时操控n个量子比特时，实际上能同时操控2^n个状态。

量子计算机擅长优化。理论上，对于一个复杂的优化问题，普通计算机需要花费数年才能解决，但量子计算机可在几分钟内完成处理。鉴于国际运输路线和协调供应链所涉及的极端复杂性和变数，量子计算可帮助解决艰巨的物流挑战。例如，敦豪航空货运公司（DHL）拟利用量子计算机计算全球运送路线，包括部分订单取消后编制新配送计划，提高服务速度。在公共交通领域，量子计算能够对复杂的交通状况进行迅速分析预判，并调度综合交通系统资源改善交通行为，最大限度避免道路拥堵。已有汽车制造商和量子计算公司D-Wave开始调查量子运算为汽车产业带来的好处，包括路线优化、燃料电池和材料耐用性等。

量子通信利用量子的叠加态和纠缠效应进行信息加密传输。传统通信通过光纤和无线电方式传输，由于密钥固定很容易被获取和破解。量子通信采用两条通信线路：第一条用传统信息介质传输密文；第二条用于传递纠缠光子，也就是量子密钥。这种密钥是一次性的，仅对于当前传输的密文有效。由于纠缠光子的特性，量子状态无法复制，因此量子通信理论上是无法被破解的。智能交通或物联网都具有终端、网络、平台和应用层，车辆身份认证、敏感信息传输都需要密钥保护。量子通信技术对数据进行密钥分发可确保数据传输的安全。

1）量子技术对交通运输的影响

从交通需求角度看，未来全球商品贸易模式将更趋分散化与多样化。为满足这些需求，需不断创新运输组织模式，提供高效、灵活、安全的客货运输服务。以量子技术为核心的技术集群可促进交通的数字化、智能化、自动化。具体体现在以下几个方面。

（1）交通需求更倾向快速化、灵活化

20世纪90年代以来，以全球生产为基础的世界贸易呈现新特征，"中间产品"和"产业内贸易"大幅提升，中间产品贸易提升了运量，催生了以集装箱为代表的大容量运输方式的发展。量子技术的兴起，将进一步优化产品制造过程，提高产品生产效率。数字经济的快速扩张又将激发人们的个性化需求，形成从大批量发货到小规模、高频次小包裹的转变，伴随而来的物流活动需要更快捷、灵活的运输服务。

（2）信息传输保密性增强，交通运营更安全

传统数据通信中，每个光脉冲有数以千万计的光子，窃听者窃取部分信息后，不会影响数据通信，用户毫无感知。而量子通信系统被窃听时，光量子检测数会明显减少，系统会发出警告，以便管理人员及时应对。此外，使用量子加密后，即便物理网络被攻破，量子密钥也不会被破解，破坏者无法窃取信息内容。

城市轨道交通是城市大型公共基础设施，信息化程度高，需要对信息进行安全加固以控制风险。列车指挥系统一旦被"黑客"侵入并输入错误指令，可能出现重大危险。量子密钥"一次一密"技术和量子工业防火墙可确保各种调度指令、设备控制指令的真实性、机密性和完整性，防止各类破坏，保证系统绝对安全。

我国武汉地铁16号线已安装量子保密通信系统，保障地铁信号传输安全，据悉这是量子保密通信技术首次用于城市轨道交通领域。

（3）改善城市交通管理，减少道路拥堵

大城市交通拥堵已成为一个世界性难题。解决问题的关键在于考虑驾驶员的不同需求，对线路使用给出优化建议，使道路交通流分布更加合理，从而避免拥堵，节省运输时间。这个复杂问题的求解需要大量计算资源。基于量子的计算机技术能在特定硬件上运行强大算法，具备大数据处理能力，可更快解决优化交通等高度复杂的任务。通过为用户提供个性化路线，实现时间优化、运营成本降低以及能源节约三方面目标。

2019年大众汽车（Volkswagen）和公共交通供应商Carris合作在葡萄牙里斯本启动了一个交通优化试点项目。该项目使用量子计算机，26个站点的9辆巴士的最佳路线策略可以同时以接近实时的速度算出，帮助通勤者避开交通拥堵路段。

（4）优化物流配送效率，有效降低物流成本

"旅行商问题"是一个算法问题，用于计算一组点之间的最有效路径。点越多，可能的唯一路径的候选方案就越多，几十个节点的可能路径可达到数十亿条。尝试所有可能方案

是一种选择，但它也是最耗时和最费钱的方法。量子计算机的速度比传统计算机更快，最适合用于这类最佳路线的优选。

量子计算机在物流领域的应用也具有巨大潜力，因为"最后一公里"交付需要优化路线，以便在尽可能短的时间内将一系列包裹交付到不同地址。DHL 最新发布的《物流趋势雷达》指出，未来 5~10 年物流行业的一个关键变革是量子计算的应用。例如，考虑速度与成本目标的线路动态优化是困扰运输界的一个问题，量子技术可使物流供应商实时、动态优化供应链流程，这是传统计算机无法做到的。

2018 年 1 月，丰田集团零部件巨头电装和丰田通商在泰国启动应用量子计算机缓解交通堵塞的实证试验。同年 11 月，大众集团研发了一种应用量子计算机的交通管理系统，可精确推算道路交通流量和出行时间。2022 年 2 月，Quantum-South 发布的基于量子计算的航空货运优化应用程序可提高物流效率，帮助公司提高收入并降低成本，并已在不同量子计算供应商平台上进行了测试。

2）发展展望

量子技术可望成为未来重大技术创新的"动力源"和"助推器"。美国、欧盟、英国、日本等国家和地区高度重视量子科技发展，通过成立研究机构、资助量子科技研究加大对量子科技研发布局；重点依然是量子计算、量子通信和量子测量等核心技术。

美国国家科学与技术委员会（NSTC）于 2016 年发布的《推进量子信息科学发展：美国的挑战与机遇》分析了量子信息科技面临的形势与挑战，提出了政府相关机构在量子信息科技发展领域的投资与部署重点。众议院科学委员会在 2018 年正式通过《国家量子倡议法案》（National Quantum Initiative Act），细化了相关实施方案。此外，白宫科技政策办公室成立了量子信息科学委员会，负责协调全美量子技术研究工作。美国在 2020 年《美国量子网络战略构想》中提出了两个目标：未来 5 年，攻克实现量子网络的基础科学和关键技术问题，包括量子互连、量子中继器、量子存储器、高通量量子信道，以及洲际天基纠缠分布等技术；未来 20 年，利用网络化量子设备打造量子互联网链路，实现传统技术无法实现的新功能。

欧洲在 20 世纪 90 年代就意识到量子信息处理和通信技术的潜力。2008 年，欧盟发布的《量子信息处理与通信战略报告》提出了量子通信的分阶段发展目标。同年 9 月，欧盟发布了关于量子密码的商业白皮书，启动量子通信技术标准化研究。2016 年 3 月，欧盟发布的《量子宣言（草案）》全面部署了量子计算、量子通信等技术的研发规划。

英国在量子科技发展规划方面走在欧洲前列，2015 年发布的《国家量子技术战略》和《英国量子技术路线图》明确了各类量子技术可能实现商业化的时间节点。

短期（0~5 年）：重点领域包括量子系统组件、量子钟、非医学成像（电磁、重力影像仪，单光子成像）、量子安全通信（点对点安全通信）等。

中期（5~10 年）：重点领域包括医学成像、导航（高精度惯性导航）、第二代组件（固态、小型化、自给式量子器件,例如加速度计)等。

长期(10年以上):重点领域包括量子安全通信(复杂网络通信)、消费品中的量子技术、量子计算等。

澳大利亚联邦科学与工业研究组织(CSIRO)于2020年发布的《量子技术路线图》提出"2040量子技术愿景"是:继续保持在量子技术研发方面的全球竞争优势,创造出可持续发展的量子技术产业,并实现商业化应用。《量子技术路线图》提出的长期目标是:2040年通过发展量子技术产业创造40亿澳元收入和1.6万个就业岗位。

日本于2016年在《第五期科学技术基本计划》中将"光/量子技术"定位为可创造核心价值的基础技术之一。2017年文部省基础前沿研究会下属的量子科技委员会《关于量子科学技术的最新推动方向》的中期报告提出了该领域的重点方向。2019年,富士通公司提出采用基于量子理论的计算机"Digital Annealer"开发可优化100万辆规模交通流量的技术。《2020科学技术白皮书》中提出,计划2031年在技术上实现"基于量子信息通信技术的高安全性自动驾驶系统",2035年普及该技术;该报告认为"随着量子信息与通信技术的发展,信息通信技术的安全基础从现有密码技术向基于量子技术等的新型安全框架转变"。

不难看出,各国关注的重点有所不同。美国集中在生物医学、导航的超精密量子传感器以及量子计算机三个方向。欧盟聚焦在量子通信、量子模拟器、量子传感器和量子计算机四个领域。英国提出了原子钟、量子成像、量子传感和测量、量子计算和模拟及量子通信五大量子应用领域。日本计划2040年建成极限容量、无条件安全的广域光纤与自由空间量子通信网络。韩国着力推进量子技术研发及商业化,重点推进量子密钥有线通信技术的成熟度,攻克量子计算机核心技术。

我国于2006年发布的《国家中长期科学和技术发展规划纲要(2006—2020年)》提出"重点研究量子通信载体、调控原理及方法,量子计算,电荷-自旋-相位-轨道等关联规律及新的量子调控方法"。国务院于2016年发布的《国家创新驱动发展战略纲要》提出促进"量子信息技术"发展的战略。习近平总书记2020年提出"要充分认识推动量子科技发展的重要性和紧迫性,加强量子科技发展战略谋划和系统布局,把握大趋势,下好先手棋[①]"。到2022年,中央和省级资金投入已超过150亿美元。我国目前已部署量子密钥分发(QKD)网络,中国科学技术大学已成为世界上主要的量子研究中心,在先进空间量子通信技术方面保持领先地位。

11.5 小结

不难看出,各国对未来技术变革的核心技术十分重视,将核心技术视为把握下一次技

---

① 《习近平在中央政治局第二十四次集体学习时强调:深刻认识推进量子科技发展重大意义 加强量子科技发展战略谋划和系统布局》,《人民日报》2020年10月18日。

术革命机遇的关键。本章分析的基本结论可以概括为以下几个方面。

（1）识别新一次技术变革核心技术的要点包括对既有技术体系的颠覆性、对社会经济发展（产业链）的影响面以及技术本身的近期成熟度和推广应用可能性三方面，而这三方面的认识与判断应该基于全球发展环境，而非某地区、某行业的局部判断。前三次技术革命的历史经验也充分说明了这一点。

（2）由于各国发展的技术环境不同，具有跻身新一轮技术变革的引领国行列的国家首先应该成为上一轮技术变革的技术跟踪国。因此，把握全球技术变革中核心科技发展的最新水平，研究全球科技发展趋势具有重要意义。

（3）我国已是全球第二大经济体，具有最广阔的技术应用市场，在加快自身对颠覆性技术判断和研发的同时，需要从战略层面密切关注发达国家的技术研发趋势与进展。本章探讨的人工智能、大数据与云计算以及量子技术作为新一轮技术革命的核心领域，值得深入研究。

（4）交通运输业是支撑社会经济发展的基础性产业，不仅对社会经济发展具有放大效应，其本身也是潜力巨大的技术应用领域。在全球经济不断动荡环境下，对基础设施发展的投入具有低风险、大潜力。因此，我国交通强国战略的提出及其实施具有重要的前瞻意义。

第 12 章 能源技术

12.1 氢能汽车

1）背景及意义

氢是宇宙中含量最多的元素，在地球上主要以化合态出现。氢能是未来能源系统清洁转型的重要二次能源。氢燃烧的产物是水，其热值仅次于核能，约为汽油的3倍、煤的4.3倍。在各类新能源汽车中，氢能汽车以其高能量转化率和行驶阶段零排放的优点被认为具有广阔的发展前景，成为世界各大汽车厂商及研发机构的研究热点，不少国家已部署了明确的氢能汽车发展规划。

美国燃料电池和氢能源协会（FCHEA）于2019年发布的《美国氢经济路线图执行概要报告》提出：2030年美国氢需求量将突破1700万t，燃料电池汽车保有量达530万辆，燃料电池叉车达30万辆，全美范围内加氢站达7100座。2030年美国氢产值将达到1400亿美元，创造70万个工作岗位，氢能年度投资达80亿美元。到2050年，氢能将占据美国能源需求的14%，氢产值将达到7500亿美元，可提供340万个就业岗位。

日本于2019年发布的《氢能利用进度表》提出，2020—2025年，氢燃料电池公交车价格下降50%。2025年全面普及氢能交通工具，燃料电池汽车市场价格与混合动力汽车持平；燃料电池汽车保有量达到20万辆；建成320座加氢站；燃料电池发电效率超过55%，耐久性由9万h提高到13万h。2025—2030年，建设无人运营加氢站。2030年，燃料电池汽车达到80万辆（2040年基本实现燃料电池汽车的普及）；氢气供应成本不高于传统能源；加氢站增至900座；家用热电联供系统达到530万套。

近年来，我国积极推动氢能汽车发展。2009年以来，中央一直采取财政补贴政策，支持燃料电池汽车发展。国务院2012年发布的《节能与新能源汽车产业发展规划（2012—2020年）》（国发〔2012〕22号）提出燃料电池汽车、车用氢能产业与国际同步发展。国家发展和改革委员会、国家能源局2016年发布的《能源技术革命创新行动计划（2016—2030年）》（发改能源〔2016〕513号）提出，2030年实现燃料电池和氢能的大规模推广应用，2050年实现氢能和燃料电池的普及应用。2020年，财政部等五部门发布《关于开展燃料电池汽车示范应用的通知》(财建〔2020〕394号),其总体思路是支持燃料电池汽车关键核心技术突破和产业化应用,推动形成布局合理、各有侧重、协同推进的燃料电池汽车发展格局。

2)氢能汽车的概念

氢能汽车是以氢为动力的汽车,即将氢反应产生的化学能转换为机械能以驱动车辆行驶。氢能汽车分为两种,一种是氢内燃机汽车,是以内燃机燃烧氢气产生动力驱动汽车行驶的车辆;另一种是氢燃料电池汽车,是使氢或含氢物质与空气中的氧在燃料电池中反应产生电力驱动电动机,再由电动机驱动的车辆。

(1)氢内燃机汽车

氢内燃机的原理与燃油内燃机相同,是一种通过燃烧释放反应气体的化学能,通过气体膨胀做功的动力设备。

在安全方面,氢内燃机汽车存在一定的弊端:①氢气燃烧时传播速度极快(约为汽油燃烧时的9倍),会导致燃烧时间过短,燃烧做功时间短,无法克服压缩功,容易导致发动机熄火,即产生爆燃问题;②氢气燃点低,内燃机中火花塞电机过热、热沉积物等都会导致氢气发生自燃,出现早燃问题;③因为氢气燃烧传播速度快,此时进气门未关闭,火焰会进入进气管,发生回火现象。

在排放方面,氢内燃机理论上有 H_2、HC、CO、CO_2、NO 五种排放产物,其中:CO、CO_2、HC 这三种污染物由机油燃烧产生,排放浓度均较小;NO 作为氢内燃机主要排放物,由氮气、氧气在气缸高温下反应形成,排放量最高可达 $0.02g/(kW\cdot h)$。

(2)氢燃料电池汽车

氢燃料电池汽车本质上也是电动车。氢燃料电池工作原理如图12-1所示。

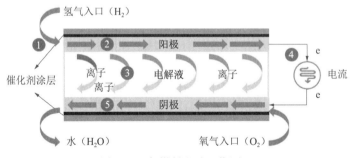

图12-1 氢燃料电池工作原理

资料来源:https://www2.deloitte.com/content/dam/Deloitte/cn/Documents/finance/deloitte-cn-fueling-the-future-of-mobility-zh-200101.pdf。

与氢内燃机汽车相比,氢燃料电池汽车排放及能量转换率具有明显优势。氢燃料电池工作方式不同于内燃机,其通过化学反应产生电能来推动汽车,而内燃机是通过燃烧产生热能来推动汽车。由于使用氢燃料电池,汽车在工作过程不涉及燃烧,因此无机械损耗及腐蚀,氢燃料电池所产生的电能可以直接被用在推动汽车的四轮上,从而省略了机械传动装置。并且,使用氢燃料电池发电,是将燃料的化学能直接转换为电能,转换过程不会产生 CO_2,能量转换率为60%~80%,高于氢内燃机汽车。

3）氢能汽车影响社会经济发展的路径

研究表明，从原料生产到燃料加注（包括能源原料的开采、运输、储存，燃料的生产、储运、分配等全过程），氢燃料电池汽车在降低化石能源消耗、减少排放上效果显著。

（1）氢燃料电池汽车化石能源能耗

典型的制氢路径见表12-1。对氢燃料电池汽车而言，除了利用电网电力通过电解水制氢这一路径，其他制氢路径均可削减化石能耗。在利用电网电力通过电解水制氢路径中，氢燃料电池汽车的节能效益不能抵消原料生产阶段的能耗。同汽油车相比，将清洁的可再生电力用于电解水制氢供应氢燃料电池汽车，可实现高达94%的化石能耗削减，成为节约化石能源效果最佳的制氢路径；使用生物质制氢供应氢燃料电池车可实现87%的化石能耗削减；其他制氢路径可实现39%~58%的化石能耗削减，其中焦炉煤气制氢削减程度最高，其次是天然气制氢。

典型制氢路径 表12-1

原料	制氢方式	制氢地点	储存—运输方式
电网电力	电解水	加氢站	气氢/液氢
可再生电力	电解水	制氢厂	气氢—管道/液氢—载货汽车
天然气	水蒸气重整	制氢厂	气氢—管道/液氢—载货汽车
天然气	水蒸气重整	加氢站	气氢/液氢
煤	气化	制氢厂	气氢—管道/液氢—载货汽车
焦炉煤气	氢气分离	制氢厂	气氢—管道/液氢—载货汽车
生物质	气化	制氢厂	气氢—管道/液氢—载货汽车

资料来源：林婷，吴烨，何晓旖，等. 中国氢燃料电池车燃料生命周期的化石能源消耗和 CO_2 排放[J]. 环境科学, 2018, 39(8): 3946-3953。

混合动力汽车和电池电动汽车，与汽油车相比，分别能削减43%和60%的化石能耗。在众多技术路径中，使用生物质和清洁电力制氢供应氢燃料电池车，可以实现优于混合动力汽车和电池电动汽车的化石能耗削减效果。

使用液氢供应氢燃料电池车的化石能耗大于气氢路径，因为氢液化过程需要消耗大量电力。在液氢制备路径中，使用电网电力制氢时，氢燃料电池汽车的化石能耗比汽油车高21%。其他液氢制备路径均可实现不同程度的化石能耗削减。

（2）氢燃料电池汽车 CO_2 排放

与汽油车 CO_2 排放集中在运行阶段不同，氢燃料电池汽车在运行阶段的 CO_2 排放为零。对于氢燃料电池汽车而言，与化石能耗削减结果类似，除了电网电力电解水制氢路径，其他路径均能实现不同程度的 CO_2 排放削减。由于 CO_2 排放主要来自化石燃料的燃烧，不同路径之间的 CO_2 排放对比及变化趋势与化石能耗水平相似。其中，可再生电力制氢和生物质制氢的 CO_2 排放减排潜力突出，分别达到92%和85%。在基于传统能源的氢燃料电池汽车路径中，焦炉煤气制氢的 CO_2 排放削减效益最佳（60%），原因是焦炉煤气分离制氢过程本身不产生 CO_2，CO_2 排放主要来自变压吸附装置消耗的电力和用作补充燃料的天然气。同汽油车相比，利用天然气在工厂集中制氢和在加氢站制氢供应氢燃料电池汽车，分别能实现 56% 和 52% 的 CO_2 排放削减。

4）国外氢能汽车发展现状

（1）美国

美国在氢燃料电池汽车市场、加氢站利用率等方面处于全球领先水平。2020 年 6 月，美国氢燃料电池乘用车累计销量（含租赁）达 8413 辆，氢燃料电池叉车超过 3 万辆，普拉格能源（Plug Power）基本垄断了全球氢燃料电池叉车市场。加利福尼亚州处于领头羊地位，其氢燃料电池乘用车市场份额达 98%，已运营的氢燃料电池大巴 42 辆、加氢站 42 座。氢能基础设施方面，美国加气站数量仅次于日本和德国，且加氢站利用率高，平均每座加氢站服务车辆约 130 辆，并计划 2025 年建成加氢站 200 座、2030 年达到 1000 座。

美国能源部一直扶持氢能在多领域中实现大规模生产、储运和应用，包括由美国国家实验室主导的氢能和燃料电池的关键技术研究。其主要领域一是要突破大规模、长寿命、高效率、低成本的电解槽技术；二是要加速重型车辆（包括长途载货汽车）燃料电池系统的开发，以实现其与传统燃油发动机相当的经济性。

（2）德国

德国 2030 年温室气体排放总量目标是较 1990 年减少 55%。为实现这一目标，德国 2020 年通过的国家氢能源发展战略提出了清洁能源生产、运输、使用和相关创新、投资的分阶段行动框架。第一阶段为 2020—2023 年，目标是打好国内氢能市场基础；第二阶段为 2024—2030 年，目标是在稳定国内市场的基础上，加强欧洲与国际市场的拓展。德国还成立了国家氢能源委员会，投入 70 亿欧元用于氢能源研发与市场推广、20 亿欧元用于开展相关国际合作研究。2020 年德国运营加氢站超过 100 座，计划 2025 年运营加氢站达到 400 座。

（3）韩国

韩国于 2018 年发布的《创新发展战略投资计划》将氢能产业列为三大战略投资方向之一。2019 年，韩国工业部与其他部门联合发布的《氢经济发展路线图》提出 2030 年进入氢能社会、率先成为世界氢经济领导者的宏伟蓝图。根据该蓝图，韩国计划于 2040 年实现氢燃料电池汽车累计产量达到 620 万辆，加氢站达到 1200 个，燃料电池产能扩大至 15GW，氢气价格控制在 3000 韩元/kg 左右。韩国还计划五年内投资 2.6 万亿韩元加大氢燃料电池汽车的推广普及。

韩国的氢燃料电池汽车市场发展迅速，2019 年现代 NEXO 氢燃料电池乘用车全年销量 4987 辆，超过丰田 Mirai，位居世界第一。2019 年，韩国政府对氢能相关产业的直接投资高达 3700 亿韩元（约 22 亿元人民币），同时制定了扩大氢能基础设施、未来汽车业发展战略、氢能技术开发蓝图、氢能安全管理等六大政策激励汽车厂商开发并销售燃料电池汽车。截至 2019 年底，韩国燃料电池发电装机规模为 408MW，全球占比约 40%，超过日本（245MW）和美国（382MW）。

（4）日本

能源安全和环保一直是日本能源的核心关切。日本一次性能源供应中 94% 来自海外，原油消费的 98% 在汽车燃油领域，中东地区原油占 87%。日本一直将提高能源效率作为减轻对外能源依赖的重要手段。2017 年底，日本发布的《基本氢能战略》提出 2030 年建成加氢站 900 座，燃料电池轿车 80 万辆，燃料电池公共汽车 1200 辆，燃料电池叉车 1000 辆。2050 年加氢站取代加气站，燃料电池汽车取代传统汽油燃料车，引入大型燃料电池车。

截至 2019 年底，日本运营的氢燃料电池乘用车超过 3500 辆，氢燃料电池大巴达 22 辆；有加氢站约 130 座，每座加氢站服务车辆约 30 辆。丰田、本田等企业主导推动氢燃料电池汽车的发展。丰田汽车、日产汽车、本田汽车、JXTG 日本石油能源、出光兴产、岩谷、东京煤气、东邦煤气、日本液化空气、日本丰日通商和日本开发银行等 11 家企业 2018 年联合成立了 Japan H2 Mobility，目标是在 2018—2021 年为日本国内建设 80 个加氢站。2019 年，丰田的氢燃料电池乘用车 Mirai 的销量超过 2400 辆，并推出 10.5m 氢燃料电池大巴，100 辆投入东京奥运会，其中 18 辆在东京及周边地区运营。

针对较高成本导致的加氢站基础设施不完善、氢燃料电池汽车保有量小的问题，日本出台了一系列推进策略：一方面补贴加氢站建设，扩大国内氢能需求侧的市场潜力；另一方面加大氢能终端产品市场供给，对消费者提供购置补贴培育氢燃料电池车的市场需求，推动氢燃料电池车的产业化进程。

① 加氢站建设补贴政策

加氢站是发展氢燃料电池汽车的先导条件。日本《氢能基本战略》明确提出 2025 年加氢站将增至 320 座。为达成这一目标，中央和地方二级政府对安装加氢设备的个体经营者与企业提供补贴，积极推动氢能产业发展并创造氢能产业就业机会。日本对加氢站氢气设备提出了补贴的规定：一是加氢站实际补贴率视站点加氢能力而定；二是补贴额度不高于总建设费用的二分之一。同时，对便携式、手提式等氢站物品，按氢气供应设施的氢气供应量，补贴金额不高于生产成本的三分之二。经济产业省实施的这些对氢燃料电池汽车的补贴计划促进了商业加氢站的建设。

② 氢燃料电池汽车补贴政策

由于氢燃料电池汽车造价不菲，其高昂的售价成为制约市场发展的重要原因。政府为提升氢燃料电池汽车的市场活力，出台了提高氢燃料电池汽车产业补贴的相关方案。氢燃料电池汽车补贴按售价与同类汽车市场价格差计算，其模型为：

$$补贴额 = (氢燃料电池汽车售价 - 标准价) \times 售价补贴比例 \quad (12-1)$$

其中氢燃料电池汽车售价为氢燃料电池汽车的税后价，标准价指同级别或同车型燃油车含税价。氢燃料电池汽车的补贴比例为三分之二,厢货车为二分之一。在补贴政策推动下,2019年底日本国内注册的氢燃料电池汽车达3695辆,是目前世界上氢能汽车最多的国家。

③税收优惠

除购置补贴外,税收优惠也是日本扩大其需求、降低价格的重要手段。日本机动车税分为车辆重量税、车辆购置税、环保性能税和特殊绿化税;政府对环保车辆分别从这些税种中再给予优惠。例如,对于车辆重量税,新税制给环保车辆以燃油效率为准绳的减免政策。氢燃料电池汽车在环保等级划分中排位第一级,消费者可享受100%的重量税减免;特殊绿化税的课税标准以废气排放量作为分级标准,氢燃料电池汽车消费者可享受75%的课税减免,且首次车检时对氢燃料电池汽车给予100%的课税减免。几乎完全免税的税制优惠进一步降低购车成本,扩大了氢燃料电池汽车的市场需求。

5)我国氢能汽车发展现状

(1)氢内燃机汽车

总体上看,我国在氢能汽车领域的研究起步较晚。20世纪后期,国内高等院校开始探索氢内燃机的燃烧规律和机理,相关企业也开展了氢内燃机总体设计、车载氢供应系统、电子控制系统、性能匹配等基础研究。虽然在氢能源制取和供应上取得了一些成果,但关键技术与国外还存在较大差距。在规模制氢、增压技术、氢气供应与安全系统、控制策略、排放控制技术、综合电子管理系统等领域仍处于起步阶段。

(2)氢燃料电池汽车

我国对氢能汽车制造的研究几乎与国外同步。2004年,国家开始启动氢燃料电池汽车研究的相关项目,北京亿华通科技股份有限公司(简称"亿华通")与南京金龙客车制造有限公司(简称"金龙客车")等企业参与了氢能汽车的相关研究。金龙客车与上海交通大学2006年联合研制了较早的氢燃料电池电动公交车;2008年,金龙客车和清华大学共同研制新型氢能客车。2018年,中国第一汽车集团有限公司(简称"一汽")自主研发的氢能汽车成功点火,标志着我国在氢燃料电池汽车领域的突破。随着氢能产业规模的扩大,国内车企在多个地区建立了氢能汽车示范基地。上海汽车集团股份有限公司(简称"上汽")与上海市合作,结合上海市氢能产业发展规划开展氢能汽车示范项目。东风汽车集团有限公司(简称"东风汽车")与云浮、佛山两市合作研制高效率、高安全性以及全功率的氢能汽车。佛山飞驰汽车科技有限公司(简称"飞驰汽车")在云浮、佛山两市投资建设氢能汽车制造基地,研制高性能氢能客车,加快我国氢能汽车商业化运营的步伐。

随着氢燃料电池技术研发的推进,北京、上海、广州等城市开展了氢能汽车示范运行,上汽、一汽、东风汽车、吉利汽车集团有限公司(简称"吉利汽车")、金龙客车、宇通客车股份有限公司(简称"宇通客车")及飞驰汽车等企业已具备氢能客货车商业化条件。据不完全统计,我国已研制出69款氢能客车、18款氢能物流车、5款保温车、3款牵引车及5款其他类型的氢能汽车,整车制造技术不断完善。在生产应用领域,继2016年生产628

辆之后，氢燃料电池汽车产销量也逐年增加；2019年达到产量2833辆、销量2737辆；2020年受疫情影响产销量明显下降。截至2020年底，我国已累计推广氢能汽车7342辆，成为氢能汽车运营最多的国家。

（3）氢能汽车发展规划

2022年3月，国家发展和改革委员会、国家能源局联合印发的《氢能产业发展中长期规划（2021—2035年）》提出了氢能产业分阶段发展目标：2025年基本掌握核心技术和制造工艺，燃料电池车辆保有量约5万辆；可再生能源制氢能力达到10~20万t/年，实现碳减排100~200万t/年；建设一批加氢站。2030年形成较完备的氢能技术创新与应用体系。2035年形成氢能多元应用生态，提升可再生能源制氢在终端能源消费中的比例。

此外，不少地方也制定了一系列推进氢能汽车发展的规划和举措，并且出台了一系列利好政策，见表12-2。

各地推进氢能汽车发展规划　　表12-2

时间	地区	政策	主要内容
2020年10月	北京市	《北京市氢燃料电池汽车产业发展规划（2020—2025年）》	2023年前，力争推广氢燃料电池汽车3000辆、建成加氢站37座，氢燃料电池汽车全产业链累计产值突破85亿元。2025年前，力争实现氢燃料电池汽车累计推广突破1万辆、再新建加氢站37座，形成城市公交、旅游客运、重型货运和中型物流相结合的推广结构，氢燃料电池汽车全产业链累计产值突破240亿元
2019年8月	河北省	《河北省推进氢能产业发展实施意见》	到2022年全省建成20座加氢站，燃料电池公交车、物流车等示范运行规模达到2500辆，载货汽车实现一定规模示范；到2025年，累计建成50座加氢站，燃料电池汽车规模达到1万辆；到2030年，至少建成100座加氢站，燃料电池汽车运行超过5万辆，其中乘用车不少于3万辆
2019年4月	山西省	《山西省新能源汽车产业2019年行动计划》	2021—2022年，加氢站增加到10座，2023—2024年，加氢站增加到20座
2019年8月	成都市	《成都市氢能产业发展规划（2019—2023）》	建设覆盖全域的加氢站30座以上，形成以成都平原为中心，辐射全省的氢能综合交通网络
2019年2月	宁波市	《关于加快氢能产业发展的若干意见》	到2022年，氢能产业体系不断完善，建成加氢站10~15座，探索推进公交车、物流车、港区集卡车等示范运营，氢燃料电池汽车运行规模力争达到600~800辆，推进清洁能源制氢与储运、氢能分布式系统建设。到2025年，建成加氢站20~25座，氢燃料电池汽车运行规模力争突破1500辆
2019年1月	云浮市	《关于加快新能源汽车产业创新发展的实施方案的通知》	组织编制加氢站试点建设方案，以满足氢燃料电池汽车运营需求为目标，适度超前规划布局建设加氢站。2019年，实现各县（市、区）和云浮新区至少建成1座加氢站的目标
2019年1月	茂名市	《茂名市加快新能源汽车产业创新发展实施方案的通知》	加快加氢站规划和建设，编制加氢站试点方案，满足氢燃料电池汽车示范运营需求。对列入试点方案拟建设的加氢站，由各地住建部门办理报建、验收等审批手续。鼓励具备场地与条件的加油站与加氢站合建，利用加油站已有用地建设的，免予办理规划选址、用地等手续

（4）氢能汽车发展推进策略

2010年我国出台了新能源汽车购置补贴政策；2013年，财政部、科学技术部、工业和信息化部及国家发展和改革委员会四部委联合发布的《关于继续开展新能源汽车推广应用工作的通知》（财建〔2013〕551号）规定燃料电池乘用车补贴20万元/辆，燃料电池商用车补贴50万元/辆。

2015年，四部委联合发布的《关于2016—2020年新能源汽车推广应用财政支持政策的通知》（财建〔2015〕134号）指出2017—2020年除燃料电池汽车外，其他车型补贴适当下调。2018年，四部委联合发布的《关于调整完善新能源汽车推广应用财政补贴政策的通知》（财建〔2018〕18号）细化了燃料电池汽车补贴的技术要求和梯度。2019年四部委联合发布的《关于进一步完善新能源汽车推广应用财政补贴政策的通知》（财建〔2019〕138号）规定过渡期为2019年3月26日至2019年6月25日，过渡期燃料电池汽车补贴按2018年标准的0.8倍补贴。2020年4月四部委联合发布的《关于完善新能源汽车推广应用财政补贴政策的通知》（财建〔2020〕86号）将新能源汽车的财政补贴期限延长至2022年底，并明确了2021、2022年新能源汽车购置补贴下调幅度，以稳定市场预期。该文件还提出中央财政将采取"以奖代补"方式对示范城市给予奖励。争取通过4年左右时间，建立氢能和燃料电池汽车产业链，关键核心技术取得突破，形成布局合理、协同发展的良好局面。

2021年，财政部、科技部、工业和信息化部、国家发展和改革委员会及国家能源局五部委联合发布《关于启动燃料电池汽车示范应用工作的通知》（财建〔2021〕266号），北京市、上海市、广东省报送的城市群示范应用获批启动。这标志着我国氢燃料电池汽车产业鼓励政策由购置补贴转为对产业链建设、示范运行和核心技术突破的奖励，这对氢燃料电池乘用车尤其是全功率型氢燃料电池乘用车的市场推广具有积极的引导作用。

12.2 氢燃料电池列车

1）氢燃料电池列车概念

传统动力电池（包括锂电池）和超级电容作为动力源及储能装置，瞬时功率大，但储能有限，运行时间短。在氢燃料电池动力系统中，燃料电池作为动力源，功率大、运行时间长且相对稳定。氢燃料电池是氢气和氧气结合将化学能转换成电能的动力系统，可替代传统内燃机车。

燃料电池列车动力系统一般包括三种组合，即燃料电池＋动力电池、燃料电池＋超级电容、燃料电池＋动力电池＋超级电容。列车启动或紧急工况下，瞬时功率需求大，需要动力电池及超级电容提供额外功率输出；列车制动时，动力系统可将制动能储存到动力电池及超级电容中。动力源产生的直流电通过逆变器转换为牵引电机使用的交流电。

氢燃料电池系统包括储氢系统、冷却系统和控制系统。储氢方式分为高压气体储氢、低温液压储氢及金属氢化物储氢。低温液压储氢将氢气冷却到$-253℃$液化再存储，对设备绝热性要求高，储氢能耗成本也高。金属氢化物储氢利用氢气与金属反应产生氢化物来储存氢气，单位体积储氢量高，且能得到高纯氢，目前处于试验阶段。车载商用储氢方式一般采用高压气体储氢以 35MPa 或 70MPa 的高压将氢气储存于高强度气瓶中。

2）氢燃料电池列车的技术经济特性

氢燃料电池通过与轨道车辆、站台基地的一体化集成，可实现车载能源的清洁化、自洽化供给。氢燃料电池列车的优势可以从以下几方面来认识。

（1）经济性好

欧盟发布的《燃料电池和氢气在铁路环境中的应用研究》分析了氢燃料电池列车的经济性。当柴油价格为 1.3 欧元/L、电价为 90 欧元/(MW·h)、路线长度 100km、能源消耗为 1.45L/km 柴油或 0.27kg/km 氢气情况下，按经济性的排序依次为电气化列车、氢燃料电池列车和内燃机列车。氢燃料电池列车的总成本（包括列车和基础设施）比传统内燃机列车高 6%，比电气化列车低 4%；其中，氢燃料电池列车成本主要受燃料价格和基础设施运营成本（即氢气生产成本）的影响。当柴油成本增加 30%、氢气消耗量减少 38%或电价降低 38%，氢燃料电池列车总成本与内燃机列车大致相同。

（2）对需求规模的依赖性弱

线路使用频率较低时，氢燃料电池列车比采用接触网的电气化列车更经济。由于氢燃料电池系统运行部件较少，其停运期间维修和维护成本低于内燃机和蓄能电池系统。由于电气化列车采用特定线路定制化配置，列车难以在设计规定之外的线路运行；氢燃料电池列车则不受限制。氢燃料电池列车在 100km 以上的较长非电气化路线上最具经济意义，既适用于"最后一公里"的配送，也适用于利用率低（如每天开行 10 列车）的路线。

（3）适应性强

氢燃料电池列车不需要建设专门的基础设施，可部署于任何类型线路。氢燃料电池甚至可直接改装到现有内燃机列车中，建设加氢站后可代替内燃机列车。技术上，传统电气化列车每次充电需数小时停机时间；氢燃料电池列车加氢速度快，加氢 20min 可运行 18h，续航里程可达 1000km，为电池供电的电气化列车的 5~10 倍，集中式加氢站设置间距可达近 1000km。相对于道路上的氢能汽车，列车空间更为充裕，可装置更多氢燃料电池；且由于氢燃料电池列车不受接触网电压影响，在跨境运营上具有显著优势，更便于推广。

（4）环保性好

与内燃机列车相比，氢燃料电池列车噪声较小，不仅能提高在车乘客的舒适度，还能消除对沿线的噪声和污染等不良影响。

此外，加氢站等基础设施建设，还可支持就业，助力投资和经济增长。因此，氢燃料电池列车在各方面均具有良好的技术性、经济性和推广应用前景。

3）氢燃料电池列车发展现状

较早的氢燃料电池列车研发大约在 2006 年，当时日本铁路技术研究所（RTRI）声称由氢燃料电池驱动的铁路车辆已进入试运行。目前，日本、美国、德国等国家在大功率氢燃料电池轨道车辆技术方面处于领先地位。不过,由于城市内有轨电车线路电气化水平较高,氢燃料电池列车在欧洲的市场潜力有限,我国的市场环境更好。下面以典型国家氢燃料电池列车研发为例,分析氢燃料电池列车的发展状况。

(1)法国

法国阿尔斯通公司是最早利用氢燃料电池技术开发客运列车的制造商之一,阿尔斯通公司研发的由氢燃料电池驱动的客运列车 Coradia iLint 于2022年8月投入客运服务。Coradia iLint 氢燃料电池列车电源模块位于车厢顶部,工作时吸入空气中的氧气和氢气罐中的氢气发生电化学反应,释放能量驱动列车行驶。Coradia iLint 与最高速度140km/h 的区域列车的性能相当,载客量300人,列车一次加氢时间15min,续航里程1000km。Coradia iLint 每年可减少700t(相当于400辆汽车)的 CO_2 排放量。这款氢燃料电池列车较适合欧洲中短长度的非电气化区段。

(2)德国

德国西门子公司研发的氢燃料电池原型列车 Mireo Plus H 采用西门子公司和 Ballard 公司共同开发的氢燃料电池动力系统,可提供1.7MW 的输出功率,大于已经投入运营的阿尔斯通 Coradia iLint 列车0.4MW 的输出功率。其燃料电池系统功率密度比为汽车或公共汽车设计的燃料电池提高了2倍,使用寿命延长了4倍,所需能源比传统电动机车少10%。Mireo Plus H 列车有两种配置:两节编组、120个座位的列车可服务800km 以下线路;3节编组、165个座位的列车可服务800~1000km 的线路。

德国铁路公司和西门子公司联合开发了由区域列车和加氢站组成的全新交通系统 H2goesRail。该系统由列车和基础设施组成,能实现15min 内快速加氢。利用风能等可再生能源,直接在现场电解水生产绿氢,将氢气压缩储存在移动储罐中,在罐式拖车中处理和冷却后供列车使用。列车在 Mireo Plus H 列车基础上配备氢发动机,续航里程600km,最高速度160km/h,一年可减少 CO_2 排放量约330t。

(3)英国

英国伯明翰铁路研究与教育中心和英国轨道车辆运输公司 Porterbrook 从英国交通部获990万英镑资助研发氢燃料电池列车 HydroFLEX,这也是首款电-氢双动力轨道车辆。将基于锂离子电池的氢燃料电池动力包安装在319级列车上改造成799级列车,既能在传统的电气化铁路线上运行,也可独立运行,适用于非电气化区段。HydroFLEX 四个燃料箱最多可储存20kg 氢气,使用时燃料电池组可产生100kW 的电力。在现有氢能设备配置下一次可行驶800km,最高速度120km/h。

英国 Vivarail 公司还在开发一款基于230级列车的原型模块化氢燃料电池列车。该列车包含2节由蓄电池提供动力的车厢和2节装有燃料电池和氢罐的车厢,氢气罐和燃料电池在列车下方,续航里程1050km;其减速时可使用再生制动系统回收能量。

(4)日本

日本首款氢燃料电池列车 FV-E991 系列(云雀号)由东日本铁路公司(JR 东日本)、丰田汽车和日立株式会社联合开发,搭载了以氢燃料电池和蓄电池为动力的混合动力系统,配有燃料电池、锂离子电池以及高压氢罐,续航里程 140km,定员 300 人,列车在 70MPa 下运行时最大速度为 100~140km/h。

(5) 美国

2019 年 11 月,Stadler 公司与美国加州圣贝纳迪诺县运输管理局(SBCTA)签署协议,计划研发首列商用氢燃料电池列车 Flirt H2。研发试验线全长 14km,连接雷德兰兹和圣贝纳迪诺。该列车由两节车厢组成,提供 108 个座位和站立空间,设计最高速度为 130km/h。该列车设有中央电源模块,用于容纳燃料电池和氢罐。

(6) 中国

我国首台氢燃料电池列车由中车大同电力机车有限公司和国家电力投资集团有限公司联合研发,2021 年底在内蒙古自治区的煤炭运输线上试运行。该列车动力系统由氢燃料电池和钛酸锂电池相结合,双动力源输出最大功率可达 700kW,设计速度 80km/h,续航运行时间 24.5h,最大启动牵引力为 250kN,直线轨道上最大牵引负荷可达 50000kN。与内燃机车相比,该混合动力列车每万吨公里可减少 CO_2 排放量 80kg。

中车唐山机车车辆有限公司研制的商用型氢燃料混合动力 100%低地板有轨电车,于 2017 年在当地举办的中国工业旅游产业发展联合大会上载客运营。该有轨电车运营全程长度 13.84km,最小转弯半径仅 19m,一次快速加氢只需 15min 即可持续行驶 40km,最高速度 70km/h。该有轨电车使用氢燃料电池和超级电容动力系统,采用 2 动 1 拖 3 辆编组,有座位 66 个,最大载客量 336 人。其制动、停站时,燃料电池和制动能量回收系统采用超级电容和蓄电池充电,能量回收率达 30%。

中车青岛四方机车车辆股份公司研制的氢能源有轨电车于 2019 年 12 月在佛山高明上线载客运营,该示范线总投资 10.7 亿元。该线规划全长 17.4km,设车站 20 座。列车采用氢燃料电池和钛酸锂电池动力系统,设计速度 80km/h,采用 3 节编组,每节列车设置 6 个储气罐,最多载客 380 人;加满一次氢仅需 15min,可持续行驶 100km 左右。

表 12-3 对比分析了我国与其他国家氢燃料电池列车发展现状,由此不难发现,欧洲、日本、美国主要研究氢燃料电池在动车组上的应用,旨在用于中长距离非电气化线路;我国研制的氢燃料电池列车是用于速度较低的有轨电车和铁路货物运输。

各国氢燃料电池列车发展现状　　　　　　　　　　　　　　　　表 12-3

国家	列车名称	续航里程(km)	最高速度(km/h)	运载能力	减排效果	运营情况
法国	Coradia iLint	1000	140	300 人	每年减少 CO_2 排放量 700t	2018 年德国投入运营,在奥地利、荷兰、瑞典、法国和波兰成功试验
德国	Mireo Plus H	800~1000	160	120 人、165 人	每年减少 CO_2 排放量 330t	2023 年测试,2024 年投入运营

续上表

国家	列车名称	续航里程（km）	最高速度（km/h）	运载能力	减排效果	运营情况
英国	HydroFLEX	800	120	—	—	2020年完成测试
	—	1050	—	储能设备在列车下方，能搭载更多乘客		2019年底在该公司的轨道上进行试验
日本	FV-E991	140	100~140	300人		2022年3月在南武线、鹤见线试验
美国	Flirt H2	—	130	108人		计划2023年交付，2024年投入运营
中国	中车大同氢能机车	连续运行24.5h	80	直线轨道上行驶的最大牵引负荷可达5000t	每万吨公里减少排放量80kg	2021年底在内蒙古自治区的煤炭运输线上开始试运行
	中车唐山有轨电车	40	70	336		2017年首次投入商业载客运营
	中车四方有轨电车	100	80	380	—	2019年上线载客运营

4）各国轨道交通脱碳政策

在绿色低碳发展以及城市化发展背景下，全球铁路行业将为节能减碳事业发挥重要作用。铁路运输是较为清洁的运输方式，为了确保铁路运输完全脱碳，就必须在电网迅速脱碳的同时，实现从柴油牵引向电气化铁路系统的重大转变。根据欧亚铁路物流股份公司研发的计算器，中欧铁路沿线运送15.5万个标准箱的直接累积CO_2排放量为10300t，完成类似运量的海运排放量约为铁路的4.8倍，汽车运输约为铁路的89.3倍，航空运输约为铁路的530倍。铁路每人公里的碳排放量为6~41g，而电动汽车为46~77g。欧盟委员会也强调了铁路运输作为环保运输方式的优势，规划2030年将铁路客运量增加一倍，并将铁路在货物运输中的份额提高到30%。尽管铁路碳排放水平低于其他运输方式，但铁路碳排放水平仍有降低空间。

铁路电气化是新建轨道的首选方式。由于既有线路电气化升级成本高昂，内燃机列车的脱碳可有效降低铁路碳排放水平。以氢为动力的燃料电池列车通过燃料电池将氢转化为电能，水蒸气是列车行驶过程中的唯一排放物，从而实现真正的能源清洁化。许多国家都已提出利用氢燃料电池列车取代传统内燃机列车的战略。

欧盟发布的《可持续及智能交通战略》提出了为达成铁路净零排放目标推进铁路电气化的规划，并在部分区域增加氢能的使用。《氢能路线图：欧洲能源转型的可持续发展路径》指出氢燃料电池列车的优势为不排放CO_2和降低噪声。由于铁路网中能为列车提供大量氢的地点有限，基础设施也需要快速发展。欧盟预计2030年将有570列氢燃料电池列车取代内燃机列车；2050年氢燃料电池列车将取代约20%的内燃机列车，规模将达到5500列。此外，欧盟委员会在《关于在铁路环境中使用燃料电池和氢气的研究》提出，到2030年欧洲新购买的铁路机车车辆中，每五辆就有一辆可以使用氢气。德国和法国研究指出，氢燃料电池技术（FCH）应用可以成为欧洲铁路电气化的补充，推动铁路实现完全脱碳。

英国发布的《国家氢能战略》提出，氢气是实现运输净零排放的基础，目前氢燃料电池列车还在研发中，预计2030年将氢能源应用于铁路。英国铁路工业协会在2021年6月呼吁加大氢燃料电池列车研发，指出要在2050年实现净零排放目标，有1000~3300km铁路需要氢燃料电池列车；为实现2040年淘汰所有内燃机列车的目标，需要更新3000~3300列内燃机列车。英国铁路工业协会提出到2050年，除了对铁路电气化进行持续、长期的投资，还应积极部署氢燃料电池列车，推进铁路净零排放。

美国发布的《氢能经济路线图》指出，随着技术发展未来氢动力列车功率的增大，氢动力通勤列车的部署将不断增加，氢在重载货运中的试点也逐渐增多。日本在《零碳挑战2050》中提出，将扩大氢在铁路领域的应用，推进氢燃料电池列车的开发和试验等，2022年3月拟在鹤见线、南武线上开始氢燃料电池列车"云雀号"的试验。德国发布的《2020氢能战略》提出铁路加氢基础设施规划，加快铁路网络加氢站的扩展；研发氢燃料电池列车也是德国"氢和燃料电池技术国家创新计划（NIP）"、法国复苏计划和欧盟2020年欧洲共同利益重要项目之一。

12.3 新能源飞机

1）背景及意义

全球航空业正经历着前所未有的变革，"绿色航空"理念使环保性成为未来民航飞机技术研发的重要目标。

据统计，2019年全球航空业产生的CO_2排放量为9.18亿t（图12-2），占全球CO_2排放量的2%~3%。从图12-2中可以看出，全球航空业2019年产生CO_2排放量较2013年增长了29%。随着空中交通量的不断增长，未来航空运输的碳排放将持续增加。值得注意的是，中、短程飞机碳排放量约占航空总CO_2排放量的三分之二。航空运输排放的其他废气，如氮氧化物（NO_x）以及烟尘颗粒和水蒸气，也是导致臭氧层空洞形成的主要来源。

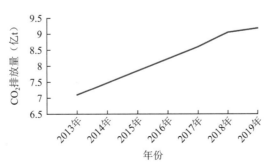

图12-2　2013—2019年全球航空业CO_2排放量

欧盟在2021年2月发布的《Destination 2050》中公布了欧盟航空业到2050年实现CO_2零排放的具体路径：通过飞行技术改进减少欧盟碳排放约37%、通过使用可持续航空燃料（SAF）减少欧盟碳排放约34%、通过经济措施（如碳交易等）减少欧盟碳排放约8%、通过空中交通管理与运营改进减少碳排放约6%。由此不难看出，研发新能源飞机是未来航空业发展的主流方向。欧洲已推出一系列政策，将大量资源投入新能源飞机的设计和研发，其目的不仅是为了满足未来民航运输业的环保需求，更是为了推动欧洲新能源产业发展，抢占民航飞行器技术发展的制高点。

2）新能源飞机概念

（1）氢能源飞机

氢能源飞机（Hydrogen-powered aircraft）指使用氢燃料作为动力源的飞机。氢气既可以在喷气发动机中燃烧，也可以为燃料电池提供动力，从而为螺旋桨提供动力。与大多数将燃料储存在机翼中的飞机不同，氢能源飞机可在机身内部设计氢燃料罐。

液态氢的能量密度（8.5MJ/L）只有喷气燃料（35.0MJ/L）的四分之一左右，这意味着对于相同数量的能量，储存液态氢需要一个相当于储存喷气燃料约4倍体积的容器。这样，氢能源飞机可能不得不搭载更少的乘客，或将机身做得更大；但更大的机身意味着更大的飞行阻力，因此需要研发新的运输和储存氢气的基础设施。

目前，液态氢的价格是传统喷气燃料的4倍多。未来几十年里，随着基础设施规模的扩大和效率的提高，液态氢价格预计会下降。根据英国皇家学会和麦肯锡咨询公司的说法，在接下来的几十年里，液态氢的价格可能仍然是化石燃料的2倍。

（2）可持续航空燃料飞机

可持续航空燃料（Sustainable Aviation Fuels，SAF）指传统石油基燃料的低碳替代品，其来自于可再生资源或废弃物副产品。根据生产方式的差异，可持续航空燃料有两大类型：可持续航空生物燃料和可持续航空合成燃料。可持续航空生物燃料由有机生物质（废物和低碳含量的原料）生产，而可持续航空合成燃料的主要原材料为可再生电力、水和CO_2。

目前，可持续航空生物燃料商业化生产的唯一途径是加入氢酯和脂肪酸，将食用油、废油和脂肪提炼成可持续航空燃料。可持续航空合成燃料被认为是航空业脱碳的更长远的解决方案，它可在没有供应限制的情况下生产，不受生物质供应限制瓶颈的影响。

不过，从碳排放角度看，可持续航空生物燃料还不能完全实现零碳排放，因为其生产、加工和运输过程仍然会排放二氧化碳。根据可持续航空生物燃料的基本成分，可持续航空生物燃料可减少75%~90%的碳排放量；而可持续航空合成燃料在环保方面的性能更加优异，它几乎可以减少100%的二氧化碳排放量。

可持续航空燃料的发展历程相对较短。2011年，荷兰航空公司在商业飞行中使用可持续航空燃料，在全球范围尚属首例，同年法国航空公司也使用了可持续航空燃料。不过，目前所有飞机都只能使用煤油和可持续航空燃料1∶1的混合燃料。未来如何提高可持续航空燃料占比,即解决混合燃料的兼容性仍是一个挑战。

另一方面,可持续航空燃料需要解决生产成本问题。目前可持续航空燃料价格为化石燃料价格的 2~4 倍。国际航空运输协会(IATA)估计可持续航空燃料成本短期内难以降低。可持续航空燃料的高成本将导致部分使用可持续航空燃料的航空公司票价上涨。2021 年全球可持续航空燃料年产量仅为 1 亿 L 左右,只占航空燃料的 0.1%,如何提高产能也是未来可持续航空燃料推广的一项挑战。

(3)电动飞机

与使用喷气燃料为发动机提供动力的传统飞机不同,电动飞机(Electric aircraft)使用电池为电动机提供动力。目前电动飞机主要有三种:第一种最小,是垂直起飞着陆、不需要跑道的"飞行汽车";第二种是搭载几人至十几人、从跑道起飞的小型飞机;第三种是搭载几十人以上的中大型飞机。电动飞机技术面临的问题为:一是轻量化问题;二是电池能量密度的提高问题;三是发动机输出功率提升问题。

与传统燃料相比,目前电池能量密度较低。电池的能量密度约为 $250\text{W}\cdot\text{h/kg}$,而航空燃料能量密度约为 $12000\text{W}\cdot\text{h/kg}$,即 48kg 电池才能替代 1kg 煤油。另一方面,同样功率下,电池比燃料重很多。由于电池质量不像燃料那样随着消耗而减轻,整个飞行过程中飞机需要一直承载这个质量,这将对长途飞行造成不利影响。

3)新能源飞机的环境与经济效益

(1)新能源飞机的碳减排作用

使用可持续航空燃料的新能源气机可大幅度降低尾气排放的 70%。喷气机每消耗 1kg 燃料将产生约 3.16kg 的 CO_2。若民航飞机大幅度使用清洁能源(如氢能、SAF 等),航空运输的 CO_2 排放量将大大降低。鉴于氢能可以完全实现零排放、SAF 也可降低 75%~90% 的碳排放,因此以氢能和 SAF 完全替代航空燃油的碳减排量为:

$$J_{节} = J_{排}\alpha_{氢} + 0.8J_{排}\alpha_{\text{SAF}} \tag{12-2}$$

式中:$J_{排}$——使用传统航空汽油的碳排放量;

$\alpha_{氢}$——氢能占使用清洁能源的比例;

α_{SAF}——SAF 占使用清洁能源的比例;

$J_{节}$——使用清洁能源实现的碳减排量。

表 12-4 为以美国和澳大利亚为背景计算得到的不同情况下的碳减排量。

不同情况下的碳减排量(单位:亿 t)　　　表 12-4

典型国家	氢能 100%替代	90%氢能+10%SAF	50%氢能+50%SAF	20%氢能+80%SAF	10%氢能+90%SAF
美国	5.862	5.745	5.276	4.924	4.807
澳大利亚	0.079	0.077	0.071	0.066	0.065

注:美国 2020 年使用约 2294 亿 L 航空汽油,1L 航空汽油质量约 0.8kg。澳大利亚 2016 年使用约 0.085 亿 L 航空汽油。

尽管未来新能源飞机具有接近零碳排放的优势，但与传统能源相比，使用新能源可能导致更高的航空机票价格。麦肯锡咨询公司 2019 年对不同年龄阶段人群开展"碳中和意向调查（CleanSky Survey）"，内容包括：问题一：是否担心气候变化，问题二：航空业是否应该助力碳中和，问题三：是否愿意在一次飞行票价 1000 美元条件下额外多支付 20 美元为碳中和做贡献等。表 12-5 为调查结果。

调查结果　　　　　　　　　　　　　　　　　　　　表 12-5

年龄（岁）	问题一	问题二	问题三
18～24	52%	59%	55%
25～34	62%	62%	56%
35～44	56%	56%	47%
45～54	49%	44%	37%
55～64	46%	39%	35%
≥65	44%	42%	34%
汇总	54%	53%	46%

资料来源：https://www.mckinsey.com/industries/travel-logistics-and-infrastructure/our-insights/how-airlines-can-chart-a-path-to-zero-carbon-flying。

注：本表统计的数据是每个问题回答"是"的人数所占的比例。

从表 12-5 可看出，超过一半的人关注并担心气候变化对未来的影响，并且 18～44 岁年龄阶段的人更认同航空业应该助力碳中和。此外，大多数受访者表示他们愿意为碳中和支付更多机票费用，其中 18～34 岁愿意支付的比例最高。

（2）新能源飞机的经济效益

鉴于新能源飞机的技术和经济性能，除了已建成大规模高速铁路网络的国家外，未来中、短距离民航出行市场可能率先发生改变。保时捷咨询公司认为，2025 年将出现第一批商用空中出租车。美国市场调查与咨询公司 Markets and Markets 调查预测，到 2030 年全球电动飞机市场将达到 277 亿美元；2035 年全球商用空中出租车数量将达到 2.3 万辆，运送乘客产生的利润可望达 320 亿美元。

根据美国交通部的数据，2017 年其国内出行距离低于 350mile 的旅客占 20%，低于出行距离为 300～700mile 的比例（约占 50%）。随着空中出租车和短距离电动飞机的发展，空中出租车与电动飞机可望重塑短距离民航出行市场。根据德国初创企业 Lilium 的构想，未来从慕尼黑机场到市中心只需 10min，飞行费用约为 100 欧元。

4）全球新能源飞机现状与发展

（1）可持续航空燃料现状与发展

21 世纪以来，美国联合航空公司（简称"美联航"）在可持续航空燃料和碳减排方面一直领跑于美国航空业。

2009 年，美联航成为首家试飞可持续航空燃料航班的美国航空公司；2011 年成为首家执飞使用可持续航空燃料的客机的美国航空公司；2015年启动可持续航空燃料生产商最大规模投资项目；2016年成为全球首家持续使用可持续航空燃料的航空公司；2018年成为美国首家设定温室气体减排目标的航空公司；2020年成为全球首家宣布投资碳捕获与封存的航空公司；2021年投资Alder Fuels推进可持续航空燃料生产、投资Archer Aviation推动城市空中交通事业、投资Heart Aerospace推动区域电动飞机事业。

根据国际航空运输协会（IATA）的估算，到2050年，可持续航空燃料的产量将占总燃料需求的65%。2035年，面向区域市场的电动和/或氢能源飞机（50~100个座位，30~90min的飞行时间）将上市；2040年，氢能源飞机（100~150个座位，45~120min的飞行时间）将用于短途飞行。

（2）电动飞机研发与应用现状

欧盟1999年在第五框架计划开始资助意大利都灵理工大学开展"用于交通监视和环保的同温层新能源电动飞机平台研究"和"新能源电动民用无人机的应用和潜在效率提高研究"。2000年，都灵理工大学在第六框架计划资助下研制出了HELIPLAT太阳能电动飞机。该飞机翼展75m，航时4~6月。欧盟第八框架计划"地平线2020"资助了多个电动飞机项目。

2015年，美国国家航空航天局提出了电动飞机发展路线图；2019年开始研制X-57电动飞机，该型飞机采用分布式电力推进设计。

法国航空航天研究院研发了Ampere电动飞机，该机按6座设计，航程约500km，采用分布式并联的燃料电池和锂离子电池。空客公司在2015年的巴黎航展上展出了纯电动飞机E-FAN2.0。

德国航空航天研究中心研发了由氢燃料电池驱动的四架客机HY4，并于2016年首飞。日本宇航航空研究院计划从小型电动飞机研发入手，在2040年前制造出可搭载100~150名乘客的电动客机。英国设立3亿英镑专项资金扶持小型电动飞机和电动垂直起降机的研制。瑞典立项资助了ES-19电动飞机项目，ES-19采用4台电机，纯电驱动，按19座设计，航程为400km；计划2030年国内航班改用生物燃料或电动飞机。

（3）新能源飞机的部分类型

①空客"ZEROe"氢能源概念机

2020年9月，空客公司公布了世界上第一架零排放商用概念机（代号ZEROe），该飞机将于2035年投入使用。鉴于氢能源良好的环保性，ZEROe概念机以氢作为主要能源。根据动力产生方式，该款概念机有三种（表12-6），分别是基于燃气涡轮发动机的概念机、基于涡轮螺旋桨发动机的概念机、基于涡扇的概念机。

三款空中客车公司氢能源概念机比较　　　　表12-6

概念飞机类型	航程（n mile）	载客量（人）	特点
基于燃气涡轮发动机的概念机	2000	120~200	液态氢储存后压力舱壁的储罐进行和分配
基于涡轮螺旋桨发动机的概念机	1000	≤200	使用涡轮螺旋桨发动机
基于涡扇的概念机	—	≤200	机翼与飞机主体合并

②英国 FlyZero 项目

英国航空航天技术研究所（The Aerospace Technology Institute，ATI）2021 年公布了研发 FlyZero 项目的计划，目前还处于设计阶段。国际清洁运输理事会（International Council on Clean Transportation，ICCT）2020 年发布了 2019 年度不同商业飞机机型的碳排放水平，其中窄体机碳排放量占商业飞机总碳排放量的 51%，宽体机占 42%，支线飞机占 7%。ATI 公布的 FlyZero 项目主要覆盖支线飞机、窄体机、中型机等三种氢动力概念机。三种氢动力概念机均包含不带燃料箱的机翼（干翼）、氢气罐、低温燃料系统、燃料电池、电力系统和氢气涡轮机等。

表 12-7 为英国 FlyZero 项目三款概念机与现阶段同款机型参数的比较，可以看出，其最大荷载量较同款机型略低，而最长飞行时间、航程有所提高。

FlyZero 项目概念机与同款飞机对比　　　　　　　　　　　　　　表 12-7

飞机类型	支线飞机		窄体机		中型机	
型号	FZR-1E	ATR72-600	FZN-1E	A320NEO	FZM-1E	B767
推进器数量（个）	6	2	—	—	—	—
最大荷载量（t）	9	9.3	22.7	34.1	46	96.8
机身质量（t）	19.8	13.5	48	44.9	104.8	82.4
最长飞行时间（h）	2.9	2.1	5.8	6	12.7	11.9
最大荷载量下对应的航程（mile）	800	448	2400	2495	5750	5273

③巴西航空工业公司 Energia 系列

巴西航空工业公司是一家可提供从超轻型到超大型全系列产品的公务机制造商，该公司 2021 年公布了 Energia 系列项目；目前，Energia 系列项目也处于设计阶段。该公司的目标是到 2030 年，巴西航空工业公司所有飞机均可兼容可持续航空燃料。

④电动飞机

目前，国外高新公司正通过研发电动飞机抢占未来短距离出行的飞机市场，其中主要的初创公司见表 12-8。

国外主要电动飞机初创公司　　　　　　　　　　　　　　表 12-8

公司名称	成立年份（年）	国家
Joby Aviation	2009	美国
Lilium	2015	德国
Ampaire	2016	美国
Elroy Air	2016	美国
Universal Hydrogen	2020	美国
Aurora	1989	美国
Heart Aerospace	2018	瑞典
ZeroAvia	2017	美国
Bye Aerospace	2007	美国

资料来源：http://origin.ncregister.com/files-https-en.wikipedia.org/wiki/Electronic-warfare_aircraft。

2009年7月，世界上首架利用燃料电池驱动的有人驾驶飞机在德国汉堡升空。2021年11月，飞行员加里·弗里德曼驾驶电动飞机成功飞越新西兰库克海峡。2022年5月，美国联邦航空管理局（FAA）向飞行汽车公司Joby Aviation颁发了135部航空承运人证书。2022年7月，长大（CHODAI）在广岛县福山市的濑户内海沿岸实施了飞行汽车的飞行实验。以海水浴场为起降场地，在海面上30m高度以30km/h的速度飞行了600m左右。不少公司均规划其电动飞机在2023—2025年间商业化，5座及以下的飞机售价在45万～60万美元。例如，丰田出资、美国初创企业Joby Aviation开发的能以320km/h的速度飞行240km以上的5座飞行汽车规划2023年商业飞行。德国初创企业Lilium开发的速度为280km/h的7座飞机规划2024年商业化。瑞典电动航空公司Heart Aerospace开发的可搭载19名乘客的电动飞机，配备了用于能量储备和航程扩展的备用发电机，可飞行250mile，该公司代表性旗舰飞机Heart ES 19声称已收到来自Mesa Air Group的200架电动飞机订单。不过，由于电动飞机普遍面临电动力推进系统重量过大、成本过高、对天气和环境适应力较差等问题，离大面积推广还有一定距离。

5）我国电动飞机发展现状

我国电动飞机的研发时间上与欧美等航空强国基本同步。我国通用航空"十三五"规划提出要"推动新能源飞机发展"。科学技术部和交通运输部联合发布的《"十三五"交通领域科技创新专项规划》（国科发〔2017〕121号）提出要发展新型新能源通用航空飞机技术，并于"十三五"期间完成了2机首飞，2机取证。2019年以来，中国民用航空局（简称"中国民航局"）先后发布电动垂直起降飞行器（eVTOL）相关文件，包括《基于运行风险的无人机适航审定的指导意见》和《无人机试运行管理规程》，为eVTOL的适航和运行建立了政策框架。

20世纪90年代，锂电池能量密度只有$100kW \cdot h/kg$，电动飞机是否可行是困惑国内外研究人员的问题。为此，研究人员提出通过气动、结构及动力的高效率来弥补电池短板的技术路径。这一路径突破了高升阻比整机气动布局、轻质高效复合材料结构设计制造、高效低排放动力系统等关键技术，并研制出了锐翔电动飞机（RX1E）验证机，该机预期航时40min，实际达到了45～60min。该验证机参照美国材料实验协会标准（ASTM标准）完成了型号转化，编制了符合性验证程序，奠定了电动轻型运动飞机适航审定的基础，成为国际上首款完成适航取证的电动飞机。

锐翔电动飞机验证机续航时间为45～60min，只能本场训练，无法满足飞行员培训及飞机转场需求。为此，辽宁通用航空研究院通过增加电池容量、结构减重等方式，研制了增程电动双座飞机（RX1EA）。该型飞机带动了我国航空锂电池、电推进系统、复合材料结构设计的发展，相关指标已达世界水平。目前，RX1EA最大起飞质量600kg，续航时间2.5h，在国内机场安全飞行超过4000h，并获中国民航局运动驾驶员执照培训许可。

电动四座飞机是通航市场的主力产品。辽宁通用航空研究院2018年开始研制电动四座飞机（RX4E）验证机。RX4E 是按中国民用航空规章 23 部要求研制的飞机。为缩短研制周期，研制人员提出先研制概念验证机，在整机限制载荷静力试验基础上，2019 年 10 月，概念验证机在沈阳法库财湖机场进行了首飞，起飞质量达 1200kg，续航时间 1.5h，航程 300km。东北民航局 2019 年 11 月正式受理了该机型的适航取证申请。

在电动水上飞机方面，我国拥有众多优秀的水面旅游资源，电动水上飞机利用水面起降，满足环保要求，适合旅游景点。辽宁通用航空研究院在双座电动飞机基础上研究了电动水上飞机关键技术。2019 年 8 月，RX1E-S 电动水上飞机在沈阳法库财湖机场完成验证性测试首飞，为我国电动水上飞机发展打下坚实基础。

未来，我国电动飞机技术研发的主要发展方向有以下几方面。

首先是高升阻比气动布局设计技术。电动飞机升阻比越大，飞行消耗的能量越小，航时越高。在传统气动布局基础上，通过对设计层流翼型大展弦比机翼进行计算流体动力学（CFD）数值分析和风洞试验可优化翼型设计，获得高升阻比的气动外形与布局设计。此外，翼身融合布局、桁架支撑翼布局、分布式推进布局等新型气动布局技术研究也可改善飞行性能。

其次是电推进系统集成设计技术。高效率、轻质量的电推进系统深刻影响电动飞机性能。要使飞机具有足够的航时，需要提高电动机、控制器、螺旋桨的效率，包括电动机磁路结构优化以及控制器技术、高效螺旋桨技术等。

第三是轻质、高效复合材料结构设计技术。降低飞机能耗离不开轻质高效的复合材料。通过复合材料工艺及其参数的优化，可以减轻结构重量、降低结构成本、控制内残余应力、控制结构变形；而复合材料结构表面技术可减小空气阻力。

第四是高性能电池设计技术。电池寿命、能量密度、功率密度是影响电动飞机航时、航程的关键因素，其关键技术包括高能量密度锂电池、高功率燃料电池、高效率太阳能电池、一体化储能材料等技术。

6）我国新能源飞机发展规划

中国民航局 2022 年 1 月发布的《智慧民航建设路线图》指出：要建立基础技术研究与产业产品转化结合的产学研用协作机制，统筹推进民航绿色技术研发应用；制定可持续燃料适航标准，推进常态化应用试点示范；推动低排放、低噪声的新一代航空器和航空发动机研制，推进电驱动、氢燃料等新能源飞行器研发；研究制定绿色技术产品应用的激励政策，推进民航可持续发展。

按照上述总体思路，2025 年电驱动、氢燃料等新能源飞机核心技术研发应取得较大突破，制定可持续燃料适航标准，实现小规模量产和试点应用，逐步进入产业化。2030 年，可持续燃料生产、使用、服务全产业链应成熟，推进绿色技术产品广泛应用，形成相对完善的适航标准，推动新能源飞行器试点运行。2035 年，大幅提高可持续燃料比例，丰富绿色技术产品，相关技术纳入国际标准，实现特定场景常态化运行。

为推进上述目标的实现，国家应采取的主要对策与措施包括：

（1）加大政府研发投入，刺激行业快速发展。目前，我国新能源飞机研发处于起步阶段，由于氢能、SAF 等新能源技术门槛较高，政府投资与补贴可推动新能源飞机全链条产业快速发展，盘活全产业发展活力。

（2）保障国产化技术在未来发展中的核心竞争力。新能源飞机是降低航空碳排放的主要抓手，对促进能源结构转型升级、助力"3060"双碳目标实现具有重要意义。政府合理的补贴机制可以确保国产化技术与产品在核心技术领域的地位，降低"卡脖子"技术风险，保护本国知识产权，引导行业健康快速发展。

（3）政府补贴投入有利于降低乘客出行成本，确保民航业发展。对新能源飞机的投入是全链条、全方位的，既包括研发阶段的投入，也包括对投产初期运营企业可能的高成本降低的弥补。这种补贴投入可以降低新能源飞机飞行产品的价格，有利于吸引乘客，促进行业可持续发展。

12.4 小结

本篇探讨了影响未来交通发展的三大重要技术，即信息技术、载运工具技术与能源技术。通过对国内外这三大领域相关工作的调研、分析与评述可以得出以下几方面的基本结论。

首先，信息技术、载运工具技术与能源技术这三大技术体系的变革直接涉及未来客货运输效率、运输服务水平与行业可持续发展特性，其本身也关联着社会与经济发展的、庞大的支撑与应用产业链体系，对相关产业与社会经济各领域、各部门具有重要影响。三大技术体系涵盖的子领域众多，各部分相互依赖、相互支撑，不是任何一家企业、研究部门与单位所能够覆盖的。因此，建立针对三大技术体系、涵盖整个技术体系支撑环境的扶持政策具有重要意义。

其次，作为影响行业甚至社会发展的战略级技术，三大技术系列的发展本身需要长期的策划，而非自发（市场规律式）的推进。与一般的纯科学技术不同，交通运输行业新技术的发展需要产业链的配合，这也是各国政府从不同角度对三大技术领域进行研发补贴和应用补贴的重要原因。当前，我国需要注意的问题有三方面：一是要强化顶层设计，全国一盘棋；既不能遍地开花，低水平重复研发；也不能盲目补贴，最后造成全社会资源的浪费。二是要从长计议，从整体、全局角度上科学把握国家资源利用的方式，注重扶持政策的长期连贯性与一致性，不能仅看短期效应，更不能鼓励形成"占地盘、求第一"的不良风气，从而破坏研发、应用的良好生态。三是结合我国当前的社会经济发展环境，注重发挥当年"两弹一星"精神，培育能耐住寂寞、具有"十年磨一剑"理念的科技研发队伍。在重点科技领域，以最终成果、大成果为评价标准，减少短期评比、个人评比、小团队评比，确保对这些领域科技研发人员研发工作的优先投入，推动我国在三大技术领域的研发走在世界前列。

第三，从三大技术发展环境来看，我国拥有庞大的应用市场，这是西方国家不具备的优势，也是我国推进新技术研发与应用的良好基础。然而，作为发展中国家，我国拥有良好应用环境的多数大企业现阶段实际上还不具备一流或领先的科技研发实力，培育以企业为创新主体的机制需要更多时间来逐步推进和实现。因此，现阶段如何完善基础理论研究、技术研发、产品设计与试验以及成果推广应用的一体化机制是当前我国面临的重要而复杂的难题，值得深入研究解决。

第四，从技术变革角度看，技术发展的不同阶段应该有不同的评价标准。例如，基础理论研究阶段的重点是基础性的共性与公开技术，可以用发表论文来评价。但进入技术研发阶段后，许多成果实际上属于不宜公开的产业或技术秘密，其成果水平难以采用公开化的标准来评价，甚至不宜用获奖形式来表彰。这一点从西方发达国家较少设置行业应用型奖励可以看出。因此，不搞奖励的"一刀切"，确保这些阶段中的科技研发人员良好的、长期的、有吸引力的待遇与名誉，对培育高水平队伍、赶超世界先进水平具有重要意义。

第 4 篇

未来交通发展

第 13 章

发达地区未来交通进展

13.1 美国未来交通发展

1）综合交通体系发展

美国的综合交通运输网络由近 700 万 mile 的高速公路、地方公路、铁路、航道、机场和管道组成，涉及数千个海港、机场和多式联运设施。超过 310 万人受雇于运营服务行业，直接提供了 4400 万个工作岗位，影响着每个美国人的生活质量。2015 年美国国内生产总值约为 17.4 万亿美元；美国全国每天需运送 5500 万 t 货物，价值超过 490 亿美元。2017 年美国交通部发布了《2045 年交通发展趋势与政策选择》（Beyond Traffic 2045 Trends and Choices，以下简称《报告》）。《报告》从美国人口数量、人口结构、交通现状等基本国情出发，探讨了未来交通发展方向及政策选择，并对各种交通方式的发展提出了指导意见。

《报告》基于人口不断增长、城市化率不断提高的事实，提出的政策包括：①提高基础设施能力，使基础设施能够服务于多式联运；②合理规划土地利用、提倡远程办公、鼓励弹性工作时间、鼓励自动驾驶，以改善道路交通安全；③鼓励公共交通、自行车和定制响应式出行服务。

在货运方面，《报告》预测了 2045 年各种交通方式货运量，见表 13-1。可以看出，2015—2045 年货运量仍然将有较大增长，其中民航增长率达到 234%，载货汽车增长率为 44%。

2015—2045 年美国各种交通方式货运量预测（单位：亿 t）　　　表 13-1

交通方式	年份（年）		增长率
	2015	2045	
载货汽车	115	165	44%
铁路	17	21	24%
水运	8.35	12	38%
民航	0.07	0.24	234%

资料来源：国外交通跟踪研究课题组. 美国 2045 年交通发展趋势与政策选择[M]. 北京：人民交通出版社股份有限公司，2017.

针对货运需求增大、全球化趋势及能源产量提升等背景,《报告》提出的货运发展政策为:①经济上建立针对货运瓶颈地区的战略融资计划,鼓励私人投资货运基础设施;②加大港口和多式联运设施投资,提高多式联运的效率;③鼓励货运企业采用替代燃料和电动汽车;④支持港口、站场等进行设备自动化改造;⑤加大改善能源供应安全和高效的基础设施投资。

美国认为联邦政府在科技创新中应起到关键作用,并始终鼓励公共和私人资本对交通创新活动的投入。具体政策包括:①建立鼓励创新的监管框架,并将确保交通系统安全放在首位;②促进与技术相关行业参与的积极性,以帮助公共部门预测未来技术进步的方向;③激励拥有科学、技术、工程和数学领域知识的交通运输人才;④在采用新技术时充分考虑隐私和网络安全问题。

《报告》对各种交通方式的发展还提出了一定的具体意见。

(1)高速公路及小汽车

美国居民的小汽车拥有与出行比例较高,其小汽车发展水平居全球领先地位。基于美国人口、经济、技术等发展情况,分析影响未来小汽车发展的关键因素包括:①人口和经济增长导致的小汽车出行量的增加,特别是大都市地区,可能导致更严重的交通拥堵;②老化的公路基础设施需要修缮;③自动驾驶将改变道路交通的安全性与生产力,使规划监管面临新的挑战;④道路安全面临持续改善压力。

根据美国联邦公路局预测:美国小汽车出行量年增长率为 0.58%~0.86%,2045 年小汽车出行量将增长 19%~29%。由于人口的增长和城市化率的提高,大都市区的小汽车出行量增长比例可能大于上述值,从而加重大都市区的交通拥堵。此外,小汽车出行量上升带来的拥堵将间接影响美国的货运效率,从而间接增加了货物运输成本。

新技术对道路和机动车辆运营与使用将产生重大影响,包括驾驶方式的改变、出行行为与目的地的改变,以及道路付费方式的改变。自动驾驶和先进的汽车技术将带来最具变革性的变化,如采用障碍物感应系统提高安全性,缩小车辆行驶间距以提升道路容量等;不过,这些变革性技术的进步对交通系统需求的长期影响仍难以预测。

为适应出行量增长以及自动驾驶技术可能带来的交通环境及需求的变革,专家认为应采用如下对策:①经济上,研究建立可持续的融资机制以抵消汽车燃油需求下降导致的政府税收下降,增加联邦信贷援助,开放用于改善道路的私人融资;②利用技术创新构建无缝的多式联运路线、时刻表、支付系统和旅客出行信息系统;③通过公共教育、服务能力和基础设施投资,鼓励使用共享交通方式(如共享自行车、共享汽车以及公共交通等);④加大大容量交通走廊投资,改善营运型客货运的可靠性。

(2)公共交通

美国公共交通客流量处于持续上升趋势。美国 2017 年公共交通客流量较 20 年前增长了 25%,超过同期人口及小汽车周转量增长率。2010 年以来,美国各主要城市均在扩大城市轨道交通的规模，并推出了需求响应的交通服务、定制巴士、定制货车等一系列公共交通服务。2024 年 8 月，两列全新的纯电动通勤列车在加利福尼亚州投入运营。虽然美国公共交通服务的通勤出行仅占 5%，但仍然较好地降低了城市拥堵水平。未来 30 年美国公共交通在经济上将面临燃油效率提高带来的交通部门税收降低的风险，这使得政府可能难以支持公共交通系统的扩张，并导致公交票价上升。随着大都市人口上升及青年对公共交通态度的改变（更多青年愿意乘坐公共交通出行），公共交通的需求可能上升；而信息技术进步将提高公共交通的服务水平与便利性，自动驾驶也将带来公共交通安全性及燃油效率的改善。

为改善公共交通的投资和收益，《报告》提出：①重建和修复急需维修的现有公共交通服务设施。②减少总出行时间规模，提高公交服务的可靠性和频率；③投资快速公交服务，将现有的通用行车道转变为公交专用道，以显著提高安全性、可达性、行驶速度、频率和可靠性；④建立可持续的投融资机制，以抵消燃油效率上升导致的燃油税下降；⑤采用与绩效关联的补贴政策，让资金更好地用于公共交通运营服务；⑥推广先进技术和平台，促进公共交通便捷支付。

（3）航空运输

作为旅客运输的重要组成部分，美国航空业在全世界居于领先地位。2017 年，美国商业航空公司每天运营约 2.9 万次国内、国际航班，运送乘客约 200 万人，运送货物约 2.1 万 t。未来美国航空业发展趋势包括：①不断增长的航空客货运需求将加剧航空拥堵并影响服务水平，尤其是在繁忙大都市的机场；②老化的空中交通管制设施和设备的维护需求将增加；③NextGen 技术（下一代航空运输系统）将逐步在航空系统中实施，并提高安全性、减少延误并提高燃油效率；④随着技术、监管和运营挑战的逐步克服，将刺激无人驾驶飞机和太空商业旅行的增长。

《报告》预测：未来 20 年美国航空公司客流将增加约 50%，往返美国的国际航空客流量将增加一倍以上。美国联邦航空管理局（FAA）预计 2030 年对下一代航空运输系统（NextGen）的投资达到 140 亿美元，运营商需要 150 亿美元为飞机配备下一代航空电子设备，航空业将面临较大的融资压力。无人驾驶飞行器（UAS）方面，私营企业对 UAS 的兴趣较大，《报告》预测到 2035 年，公共和商业用途的 UAS 将达到 25 万辆。

《报告》提出：①应确保足够收入支持国家空域系统运营和资金需求；②协调处理系统的不同需求，包括现代化、维护、效率、容量、环境可持续性等；③将商业太空飞行和无人驾驶飞机系统安全集成到国家空域系统，最大限度降低系统对其他用户的影响；④研究更具协作性、基于大数据的安全管理方法，主动应对可能的安全风险；⑤改善旅客和货物进入机场的地面通道。

（4）城市间铁路

美国城市间铁路主要由公私合营公司 Amtrak 承担，该公司经营的全美铁路网络服务于 46 个州、华盛顿哥伦比亚特区和加拿大的三个省，共计超过 500 个站点，每年运送数百万乘客与价值 700 亿美元的货运量。2014 年铁路客运系统运送了 3020 万名旅客，较 1993 年提高了 50%。电子票务及无线网络通信技术（Wi-Fi）等服务促进了年轻人对铁路运输的需求。美国城市间铁路主要服务于 100～500mile 的旅行，超过 85% 的乘客行程低于 250mile，行程超过 400mile 的旅客不到 5%。未来随着人口增长，大城市交通拥堵问题难以在短时间内解决，人口密集走廊的高速铁路服务可能会成为城市间旅客出行的选择，这有助于缓解大都市地区高速公路和机场的拥堵。

《报告》预测未来 30 年美国城市间铁路客货运系统的发展趋势包括：①发展中的特大区域对快速可靠的客运铁路服务的需求将增加；②客流量的增长将导致 Amtrak 的财务业绩持续改善，但如果没有联邦政府资金补贴，Amtrak 将继续面临客运服务成本的挑战；③货运需求增加将给货运能力及客货运能力协调带来挑战；④铁路安全性要求提升。

《报告》最后对美国铁路提出的政策建议为：①鼓励发展公私合作共享私有货运铁路线新模式，采取激励措施鼓励扩大铁路客货运业务；②联邦投资重点放在安全等技术研发上，创建安全技术监管体系；③加强高水平客货运铁路和车辆升级投资，使客运列车在价格和时间上能与汽车和航空市场竞争；④探索新的公私伙伴关系，吸引更多投资以改善铁路运营企业的财务可持续性。

（5）海运

海运仍承担着美国国内和国际货物运输的重要任务。2014 年美国商品进出口总额达到 4 万亿美元，约占美国国内生产总值的 23%。预计未来 30 年美国海运进出口量将继续增长，这对美国港口与海运系统产生重大影响。《报告》预测美国海运的发展趋势包括以下两个方面。

①进出口和集装箱货运量的增加将使沿海和内陆港口更拥挤。过去 30 年中，美国的国际贸易增长速度远快于其国内生产总值（GDP）增长速度；其中，全美吞吐量前十名的港口承担了 83% 的集装箱国际贸易。由于国际贸易和 GDP 密切相关，现代化和高效的港口对美国未来 30 年经济运行的健康发展至关重要。

②港口和船舶自动化技术发展。随着航运集装箱的发展，港口与船舶装卸自动化水平的不断提高将减少对人工的依赖，这将降低货运的整体成本。

《报告》建议：①制定提高港口能力的国家战略，重点是集装箱船港口；②建立多港口协作运行机制，提高货物流动效率，强化安全保障；③加快港口和船舶自动化建设，提高效率并为高技能工人创造新的就业机会。

2）运输新技术发展

美国长期是全球第一货物贸易大国，进出口贸易总额于 2013 年被中国超越；美国的供应链高度依赖国际贸易。新技术及其关联的应用创新可帮助缓解交通拥挤、提升运行效率，新技术的使用是推动交通运输发展的重要课题，为未来提高客货运输效率、降低运输成本、改善交通安全提供了巨大的潜力。

信息和通信技术将优化美国的全球供应链。海量数据的收集、分析和管理能力将使需求模式、运输路线、旅行时间和基础设施能力的分析更快、更准确。全球定位系统（GPS）、先进的列车控制技术、新一代空中交通管制系统、监测技术及其应用等也将提高运输作业的生产力，并改变所需的技能组合。

2020年3月，美国智能交通系统联合计划办公室（Intelligent Transportation System Joint Program Office，ITS JPO）发布的《智能交通系统战略规划2020—2025》（简称"ITS战略"）明确了"加速应用智能交通（ITS），转变社会运行方式"的愿景，描述了未来五年美国智能交通领域的重点任务和关键举措。

ITS JPO的愿景是通过ITS研发与应用来改变社会运行方式，使人员通勤和货物运输更加安全和高效。ITS JPO设想公民和社区可以享受安全和无缝集成的交通服务，通过无线互连且能持续、系统提供智能反馈循环的交通生态系统实时满足用户需求。在ITS技术研究与实施取得成功的基础上，建立快速适应不断变化的范式的能力，必要时承认颠覆的影响，通过新兴技术来改善交通。

总体上看，美国以五年规划为蓝图布局智能交通发展战略，其目标具有一定的延续性和继承性，2010版战略强调交通的连通性，2015版战略重视车辆自动化和基础设施互联互通，2020版战略从强调自动驾驶和智能网联单点突破到新兴科技全面创新布局，完善了基于技术生命周期的发展策略，着重推动新技术在研发-实施-评估全流程示范应用。例如，2020版战略强调：2020—2025年，拟利用关键研究领域的投资，强化包括自动化、连接性以及数据访问和交换等有较大潜力的新兴技术的研发。

在战略方面，ITS JPO采用一套针对性的战略引导美国交通部等部门与其他私营和公共单位的合作，共同研究、开发与实施ITS技术；其战略框架涵盖识别评估技术、协调和领导ITS研发工作、展示价值、支持部署、贯彻ITS技术五大方面。为实现目标，ITS JPO协调落实了美国交通部相关管理部门之间的ITS计划和倡议，包括联邦公路管理局（FHWA）、联邦汽车运输安全管理局（FMCSA）、联邦运输管理局（FTA）、联邦铁路管理局（FRA）、管道和危险材料安全管理局（PHMSA）、国家公路交通安全管理局（NHTSA）、海事管理局（MARAD）、研究和技术助理部长办公室（OST-R）和圣劳伦斯航道开发公司（SLSDC）。

（1）交通系统新兴技术的识别和评估

为了确定联邦投资或研究项目的必要性，ITS JPO首先要建立识别交通系统中的关键需求和挑战以及寻找解决这些问题的技术或方法，通过与美国交通部相关管理部门、州和地方政府、工业界和学术界的合作，更好地了解相关项目成果创新性、潜在影响以及应用的可能性。

（2）从公共利益出发，协调和引导 ITS 研发

ITS JPO 在美国交通部内担任两个不同的角色，既是项目负责人又是多模式协调员，致力于 ITS 研究和技术部署。作为双重角色，其活动不仅限于一种模式，还需要具有跨领域能力，这种跨部门合作为新的研究和技术转让活动提供了机会。

（3）新兴技术对改善交通系统的优势分析与论证

当某种技术或运营方法显示出积极的影响和公共利益，ITS JPO 及其合作伙伴就会确定将这些利益引入运营环境的最佳方向。具体方法需要针对所涉及的技术、用户和合作伙伴量身定制。对由其他模式管理部门或外部利益相关者部署、试点和测试项目，ITS JPO 充当管理者、顾问或评估者，以促进协作和支持最佳实践。

（4）已获验证的 ITS 技术、方法和政策的推广应用

对行之有效的新技术和新方法进行推广应用也是一个重要课题。这项工作包括技术转让和能力建设，促进私营企业对技术进行商业化。支持地方政府进行技术宣贯与培养，向广大终端用户展示宣传新的交通选择。

（5）贯彻 ITS 技术与政策，促进应用效益最大化

当一项技术或流程成熟并得到部署时，ITS JPO 的角色转变为通过制定和交付标准、政策、技术援助和其他机制来提供持续支持。例如，当技术得到验证时，联邦政府需要对各州和地方在实施技术、实施条件、实施能力和信息方面提供支持。ITS JPO 已建立促进 ITS 持续集成和部署的长期机制。

在规划方面，ITS 战略提出了 6 大重点领域，包括新兴和使能技术、网络安全、数据访问和交换、自动驾驶、全方位服务、加速推广，以推动 ITS 技术的全生命周期发展。各研究领域都支持在美国交通部专题研究领域内实现美国交通部战略目标和研究需求。这 6 大重点领域从新兴技术评估研发到具体技术应用部署，从数据权限共享到网络安全保障，从自动驾驶持续推广到完整出行的全人群全链条出行服务，力求实现 ITS 技术的全生命周期发展。其具体内容大致如下。

（1）新兴和使能技术

美国交通部协同各部门建立长效机制，识别和评估人工智能、自动驾驶汽车等新兴技术在交通系统的应用潜力，将具备潜力甚至颠覆性的创新技术引入交通系统。

（2）网络安全

持续、系统评估交通系统各环节 ITS 技术应用的风险，以便将网络攻击和故障相关的风险降到可接受的水平，并且提高事故发生后的网络韧性恢复能力。

（3）数据访问和交换

研发创立数据处理系统机制，推进 ITS 数据的共享，建立具有普遍性、一致性、安全可信赖的访问权限，以支持自动化、人工智能应用程序、交通服务数据与其他基本公共服务的融合。

（4）自动驾驶

以安全第一、技术中立为原则，完善相关法律法规，提倡市场自由发展自动驾驶技术，推动自动驾驶车辆测试、部署和集成，全面促进自动驾驶技术安全、可操作且有效地集成到交通系统中。

（5）全方位服务

消除"交通荒漠"，重视弱势地区和弱势群体，针对交通需求难以得到满足的残障人士、交通设施尚不完善的偏远地区居民及交通出行方式受限的低收入出行者，通过 ITS 技术提供全链条的智能出行服务体验。

（6）加速推广

推广过程包括 ITS 评估、ITS 专业能力建设、ITS 架构和标准、ITS 宣传交流 4 个方面。通过这些工作，促进 ITS 知识和技术向实践应用拓展，降低市场投资者的不确定性和投资风险，加速 ITS 技术从研究到落地的整体部署。

13.2 欧盟未来交通发展

1）德国：道路交通安全计划

德国交通部将道路安全作为首要任务，自 1973 年以来，德国联邦交通部每 10 年制定一次道路安全方面的计划措施。根据德国联邦交通部发布的《道路交通安全计划（2021—2030）》，未来德国提升道路安全水平的重点主要包括以下几个领域。

（1）利用自动化、自动驾驶和网络信息技术提高道路安全与效率。超过 90% 的事故是由于人的错误而发生的。当车辆具备相互通信或与基础设施通信的条件时，能够及时发现危险情况并有效避免事故。

（2）驾驶员辅助系统应用。进一步扩大驾驶员辅助系统在小汽车、摩托车、载货汽车、公共汽车中的应用范围，提高民众对驾驶员辅助系统的接受度。

（3）道路基础设施改善。在改善道路基础设施方面不断创新，如开发用于检查交通标志状态的电子交通检查工具，为驾驶员提供更多支撑信息。

（4）安全自行车道建设。道路交通状况受自行车干扰大，联邦交通部将持续推进安全自行车道的建设。

根据《道路交通安全计划（2021—2030 年）》，德国联邦交通部近期重点部署的保障道路交通安全的新技术主要有以下几个方面。

（1）ECOSense：改善自行车骑行环境

ECOSense 的目标是开发一个收集自行车各种参数（位置、速度、振动、环境）的传感器平台，该平台收集的数据可完善自行车信息库，使决策者能够更好地了解骑行车者的具体需求，支撑自行车骑行人在行进中做出合理决策。

（2）FeGiS+：识别道路交通中的危险点

FeGiS+项目的目的是通过提前识别道路交通中的风险，为车辆及行人提供相关信息，从而避免交通事故。FeGiS+希望通过更好地利用现有的与安全相关的数据和开发新的相关数据源，为提高道路安全作出贡献。

（3）KI4Safety：利用AI技术提高道路安全

KI4Safety开发了一个可以预测不同几何形状路口的事故频率及其影响因素的事故预测模型。通过大量图像数据，自动分析与安全相关的基础设施特征和模式，并用于预测交通事故，为实际的道路安全和规划工作提供支持服务。

（4）SmartHelm：智能网联"贴心"自行车头盔

SmartHelm项目旨在开发一个可提高城市物流全流程效率的系统。该系统配备了增强现实眼镜、多语言语音控制、用于捕捉眼球运动数据的眼球追踪模块和用于捕捉驾驶员注意力的特殊脑电图电极，旨在使自行车快递员的日常工作更轻松，并通过提前识别压力帮助避免交通事故。

（5）SENSARE：暴雨风险警示

SENSARE项目的目标是提高道路使用者在城市地区因暴雨引发洪水时采取行动的能力。系统可直接从基础设施运营控制中心获取天气预报等信息，未来也可安装在汽车导航系统中。除了动态控制和预警外，传感器网络还可提供数据以改进和验证相关模型，支撑城市综合基础设施规划。

2）法国绿色能源规划

法国规划未来采用绿色清洁能源列车来降低二氧化碳排放，拟部署的新技术如下。

（1）混合动力列车

混合动力列车指同时使用多种能源为动力的列车，并且其能源可回收、储存和再利用。混合动力列车可从接触网、热机、电池获取能量。早期使用电力和柴油的内燃机列车中，由柴油发动机驱动的发电机组被高容量锂离子电池取代。这些列车一般可回收制动时的能量，在车站及其附近一般通过悬链线供电，无须使用内燃机牵引，减少了污染和噪声。电池可在接触网电压较低时供电以保持列车的牵引性能。法国第一个混合动力轨道列车项目由阿尔斯通公司开发。

（2）氢能源列车

氢能源列车是通过列车车顶的两个氢燃料电池提供列车牵引力。列车最高速度160km/h，最多可搭载220名乘客，航程约600km。该技术包括用燃料电池、氢罐和牵引用电池代替传统柴油发动机，不排放温室气体，储存在罐中的氢气与火车顶部燃料电池中环境空气中的氧气混合以获取电力。法国第一列氢能源列车计划2025年上线，列车编组12~14辆。

（3）生物燃料列车

生物燃料列车是为在短期内摆脱柴油等化石燃料且无须修改当前列车动力系统而设计

的解决方案之一。列车使用的生物燃料来自法国油菜籽部门，能够有效减少温室气体的排放。这项创新的优势在于它不需要修改现有柴油机车列车的动力系统，同时可减少约 60% 的温室气体排放。

（4）电池供电列车

法国已投资 3800 万欧元研究电池供电列车，该列车拟在里昂—布雷斯堡、阿伦库尔—博韦—克莱尔、波尔多—马尔桑山、波尔多—勒维敦、波尔多—圣马利安等线路上运营。电池驱动列车能够有效控制污染物的排放，据研究，该类型列车电池寿命预计为 10 年，废弃后回收率达 75%，回收后可用于新电池或其他用途。

13.3 日本未来交通发展

本节从日本社会发展目标入手，分析日本交通行业及相关技术的规划与政策。

1）社会发展展望

表 13-2 描述了日本不同部门对未来（2050 年/未来）社会发展蓝图的构想。

日本未来社会的发展目标　　　　　　　　　　　　　　　　　表 13-2

规划文件	目标时间	社会发展目标
《2050 国土构想》	2050 年	形成城市区域集聚的区域合作，打造世界领先的国际经济战略型城市
《未来社会构想 2050》	2050 年	"富裕可持续发展的社会"
《第六期科技创新基本计划》	未来	"Society5.0"（超智能社会）

日本国土交通省 2014 年发布的《2050 国土构想》对 2050 年城市和区域经济社会发展制定了如下目标。

（1）形成城市区域集聚的区域合作。加强各区域间的合作、推动均衡发展是日本国家空间战略定位中确定的促进各地区独立发展的方针。通过 21 世纪的努力，在以往国土规划的构想基础上将进一步加强以东北、日本海、西太平洋、西日本为轴心的四个城市集聚区的合作。

（2）打造世界领先的国际经济战略型城市。根据多样性原则，未来大都市圈的发展愿景是以世界领先的国际经济战略型城市为目标，实现东京、大阪和名古屋三大都市圈的超级联合。

日本政策与经济研究中心株式会社三菱综合研究所 2019 年发布的《未来社会构想 2050》认为"富裕可持续发展的社会"是一个既能维持可持续发展，又能实现国民希望人生的社会。首先，可持续发展社会给出了未来要达到的最低限度的必要目标。可持续发展的含义有：①经济方面的可持续发展（避免政府债务发散性扩大、经济的新陈代谢等）；②社会方面的可持续发展（纠正过度的经济差距、确保机会平等、对政府的信赖等）；③环境资源方面的可持续发展（实现脱碳的循环型社会、对地球的生态系统保护等）。其次，富裕社会作为一个更高层次的目标，它不仅是一个经济富裕、人民幸福满意度高的社会，也是一个包括生活时间、社区充实、挑战丰富机会等的综合概念。

日本内阁府2021年发布的《第六期科技创新基本计划》将"Society5.0"（超智能社会）的总目标定义为"具有可持续性和强韧性，当面对直接威胁和无法确定的情况时，在确保国家安全的同时，一人也能实现各种幸福（wellbeing）的社会"。

2）交通行业发展展望

日本社会目前正面临高龄化、人口减少等严峻问题，同时还面临地震灾害、能源环境考验等重大威胁。日本在此背景下修改了国家空间战略，重点目标是保证可持续发展、实现自由出行的交通环境，表13-3为不同机构的交通行业展望。

日本交通运输行业发展目标　　　　　　　　　　　　表13-3

规划文件	目标时间	交通运输发展目标
《交通政策基本规划》	2021—2025年	确保每个人都更舒适、更容易出行、维持生活中不可缺少的交通；强化支撑日本经济增长的高性能、高生产率的交通网络系统；确保安全、安心，实现可持续的绿色交通
《国土空间战略》	2021—2025年	①加强国际交通枢纽竞争力；②促进与东亚的对流；③构建促进区域对流的国土干线交通体系；④构建区域交通体系
《日本汽车工业协会2030年出行愿景》	2030年	大城市圈：打造多元交通工具并存的多式联运社会。地方圈：①打造公共交通也在一定程度上得到完善的汽车中心社会；②交通手段的选择极为受限的汽车中心社会
	2030年以后	零事故、零环境负荷、零出行浪费、所有人和物自由出行、心动程度最大化
《东京2040》	2040年	实现人、物、信息的自由交流
《绿色增长战略》	21世纪30年代	实现新车全部转变为纯电动汽车（EV）和混合动力汽车（HV）
	2050年	①实现碳中和目标，构建"零碳社会"；②将替代燃料的经济性降到比传统燃油车价格还低的水平
《国际航运零排放路线图》	2030年	将所有国际航运的燃料效率（单位运输量的温室气体排放量）提高40%或更多
	2050年	到2050年，将国际航运的温室气体排放总量减少50%以上（与2008年相比）
《未来社会构想2050》	2050年	①开发实现公共交通高效运营的MaaS（出行即服务）；②通过自动驾驶技术提高交通安全
《国土规划2050》	2050	在完善基础设施的基础上，根据技术革新的进展，积极利用先进技术，向"智慧基础设施"发展

2021年，日本国土交通省发布的《交通政策基本规划》中列出了2021—2025年交通

发展的三个基本方针和目标。

（1）基于方针一的目标：①实现区域自行设计、可持续、多样化、高质量的移动性目标；②推进区域结构紧凑、网络化；③推进交通基础设施等无障碍化、通用设计化；④为扩大旅游和商务交流营造环境。

（2）基于方针二的目标：①扩充和加强扩大人力、物力流动所需的交通基础设施服务目标；②推进交通领域数字化和增强产业实力；③通过供应链整体的彻底优化等确保物流功能。

（3）基于方针三的目标：①提高灾害风险，构筑应对基础设施老化的交通基础；②确保运输安全，维持和确保支撑交通相关事业的承担者；③运输部门加快脱碳。

日本国土交通省2015年发布的《国土空间战略》列出了2021—2025年的交通发展目标：为使交通充分发挥其功能，需要完善综合交通体系，使公路、铁路、港口、机场等按照各自的特点分工合作，形成有机而有效的交通网络；通过高标准干线道路、整顿新干线、磁悬浮中央新干线等高速交通网络、首都圈港口、国际集装箱战略港口等的早期整顿和利用促进对流。具体来说，包括以下几方面。

（1）提升东京国际交通枢纽竞争力。构建具有连接东亚和世界的国际网关功能和日本交通网络在东亚的基地功能的综合、多层次的国际交通体系，具体包括强化枢纽机场功能、形成国际性物流枢纽两方面。

（2）促进与东亚地区的对流。借助东亚经济增长，谋求经济发展。在形成日本与东亚诸地区生产、贸易、交流等网络据点的同时，强化网关功能，形成日本海太平洋两面活用型国土，加强高速交通网络构建，促进与东亚对流的交通体系建设。

（3）构建促进区域对流的国土干线交通体系。完善综合交通体系，使公路、铁路、港口、机场等按照各自特点分工合作，形成有机高效的交通网络。在谋求加强交通基础设施的抗震性、推进无电线杆化等的同时，强化网络联通性，促进地区间稳定安全地对流。形成综合的陆路交通网、有效的海上运输网、快速的国内航空运输网。

（4）构建区域交通体系。人口减少，人口老龄化发展大背景下，人口从地方流入东京圈，汽车社会持续进展。在保障地区生活质量情况下，着力推进地区高效公共交通网络建设；以地方公共团体为中心，与土地利用等城市规划等部门合作，完善小据点、小型公共交通网络体系。

《日本汽车工业协会2030年出行愿景》给出日本汽车工业界的推进目标，2030年"向飞跃性发展发起挑战"，2030年以后实现"零事故、零环境负荷、零出行浪费、所有人和物自由出行、心动程度最大化"。对不同地区提出了交通体系的不同目标。

大都市圈需要打造多元化交通工具并存的多式联运社会。地方圈方面：①在人口减少、财政恶化背景下，为提高服务效率，应进一步集中城市功能，打造具有完善公共交通服务的中心城区；②分散存续的町村部，在中心城周围，仍存在低人口密度区域，需要发展一定程度的汽车社区。

《东京 2040》以大量篇幅描述了"实现人、物、信息的自由流动"。交通排为第二项战略,涵盖航空、水路、公路、道路、铁路、城轨、物流等运输领域。

(5)保障全龄人群出行便捷。在羽田机场、成田机场、大型轨道车站等人流聚集的重要始发站、枢纽站,支持高效换乘的无障碍设施建设。提高以高龄人群与残疾人为代表的所有人的出行舒适度,利用信息技术实现不同人群的定制化出行。

(6)重塑街道空间提高交往活力。交通空间重塑不再局限于行人和骑行者,在轨道交通车站与街道打造有活力的公共交往空间。推广自行车和小型交通工具,引入燃料电池自动驾驶公交车辆。修建环线削减过境交通,集约利用车站周边停车设施,取消地面停车。车站周边空间内设置下沉式花园、绿地、公共自行车停靠点以及育儿、防灾等服务设施。整合行人步行平台、广场等设施,形成以行人为中心的空间。

(7)完善车站功能,实现站城融合。坚持轨道车站城市一体化发展路线,具体体现在车站街道空间一体化、接驳换乘交通一体化、功能服务城市一体化三方面。

(8)打造高效、可达性好的物流网络。公路、铁路、港湾、机场高度合作,确保全区域范围的速达性和定时性。

(9)打造智慧化、信息化城市。充分利用城市空间,结合物联网、信息通信、大数据等技术,搭建综合性信息平台,提升城市活动的便利性和安全性;打造信息化、智慧化的城市空间。

2020 年发布的《绿色增长战略》提出到 2050 年实现碳中和目标,构建"零碳社会"。运输业和工业领域的目标是:21 世纪 30 年代中期,停止销售全燃油车,转而销售混合动力汽车和燃料电池汽车;电动汽车电池价格降到 1 万日元/(kW·h)或更低。2050 年将替代燃料降到比传统燃油价格更低的水平。

运输业的重点任务是:制定更加严格的车辆能效和燃油指标;加大电动汽车公共采购规模;扩大充电基础设施部署;出台燃油车换购电动汽车补贴措施;大力推进电化学电池、燃料电池和电驱动系统技术等领域的研发和供应链的构建;利用先进的通信技术发展网联自动驾驶汽车;推进碳中性替代燃料的研发,降低其成本;开发性能更优异但成本更低廉的新型电池技术。

2014 年日本国土交通省在《国土规划 2050》提出了交通基础设施的发展构想:2050 年在完善基础设施硬件基础上,根据技术革新的进展,积极利用先进技术,从以下几方面促进"智慧基础设施"建设。

(1)道路方面:改进现有交通网络的使用方法,提供更顺畅安全的交通服务。通过 ITS 技术建立大数据平台,支撑精细化管理,实现现有网络的最佳利用。由于高速公路的伤亡事故率为普通道路的十分之一,二氧化碳排放量为普通道路的三分之二,应合理使用高速公路,提高分担率,实现包括普通道路在内的安全、干净的道路交通。

(2)机场方面:在改善机场交通的同时,提高地方机场利用率。对航空交通管制区域,通过最大限度利用管制空域重组的储备，积极引进从出发到到达的轨道基础设施应用等新技术，构建应对空中交通流量增大的未来空地一体化交通系统。

（3）港口方面：通过 IT 技术在相关人员之间共享集装箱物流信息，提高物流效率。同时，推进装卸机械远程操作、提高集装箱码头装卸系统效率；配合港口设施的更新，改善码头功能，增加泊位深度，强化耐震性，提高港口设施服务水平。

2020 年日本国土交通省发布的《国际航运零排放路线图》提出到 2030 年将单位运输量的排放量减少 40%或更多；2050 年将温室气体总排放量减少 50%或更多，在 21 世纪内尽快达成温室气体零排放的目标。

3）交通运输技术发展展望

表 13-4 基于日本交通运输技术相关官方文件，从道路交通、轨道交通、海上交通、航空运输四方面介绍了日本未来发展的交通运输技术。

日本未来发展交通运输技术　　　　　　　表 13-4

行业	规划文件	新技术（产品）	技术介绍
道路交通	《国土交通白皮书 2021》	ETC2.0	高容量、双向通信的路车协同系统
		先进安全汽车	智能化系统保证驾驶员安全驾驶
		陆路交通数据平台	与各种数据 API 链接，扩大数据联动
		自动驾驶技术	减少驾驶疲劳、增强驾驶安全
		后车无人队列跟驰技术	在最前方载货汽车内有驾驶员，通过通信联接后方的无人驾驶载货汽车，节省人力
	《国土交通白皮书 2020》	MaaS 模式	通过电子交互界面获取和管理交通相关服务
轨道交通	《国土交通省技术基本计划》	新型月台门	防止乘客从站台跌落等无障碍设施
		下一代机车车辆	利用物联网、人工智能技术，降低车辆维持成本
海上交通	《国土交通省技术基本计划》	通信系统	其他船只接近警告、船舶之间通信
		大数据	预测海上船舶交通流量
		信息与通信技术（ICT）	开发码头作业的尖端化技术
		AI 与大数据	海运集装箱物流效率的相关开发
		i-shipping	提高造船生产力，减少燃料浪费以及船舶故障
		液化氢运输船技术	将氢气冷冻液化，达到高效运输的目的
航空运输	《国土交通省技术基本计划》	信息通信技术	减轻人力负担和防止人为错误
		无人驾驶飞行器	用于抢险救灾和货物配送

注：ETC 指电子不停车缴费，API 指应用程序编程接口。

（1）道路交通领域

日本国土交通省在《国土交通白皮书 2020》和《国土交通白皮书 2021》中提出利用最

新信息通信技术，在道路使用、车辆驾驶和行人安全、交通效率和乘客舒适性等方面取得突破。

在高速公路上安装约1800架ETC2.0路边飞机，进行双向信息交互。一方面可接收来自路侧机的实时道路拥堵等信息，为车辆出行路径选择提供主动诱导；另一方面向路侧机上传车辆运行数据，应对路面拥堵、提高驾驶安全性和智能化水平。为减少路面交通事故，通过智能化系统为驾驶员的安全驾驶提供支持。日本国土交通省牵头制定了先进安全车（Advanced Safety Vehicle，ASV）技术研究计划，2020年制定了实施司机监控系统（睡意、打盹检测、侧看等监测）等计划。

在基础设施领域构建了陆路交通数据平台。在服务器空间上再现以城市信息模型（CIM）、建筑信息模型（BIM）和信息与通信技术（ICT）制作的三维数据，通过i-Construction平台提供地基信息、民间建筑物等国土相关信息；同时构建连接公共和私营部门拥有的公共交通、物流和商业流通等经济活动数据和天气等自然现象数据，支撑陆路交通的运行与管理。MaaS利用信息通信技术无缝连接交通工具，为解决城市地区的交通堵塞、环境问题、农村弱势群体提供服务，今后其与自动驾驶技术结合起来将备受关注。

2022年实现在限定区域、车辆条件下的远程监控（L4级）自动驾驶服务；2025年在40个地点实现多种区域、多样化车辆的无人自动驾驶服务；2025年后实现高速公路L4级自动驾驶载货汽车，以及采用该技术的编队行驶，研究高性能载货汽车的运营管理系统；2025年在混合其他交通元素的空间中部署L4级自驾车辆。

（2）轨道交通领域

2017年日本国土交通省发布的《国土交通省技术基本计划》指出：视觉障碍者的站台上坠落事故不断，防止事故发生十分紧迫。该计划提出要保障乘客安全、降低相关技术开发成本。新型月台门可对应车辆门位置，防止乘客从站台跌落。利用物联网、人工智能技术将降低下一代列车的维修成本。

（3）海上交通领域

《国土交通省技术基本计划》指出要关注防止占船舶事故约7成的小型船舶事故。随着智能手机的快速普及，开发和普及其他船只的接近警告、强化船舶间的通信等技术和系统的应用。此外，为确保海上交通安全、提高航行效率，将利用大数据来预测海上船舶交通流量并反馈给船舶系统。

为增强港口功能，推进利用信息、通信和技术的码头作业的尖端化技术开发。例如，利用AI与大数据支撑海运集装箱物流效率提升；在船舶运营和维修中利用物联网、大数据技术，实现船舶设计、建造、运营和维护的一体化，进一步提高造船生产力，减少燃料浪费以及船舶故障。

日本还在开发液化氢运输船技术，该船通过将氢气冷冻至零下253℃液化，使其体积压缩至原本的1/800，达到高效运输的目的。单次航行运输的氢大致可驱动15000辆燃料电池汽车。

（4）航空运输领域

为推进空中交通系统升级,《国土交通省技术基本计划》提出整合信息管理部门，重组日本国内空域，提高控制处理能力与效率。通过在管理人员之间引入先进的数据通信技术减轻业务负担、预防人为错误；通过强化监测能力和提供卫星导航服务，构筑实现安全、高效运行的基础。在无人驾驶飞行器领域，在确保安全性的同时，支持对孤岛、山区货物运输部门的利用和飞行需求，促进货物交付效率的提升。

13.4 小结

从本章分析可以得出以下几点结论。

（1）各国未来交通发展关注的热点集中在安全保障、服务质量提升与环境效率改善等领域。

①从交通安全保障领域看，各国关注的重点已从传统的设计、管理、标准主导的被动安全向主动的、全生命周期的安全理念转变。在未来技术的支撑下，交通系统运行状态监测、非预期事件引发的风险预警、将突发事件导致的不利后果向安全方向的转移处置等已成为新的系统安全观。其中，信息技术、物联网、复杂智能化算法以及应急响应机制设计和建设成为重要的支撑手段。

②在服务质量提升领域，未来社会与经济的发展对客（货）运输服务提出了更高要求。服务质量的内涵已不局限于传统的速度、价格等要素，更涉及可靠性、服务均等性以及服务过程体验等方面。这方面，公共大数据平台建设、信息与通信技术以及智能物联网技术等将发挥不可替代的作用。

③环境效率改善是未来发展需要关注的且较以往越来越重要的新领域。随着全球气候变暖问题日趋严重，碳排放引发的环境问题对第二排放大户的交通运输业的发展提出了更高要求，成为推动交通与能源一体化的重要抓手。日本、欧美各国对新能源交通工具的研发寄予厚望，并启动开展了大量研发，期待在未来的交通相关产业中占据有利位置。

（2）未来交通技术的发展主要涉及信息技术、自动化技术以及新能源技术三大重点领域。从各国近期规划看，三大领域的重点内容可以概括为以下几个方面。

①信息技术是第三次技术革命的核心技术，也将是第四次技术革命的核心技术之一。社会运行的复杂化及其发展过程产生的新需求给信息技术的发展提供了广阔的应用空间；这一方面成为推动信息技术本身发展的动力，另一方面也使得信息技术的发展成果具有较其他技术更大的影响力及更高的社会经济效益。

②自动化是人类追求的重要理想。自动化技术给交通运输业带来的变革不仅体现在运输效率与服务水平的提高，也带来安全性的改善与资源节约的重大效益。依托信息技术与人工智能算法的支撑，交通运输领域的自动化将从传统的运输生产过程拓展延伸到全链条

的运输服务过程，成为未来交通运输业发展的重要方向。

③新能源技术是第四次技术革命中的重要核心技术。作为交通运输业的关键要素，各国对新能源开展了大量研究论证，其路径也不完全相同。人口密度相对较大的日本、欧盟更注重研发营运型公共交通工具的新能源，包括新能源列车等；以个人交通为主的美国则在个人电动汽车与燃料电池汽车方面走在了前列。

（3）技术变革机遇及其给我国带来的启示。

各国政府对技术及其发展带来的机遇十分重视，将核心技术识别与研发机制作为领先未来的重点课题，并对新技术的研发、推广应用给予了大量的、不同形式的投入或补贴。从新技术识别角度看，既要善于把握对未来产业发展影响最大的潜力技术，又要注意技术的实用性。换而言之，要平衡好技术的先进性与产业化的可能性，不能盲目追求领先性而将一些难以具备产业化条件的技术放到关键的篮子里。

第 14 章

我国交通运输系统发展展望

人类从农业社会到工业社会，再到以知识经济为基础的后工业社会，每一时期的社会经济发展与文明进步都紧密关联着交通运输的发展。交通运输是文明社会摆脱混乱、建立秩序的必要条件，也是经济社会前进的重要支撑。国内外政治、经济、历史、地理及人文等诸多领域的专家学者从不同视野和角度分析了自技术革命以来交通运输在人类社会发展中的意义。可以说，交通运输促进了前三次技术革命技术成果的实现，以及全球资源配置成本的降低，并持续推动了工业和科技的进步。本章结合第四次技术革命的机遇分析我国交通运输业发展的对策。

14.1 当代新技术发展概况

三次技术革命改变了人类创造价值的方式，也改变了整个世界运行的面貌。每一次技术革命中，技术、政治和社会制度的相互作用及其带来的演化，不仅改变了交通运输行业本身，而且改变了人类对自身的认识以及人与自然之间相互作用的方式。

第四次技术革命的新技术基于以往技术革命的知识和系统，特别是第三次技术革命的数字技术。从人工智能到生物技术，从先进材料到量子计算，一系列新兴技术带来了大量机会和变革，并从根本上改变着前三次技术革命所建立的生活方式。诞生于第三次技术革命的数字技术是本轮技术革命的重要基础设施，依托性能不断强大的通信技术、日益普及的云服务以及快速增强的图形处理能力，不断发展的数字技术逐步进入了工业生产、城市交通基础设施和互动设备等领域。本质上看，前两次技术革命的"机械化"与"电气化"技术奠定了数字技术的基础，推动了工业的"自动化"；而如今的数字技术又为更多（新）技术的重构提供了支撑，带来人类生活环境与工业社会空间的深刻变革，引领人类社会走向"智能化"。

1）第四次技术革命的新技术内涵

第四次技术革命以新型计算技术下的数字化技术为核心，将多种技术以多种方式相互关联和集成，彻底改变了现有的感知方法、计算能力、组织模式、行为机制和交付方式，包括产品与服务的生产和运输方式。

达沃斯经济论坛发起人、《第四次工业革命》作者克劳斯·施瓦布，在总结达沃斯论坛专家学者观点的基础上，将本轮工业革命的新技术归为4类12项，即：拓展数字技术（新计算技术、量子计算技术、区块链技术、物联网技术），改革物理世界方面的技术（人工智能与机器人技术、先进材料技术、增材制造与多维打印技术），改变人类自身的技术（生物技术与神经技术、虚拟现实与增强现实技术），整合环境方面的技术（新能源技术、地球工程、空间技术）。该分类得到诸多工业国的认同，诸多制造业强国已推进的行动计划证明了上述12项技术具有重要意义。

（1）新计算技术

计算技术的核心是材料、组合与架构的创新。这些创新导致了对信息更高效的处理、存储、操控，也强化了信息的交流能力。中央云计算、神经网络处理、量子计算、光学与网络计算、生物数据存储等技术群促进了软件开发和加密方法的发展，解决了网络安全挑战问题，提升了信息处理能力，并将显著提高医疗保健应用以及物理化学工艺等领域的效率。

（2）量子计算技术

量子隧穿效应的干扰及其他形式的漏电会损坏芯片或导致芯片失效，5nm（头发的直径为5万nm）或许是硅晶体管的物理极限。量子计算机利用量子力学的奇异性重构计算，与仅限于1或0的二进制位不同，量子位在被测量前可以任何状态存在。量子层物质的另一奇异性是纠缠，即多个量子位相互关联，测量一个量子位的量子状态可以获得其他量子位的信息。因此，量子计算机可运用量子算法，创建概率捷径，为各种数学难题提供令人信服的答案。

（3）区块链技术

区块链技术的核心是不通过中心化的受信方创建交换中具有唯一性的数字记录。利用加密技术与对等网络的巧妙组合，该技术确保以准确、透明的方式实现群体之间信息的存储和共享，并产生多项额外价值。区块链技术的主要特征有：数字对象可精确复制，同时传输给多人，边际成本几乎为零；分布式账本可实现透明度、可验证性和"不变性"，任何人都无须委托单独的中心化第三方；交易可自行完成，无须人为干预；数字账本设计具有包容性。

（4）物联网技术

物联网由一系列智能互联传感器组成，是第四次技术革命的核心技术之一。智能传感器根据需要收集、处理和转化数据，再将数据传输给其他设备或个人，实现系统和用户的各种目标。

作为由传感器和设备构成的分布式网络，物联网可为其他分布式技术提供协同运作机制，如云端人工智能、区块链、增材制造、无人机、能源生产等。例如，航空公司租赁的飞机发动机，通过保持与设备的连接获取海量数据，制造商通过这些发动机数据可改善设计、提高服务性能与效率、降低价格。物联网不仅通过智能互联提供服务，还可收集、分析和管理大量数据，发掘关联规律和机理，预测颠覆性变革。

（5）人工智能与机器人技术

人工智能的含义随时间推移在不断变化，目前多是指基于软件的机器学习，依托方法包括决策树、贝叶斯网络、人工神经网络以及进化算法等。通用人工智能目前还不成熟，但"弱人工智能"已无处不在。人工智能与机器人的目标是更好地完成困难环境下的复杂任务，不是淘汰人类。人工智能系统的目标设置需要人类帮助，要求确保其数据处于有序状态。实际上，最聪明的人工智能系统也会有偏差，也会犯错误。

（6）先进材料技术

材料进步往往意味着时代的更替，这一点从描述不同历史阶段的名称即可看出。无论是 3D 打印技术的应用，还是计算机微型化等新技术的推广应用，都需要新的先进材料。新的先进材料包括合成有机体、石墨烯、纳米技术，以及地球上富含的原材料不同组分生成的新材料等。

（7）增材制造与多维打印（3D 打印）技术

增材制造指任何通过不断叠加材料层制造实物的方法，这类方法与传统制造工艺组合成型或依靠切削材料形成产品的方法完全不同。后者增加了原材料成本与环境处理负担，如传统机械加工靠改变材料形状注塑成型和金属铸造。不过，不论 3D 打印还是增材制造这些称谓都不足以完全概括这项技术的各种尖端能力，如打印生物器官等。增材制造与新技术革命中其他技术相辅相成，通过传感器、执行器和电源中的内置智能设备生成与收集数据，不断推动信息物理系统定制化智能组件的发展。同时，新型计算机技术、纳米技术、先进材料和生物技术也将促进 3D 打印技术的发展。

（8）生物技术与神经技术

生物技术研究的是生命有机体，它在精密医学、农业、生物材料生产中的应用将会影响社会发展。神经技术通常指各种深入解析人脑运作过程的方法，借助这些方法提炼信息、拓展感官、改变行为，并与外界互动，包括利用新的化学品精细地解读人类思维，采取干预手段来修复或增强大脑功能。

（9）虚拟现实与增强现实技术

虚拟现实、增强现实和混合现实都是沉浸式的视听技术。这些技术让人类沉浸于虚拟环境，或将虚拟元素叠加在真实场景中，将通过虚幻场景提供感官反馈的不同技术结合起来，给人机交互带来全新体验。

（10）新能源技术

新能源技术包括潮汐、核聚变、先进材料和纳米技术等，它们都有助于提高能源使用效率，减少能源浪费。生物技术可通过细菌工程、利用光合作用生产生物燃料电池。潜力最大的是核聚变技术，如能按设想正常运行，核聚变可提供大量可持续且价格相对低廉的清洁能源。结合人工智能技术，并通过智能电网、动态能源路线或电池驱动交通工具提高整个系统的效率。纳米技术应用则可解决储能问题。

（11）地球工程

地球工程指对地球自然系统实行的大规模主动干预措施。如改变降雨规律、创造人工阳光源、利用生物技术改变生物圈等。从理论上讲，地球工程可造福部分地区，但同时会给另一些地区带来灾害、旱灾和涝灾。许多科学家认为，凭借现有的科学知识干预大气系统既危险又不负责任，但地球工程的支持者认为，这能够补救人类过去数百年对环境和大气的破坏。

（12）空间技术

航空航天技术、天文观测能力、微卫星研发、纳米材料、3D打印、机器人技术和机器视觉等领域取得的重大突破，可能开启一个规模空前的太空探索时代。空间领域衍生出了微芯片、软件工程等诸多产业，并形成正反馈回路。移动计算、电池、3D打印和人工智能技术将有助于提高空间技术的效率。

2）第四次技术革命新技术对全球产业链的影响

第四次技术革命的新技术特征主要体现在发展速度以及广度、深度和系统性延展上。与前几次技术革命不同，第四次技术革命的扩张速度是指数级而非线性级；这是因为人类目前紧密互联的社会环境对新技术具有催生、再生效果。例如，第四次技术革命中的数字技术不仅可融合各种各样的技术，还能给经济、商业、社会运行机理和个人生活模式带来颠覆性的改变。深入思考如何用好这场技术革命，可以更清楚地审视这些技术可能催生的潜在社会模式，推动社会与经济的高质量发展。

新技术的以上特征使第四次技术革命新技术对全球经济运行模式产生的影响更加深远。例如，供应链模式的变化可能使大规模生产开始转向定制化生产，机器人的应用使制造业向劳动力成本高的地区"回流"，产（成）品供应趋向就近化和本地化，国际集装箱运输的繁荣将逐渐消退，运输规模的分散化使供应链单位运输成本增加。机器人取代廉价劳动力可为人类提供更廉价的商品和服务，但可能导致既有全球供应链的崩溃，并逆转20世纪后期以来的全球化趋势。自动化和机器人技术的应用导致的"回流"可能使国家间经济和金融壁垒重建，跨国供应链的需求消失，各国将自己变回经济意义上的"封闭式社区"。这从另一方面说明了科技对人类社会发展具有不可预测的颠覆性。如蒸汽动力的诞生使生产与消费之间的更大距离成为可行，铁路或轮船提供的货物运输能力为经济的大规模发展铺平了道路。这种大规模生产技术允许人们在某一地点以低廉的成本进行商品生产，然后将商品迅速运送到全世界。交通运输领域的创新也有很大影响：集装箱运输革命大大降低了海运成本；更大更高效的飞机不仅大大增加了人们前往遥远地方旅行，也使人们更加便利地享受到来自世界各地的农产品。如果说 19 世纪的技术导致的工业集中可以称为强大的分裂者，20 世纪后期的新技术由于其对全球供应链的重组则是更伟大的统一者。这也将对交通运输行业带来深远影响。

3）第四次技术革命新技术发展趋势

全球各国，尤其是制造业领先的发达国家对新技术革命具有强烈的反响，这些国家率先制定了各自的应对计划。如：美国制定了先进制造伙伴计划，德国制定了工业 4.0 战略计划，英国制定了工业 2050 战略，法国制定新工业法国计划，日本制定超智能社会 5.0 战略，韩国制定制造业创新 3.0 计划等。与此同时，我国也制定了《中国制造 2025》。

当前的代表性技术已不再是那种固定的、一台机器实现一个固定功能的模式类型。未来的技术可能是一个系统或者一个功能网络，一种"物-执行-物"（things-executing-things）的新陈代谢，它可以感知环境并通过调整自身来做出适当反应。整个生产过程成为自动化和信息化不断融合的过程，也是用软件重新定义世界的过程。

4）案例分析

布莱恩·阿瑟在《技术的本质》中提到，新技术会引起各行业产品成本、市场价格和生产网络（供应链）的伸展和重塑。19 世纪 50 年代，铁路不仅使美国运输工具的价格更便宜，也使相关地区经济对运输的依赖有了重大调整。在美国中西部地区，从东海岸运来的运输成本高的成品或半成品，因为铁路运输的发展而变得更便宜；而中西部的其他外运产品（如小麦和生猪），由于市场扩大则涨价了；部分用户转而从东部地区购买，这改变了物流链的运行过程。

以智能制造为例，传统制造业利用工业物联网、工业软件、机器人等智能制造技术不仅解决了数据孤岛化带来的生产流程信息不足、统筹管理滞后以及劳动力成本攀升等问题，也推动了互联网、大数据、人工智能等大量新技术在制造业的广泛应用，催生了大规模定制、网络协同制造、远程运维服务等新业态、新模式；增材制造、工业传感器等新兴产业得到迅速发展。

德国工业 4.0 的实质是物联网的一部分。换言之，就是利用信息物理系统（CPS），让大规模定制具有大规模生产那样的低成本。从工业制造过程的技术原理可以看出，基于数字化的互联网、与互联网相关的移动终端的连接以及机器与互联网的连接是德国工业 4.0 的基础；因此，数字化是德国工业 4.0 的重要组成部分。工业制造中的所有物品都可以构成物联网，且所有被连接起来并提供服务的产品、物品与设备都来自工业，而信息物理系统（CPS）是物联网与德国工业 4.0 的核心技术。

14.2 交通运输系统中的技术要素回顾

历次技术革命对交通运输业的发展影响巨大，而第四次技术革命的影响也值得未雨绸缪详细分析。

(1)微电子技术和软件技术

微电子技术(micro electronic technology)是电子电路与系统在实现超小型化和微型化过程中形成和逐步发起来的一门综合性技术。自20世纪60年代第一块集成电路问世以来,微电子技术的迅速发展,特别是芯片的运算能力的不断提高和价格可接受性的改善,使这些技术广泛应用到交通运输业中的智能交通、定位导航、速通卡等领域。过去二十年,应用范围和功能不断扩大的信息技术,特别是互联网技术的普及和物联网技术的应用,对交通运输业的管理方式产生了直接而重大影响。未来微电子技术中软件技术的进一步发展将加速它们在交通领域内更广泛的应用,推动交通运输领域的效能提升和服务水平改善。

(2)信息的数字转换与处理技术

伴随信息的数字转换与处理技术不断成熟,交通运输业的数字化产品也应运而生。条形码和电子扫描是自动识别技术的两大部分。条形码可标记在产品、包装盒、集装箱甚至车辆上,产品条形码经过扫描仪后,条形码上的数据进入信息系统,从而达到信息收集和交互,实现运输过程管理的目的。再如射频技术(一种基于电磁理论的通信技术),适用于物料跟踪、载运工具和货架识别等要求非接触数据采集和交换的场合。随着数字化技术的发展,现代计算机延伸了人类大脑的功能,智能技术和智能化管理也应运而生。电子数据交换系统(EDI)、地理信息系统(GIS)、全球定位系统(GPS)、智能交通系统(ITS)、人工智能(AI)等技术已广泛应用于交通运输行业。

新技术的出现,必然会冲击传统技术。不过,就信息技术在交通运输中的应用而言,新技术不可能一蹴而就地替代传统技术,这是由技术的积累特性决定的。重要的是如何将新技术中有用的部分通过研发转化为技术效率,达到提高交通运输效率和服务质量的目的。对交通运输业来说,新技术应用的最终目的是最大限度满足客(货)运用户的需求。换而言之,有应用需求的新技术才是值得研发投入的技术方向,这需要从战略上进行准确判断。

14.3 技术对交通运输业发展的影响

1)交通发展历程中的技术作用

(1)技术不断推动交通运输的发展

蒸汽机、内燃机、基于计算机的现代通信技术,以及煤炭、石油等化石能源及电能的应用,为交通运输发展带来了划时代的革命。过去200年市场经济的发展与积累为交通发展带来了巨大需求,极大提升了运输效率和能力规模。新技术和新能源的创新,加上"市场革命"的制度创新,使交通运输业生命力倍增;推动人类社会从相互隔离走进互联互通的全球化。从交通运输发展历程看,交通运输的发展史实际上就是交通运输技术的作用史。

(2)交通发展中技术的作用

从人类发展的历史进程看,交通作为技术进步和人类文明演替的见证,第一次技术革命以来 250 年的发展成就超过了以往数千年。运输业先后经过了人畜力车、水运为主、铁路为主的发展时期,20 世纪 50 年代以来,随着高速公路、大型喷气式飞机、高速铁路、超级船舶以及集装箱运输技术的发展,交通运输业进入各种方式技术经济优势充分展现的综合运输阶段。科技的支撑使交通与现代社会融为一体,从日常生活的代步工具到经济社会的生产流通,从区域经济一体化开发到一国边防建设,交通运输不仅成为支撑文明社会稳定有序运行的基础,还成为增进区域开放与交流、推动时间与空间整合、联系国家间经济贸易、推进社会进步的重要手段。

2) 中国交通运输历程的技术印迹

(1) 技术水平决定着交通运输发展水平

中华民族不仅有悠久的人类文化文明,也有悠久的交通文明。秦修驰道、汉通西域、隋代赵州桥、唐宋时代的驿站、金代卢沟桥等,无不彰显了对交通发展的历史贡献。始建于春秋时期、建成于隋朝的京杭大运河,千百年来一直发挥着物资运输和促进南北交流的巨大作用;古老的"丝绸之路"对今日世界经济仍有重要影响。不过,进入近代后,西方技术革命开创了以机械化和电气化为代表的现代运输后,我国的交通运输已远远地落在了西方工业化国家之后。

(2) 技术发展推动我国交通现代化

新中国成立后,尤其是改革开放以来,我国交通运输业发展又回归到快速道。交通基础设施水平从落后走向现代化,铁路与高速铁路系统、公路与高速公路系统、水运港口设施、民航机场等交通基础设施的诸多指标已居世界前列甚至领先水平。交通管理体制也从传统的计划经济管理体制全方位向市场经济体制下制度安排转化,交通技术水平在发展过程中不断提高。进入 21 世纪以后,交通基础设施网络建设按国务院批准的交通发展规划全面实施,立体交通网络正在形成和完善,客(货)运服务水平不断提高,极大地支撑了国民经济的快速增长。

回顾我国交通运输的发展历程,交通土建施工、载运工具设计制造、信息化管理等技术创新,推动了运输方式的变革和运输效率的普遍提升。这一时期既是先进技术应用到交通运输领域的成熟期,也是各种运输方式技术经济比较优势得到充分发挥的时期。

近 200 多年来,交通运输系统的发展经历了以水运为主、铁路为主和公路为主的不同阶段。进入 20 世纪后期,市场发育较成熟的国家和地区普遍认识到:任何一种产品的生产、流通、分配、消耗过程中靠单一运输方式已难以完成,必须靠各种运输方式不断提高技术含量协同发挥技术效率。尽管各国采用的实现形式不同,但用综合、系统的方法提高技术含量达到提高技术效率的目标是一致的。这一发展进程充分体现了科技对提高运输效率和效益作用以及科技创新的巨大威力。

3) 技术作用的着力点

历史经验表明,技术进步不断推动社会经济的发展,社会经济发展又反过来不断地对交通运输提出各种不同的需求，也持续要求交通运输系统自身不断与之相适应。我国过去 40 余年的交通发展历程，始终坚持以科技创新为动力，走过了自主研发和引进、消化、吸收再创新的艰辛发展之路，一批重大关键性技术取得突破。就交通与技术而言，各种运输方式虽有所不同，但在技术进步的着力点上，始终存在着共同之处：一是交通运输系统固定设施子系统的建设，要尽可能为移动设施子系统应用成熟的先进技术留有发展空间；二是技术的着力点主要集中在客运系统的快速技术体系、货运系统的专业化重载技术体系以及提升交通运输系统效能的智能化技术体系上；三是绿色交通、可持续交通运输系统技术体系成为未来交通的发展方向。

经过几十年的不懈努力，我国交通运输系统已初步实现了现代化，其中高速铁路、高速公路、港口和机场已进入世界前列。截至 2023 年，铁路营业总里程达到 15.9 万 km，其中高速铁路营业里程达 4.5 万 km，铁路复线率 60.3%，电气化率达到 75.2%。公路通车里程已达 543.68 万 km，其中高速公路通车里程达 18.36 万 km（含国家高速公路 12.23 万 km），颁证民用航空运输机场 259 个，全国港口万吨级及以上泊位 2878 个，城市轨道交通运营线路 308 条、运营里程 10158.6km；公共交通已步入现代化水平。以科技为引领的交通运输系统，已将科技交通、人文交通和绿色交通根植于各种运输方式的使用之中。

4）案例分析：技术进步是铁路演化的推力

铁路发展史表明，技术进步是铁路演化的强大推力，过去的三次技术革命都对铁路运输业的发展产生了重大影响。

以蒸汽机为标志的第一次技术革命，直接推动了铁路的诞生，使铁路取代了服务人类数千年的畜力车。第一次技术革命期间，除了牵引动力领域的革命外，土木工程、建筑材料、通信技术和机械制造业的进步也是推动铁路发展的重要力量。

以电气化和内燃机为标志的第二次技术革命带来了铁路牵引动力的升级换代。内燃机车、电力机车功率是蒸汽机车的 2~4 倍，为铁路列车提速和重载运输的发展创造了条件。牵引动力的升级，不仅提高了铁路的运输能力和劳动生产率，也改善了运输服务质量，降低了运输成本，提升了铁路的市场竞争力。

以信息技术为标志的第三次技术革命加速了铁路现代化进程。这期间，交流传动、内燃和电力机车的推广普及，牵引功率进一步加大；新材料、新工艺的广泛使用，推动了铁路设计水平、建设技术与施工能力的提升，催生了速度超过 200km/h 的现代高速铁路。计算机和信息技术的发展，使铁路运营管理不断现代化，客（货）运输安全保障水平不断提高。总体上看，新技术支撑铁路向更高速度、更大轴重、更好服务和更高效管理方向发展，也重新奠定了其在整个交通运输体系中的地位。

实践证明，创新的成果需要接受市场的检验，适应经济社会发展需求的技术才是有生命力的主流技术。我国铁路既有线提速与高速铁路建设都取得了较好的市场效果。然而，不是所有技术创新都能开花结果。磁悬浮技术是 20 世纪的重大发明，但到目前为止，该技术在长距离运输干线上并没有得到应用，主要原因是这种技术难以"嵌入"现有的轨道交通体系。

铁路发展史也是一部技术进步史。没有蒸汽机、柴油机、电动机、先进材料和现代信息技术的发展和突破，也就没有今天的铁路运输。不过，技术进步对运输业也是双刃剑。一方面，技术革命推动了运输业发展；另一方面，新技术的不断涌现也造就了新的运输方式。这些新生运输方式可能由于更适应变化中的经济社会需求而发展壮大，反过来冲击原有运输方式的地位，使原有技术被边缘化。

14.4 交通运输中技术的作用

交通运输与技术，既是一个交通运输系统工程问题，也是一个技术进步下的社会经济发展问题，更是一个技术经济学重点研究的问题。交通运输与技术不单纯是理论研究，更是应用学科中理论与实践结合的研究。

技术作为实现人类目的的一种手段有其特殊的体系。现代技术是运用科学原理和方法，开发出先进的、可用于支撑社会与经济运行的工艺方法、生产装备和自动控制系统。现代社会中成熟的先进技术必然会运用到交通运输中，并转化为运输技术；技术对经济的推动，也必然会作用到交通运输系统。

交通运输中技术的作用主要体现在对运输效能的提升上。这种效率的提升更多采用纵向比较法衡量。交通运输系统关键技术体现在基础设施、运输工具、装载设备、运输组织管理和服务水平上。这些环节包括前期的科学决策、建设阶段的施工工艺和机械、运营管理阶段的专业化和自动化技术，以及渗透在全过程中的计算机、互联网和遥感、卫星定位技术、人工智能与机器人等技术的应用。

现代科技已将交通运输与现代社会融为一体，交通运输的发展史就是运输技术的作用史。交通运输技术的印迹充分证明现代技术催生了我国交通运输的现代化。250年来，每一次技术革命中，技术、政治制度和社会制度共同演化，不仅改变了行业本身，也改变了人们看待自身、相互联系以及与自然相互作用的方式。

新技术革命通常是指新计算技术下数字化技术的普及和应用，新技术革命的核心技术以多种方式相互关联而发挥作用。第四次工业革命具有明显的新技术革命特征，即拓展并改变数字系统和以指数级扩展并形成实体产品融入我们的生活。

如前所述，本轮技术革命的诸多新技术可归类为4类12项。这些技术带来的变革主要体现在发展速度、延展广度及系统性上，对全球产业链、供应链产生影响。值得注意的是，技术上的任何变革几乎都必然给一些人带去福利的改善，而给另一些人带去福利的恶化。一个社会的经济竞争力和稳定性很大程度取决于社会对新技术的适应能力。这对交通运输领域的影响也是如此。

14.5 技术变革下的未来交通运输

科技作为第一生产力给人类带来了无限想象。纵观人类发展史,科学成果不断转化为应用技术从而提升人类生产效率,改变人类社会的运行方式。交通运输的发展史本身就是一部科史。例如,公元前 6000 年,人类最快的长途交通工具是骆驼,每小时约行 10mile;公元前 1600 年前后,双轮马车问世;直到 3000 多年后的 1784 年,英国问世的第一辆邮政马车,其速度也不过 10mile/h。1825 年以后蒸汽火车问世,显著提高了运输速度,19 世纪 80 年代速度增加到 100mile/h。1938 年,人类飞行器的速度已达到 400mile/h;1960 年,人类应用火箭,速度已达 4000mile/h 以上。这里,技术成为人类交通现象里隐藏的巨大动力。

当一个新技术(如铁路)到来时,它为某产业提供了一个新的模块,一种新的升级。它所替代的旧模块(如运河)会被更新,新的升级模块不知不觉地安插进来,其他部分会自动地寻求新的平衡,其张力和变动(价格、生产和消费)也需要进行相应的调整。

1)新技术对交通运输发展的影响因素分析

(1)"域"的概念

在分析新技术对交通运输发展的影响时,需要引入一个新概念,即"域"。这里可以将某些可以使共同工作成为可能的、共有的、自然的技术称为技术集群,而将这些技术群组成的技术体称为"域"。实际上,交通运输工程项目从设计到施工是从选择一个"域"开始的,即通过选择合适的技术体来构建新的交通运输工程项目。这不难理解,因为经济活动对新技术体的出现会做出敏锐的反应,包括改变活动方式、构成新产业等,即经济会因新技术出现而改变自身结构。因此,技术不仅直接影响交通运输系统,也将通过对经济活动的反应促使其改变活动方式、产业构成,从而影响交通运输的服务内容和范围。

(2)影响交通运输的技术因素

①技术对交通运输的影响

新技术革命对交通运输的影响主要来自两个方面。

首先,技术对交通运输自身产生巨大作用,包括交通运输系统的基础设施、运输装备、载运工具和运输组织和经营管理等。技术使动力发生变化:产生了蒸汽驱动的火车和轮船;内燃机的出现,使汽车小型化并促进了公路的大发展;内燃机和电力同时使火车、轮船更加高效,汽车得到普及,飞机成为现实的载运工具,且性能不断提高。迄今为止,新技术不断作用交通运输系统,运输效率随着技术含量的提高而提高。进入 21 世纪以来,无论是交通基础设施建设,还是运输工具和装载设施设备、运营组织管理等,新技术作用的力度明显加大,速度明显加快。基础设施的材料构成和内部损伤可视化、无人驾驶技术、车辆的再生技术等正在迅速改变交通运输系统的行为与绩效。

其次，技术对交通运输服务内容和范围的作用也间接影响到交通运输系统。例如，新技术改变了全球产业与社会运作方式，尤其对制造业产业链的改变，缩短了全球供应链、改变了产成品运输距离，这些将会影响交通运输系统的近、远期发展。从战略角度对后者进行研究值得引起高度重视，因为新一轮技术革命的作用与前几次大不相同，影响范围及效果更为显著。具体体现在两方面：一是新技术改变了全球供应链模式；第一次到第三次技术革命的结果都使生产地与消费地的距离越来越大，运输业为大规模流水线生产提供了低成本的重要保障。第四次技术革命的技术导向是围绕智能化大规模定制化生产的目标展开的，这改变了已形成的全球化供应链模式；同时也缩短了生产地与消费地之间的距离。这些对运输资源的重新配置将带来深刻影响。二是供应链的改变对交通运输系统带来的连带影响。在供应链中，运输链是产品物流的载体，原材料从供应商到生产商、产品从生产商到分销商再到消费者、消费者的废弃物的回收物流过程都需要通过运输链实现；而资金流则从消费者向分销商、生产商、供应商反向流动。信息流在所有节点和环节中均存在，运输链的信息和资金流的信息都汇总到信息处理中心，形成多向、多源信息流，为供应链管理决策提供依据。因此，交通运输业需要打造技术含量更高、更安全可靠的运输链才能满足供应链的新需求。

②技术助力交通可持续发展

第三次技术革命使自动化技术应用成为可能，催生了大规模流水线生产方式，降低了产品成本。在经济全球化的大背景下，过去20多年来，发达国家将一些相对常规且结构良好的项目迁移到海外生产。研究发现，这些项目实际上很容易被自动化。换而言之，海外生产是通往自动化的一个中途站，目的是缩短生产地与消费地之间的距离。生产制造的一般经验法则告诉我们：一个产品的零部件越多，它所消费的资源就越多；一个产品需要组装的零部件越多，产品的供应链就越长，产品的库存就越大。全球范围内供应链中材料和零部件运输需要消耗大量化石燃料，产生大量污染排放。沃尔玛公司估计其公司80%的碳足迹是由庞大的全球供应链产生的。

2）增材制造技术对交通运输业的影响

本轮技术革命最颠覆性的变革应该是增材制造与多维打印（3D打印），因为该技术将产生"机器"制造的"机器"。3D打印对传统观念和运作方式带来的冲击具有以下三个特征：一是3D打印技术利用新计算和数字化技术，将实物虚拟化（通过软件编程表示出来）后再通过计算机驱动3D打印机将虚拟产品实物化；二是这一技术将推进原材料的革命性变革，降低废弃物流量；三是这一技术使机器制造机器成为可能。3D打印技术将颠覆人类通过实体供应链获取世界各地商品与实物的现实，供应链和实体运输业将遭受重大冲击，并波及已形成的运输与全球贸易业资源配置。

（1）实物商品交易减少

与以往的技术不同，3D打印技术将减少实体商品交易。3D打印技术有助于实现小批量生产，使生产离消费者更近，从而缩短交付时间、降低运输成本，这将逆转长期以来生产与消费分离两地的趋势，从而降低货物运输需求规模。

从第一次技术革命有了蒸汽机开始，低成本的交通运输发展与生产地与消费地空间分离一直是同步推进的；随着集装箱装运技术的进步，这一趋势逐步扩大。3D打印技术将颠覆整个生产体系，随着新兴计算机技术、纳米技术、先进材料和生物技术等对3D打印技术发展的促进，制造、运输、物流、基础设施、建筑、零售、航空航天企业都将迎来巨变，大幅度降低已形成的供应链规模及重要性。

目前的制造业供应链同样存在着过高的成本限制。实际上，与购置数据基础设施相比，机器、分销、库存和仓储物流运作起来往往更复杂，成本也更高。3D打印技术的优点在于能定制生产并就地打印，无须在前期投入大量资金。

3D打印技术最初被视为一种快速成型技术，多数人认为它不过是一种改良的生产方法。当时没有人预期到它会对供应链造成如此大的颠覆，也没有想到它会对陆运和海运产生重大影响。随着该技术广泛进入终端产品制造领域，它对物流业的威胁已开始被认识。根据普华永道公司的研究，3D打印技术最终将威胁到高达40%的传统空运和海运业务，很多参与全球生产和配送的物流企业面临被淘汰的风险。

（2）供应链运作方式变化

3D打印技术引发的颠覆不仅涉及单个企业的重组，还涉及整个国家的产业重组。例如，以单位价格低廉、体量大的大规模生产为基础的产品，将受到供应链变革的巨大影响。3D打印降低了消费地生产成本，将使越来越多的制造业岗位回流到原来劳动力成本高的富裕国家。《大颠覆：从3D打印到3D制造》的作者里克·史密斯做过一个形象的说明，当第一批蒸汽火车出炉后，没人想过它能代替那些在田里拉犁、在矿里拉矿车、载着客人到处跑的马匹。然而到19世纪中期，蒸汽火车成为主要的交通工具，在全英国范围内高效地运送货物和乘客。但火车也不是运输业发展的终点，汽车比受制于轨道的火车方便多了，它改变了城市地图和社会观念，也是一次对运输业的颠覆。汽车的迅速普及很大程度是因为火车只能在铁轨铺设的既定路线上行驶。缺乏灵活性的火车，跟今天的供应链非常相似。

增材制造的最大颠覆集中在供应链压缩、产品和生产创新两个方面。增材制造不再使用传统的材料供应方式，它促使人们发明了更多更实用的超级合金材料。最初的3D打印需要对材料进行加热，但今天这项技术最大的进步在于发明了新材料，其中一些无须加热就能打印。将来新材料的创新会进一步改变这一形态。随着3D打印的普及，一些制造业企业会被取代。常规的生产工作大多将被归并到大型的制造工厂，那里，人力逐渐被机器人取代。定制生产需要更多人的参与，而人将从事比流水线生产更具创造性的劳动。

本轮新技术将加快3D打印技术的普及与应用。3D打印技术和互联网技术的融合将导致一个非线性网络的出现。这里，制造商、供应链和顾客成为一个相互联系的、巨大社交网的一部分。制造商（顾客）在它们自己的社交网络上销售（购买）产品。产品与产品之间相互连接、相互影响，损耗得快的产品很快就会引起关注。耗时、迟滞、臃肿和线性的供应链将会失去市场。以航空航天工程为例，制造飞机的原材料中大约有80%实际上没有派上用场，这是一个巨大的资源浪费，尽管对货物运输业是好事。增材制造导致的原材料浪费极少；这种定制化产品或服务无疑将颠覆既有基于规模化和标准化的技术。因此，3D打印技术与先进材料、物联网、区块链、生物技术等领域的结合，可为创新提供更多良机。

3D打印产品特性复杂，加工精度高，目前已可以打印金属、陶瓷、混凝土，甚至更先进的材料，包括强度高、韧性强的纤薄石墨烯，能够承受巨大碾压力和钻削力的硬质合金，以及生态友好型生物基材料。定制化3D打印广泛应用于医疗领域，正在改变全球的生产和消费体系以及价值链形态。

（3）如何利用新技术为交通运输发展服务

新技术的飞速发展推动了社会生产力的提高，不断改变人类的思维方式和生活方式，对传统技术和产业提出了极大挑战，交通运输领域也不例外。

当今具有代表性的新技术是微电子技术的加速发展，特别是芯片运算能力的不断提高和价格的可接受程度，使这项技术的应用越来越贴近人们的生活，传统产业的经营者对此开始产生或多或少的恐惧感。数字转换处理技术走向成熟，数字化产品也应运而生；工业化可能会被信息化取代、信息化又可能会被数字化取代。软件技术的高速发展扩大了信息技术的应用范围和功能；尤其是互联网的普及、电子数据交换（EDI）及电子商务的应运而生、单证处理系统变革引发的货物运输各环节管理模式的改变直接影响交通运输业的管理。数字技术的发展以及现代计算机延伸了人类大脑的功能，智能技术和智能化管理给交通运输业发展带来巨大变化，进而影响人的决策和管理。

（4）案例

交通运输的方方面面都体现着技术的渗透，交通设施设备的维护、保养和管理需要新技术帮助人们发现问题、减少损失、延长寿命。新技术也能将人类从繁杂的体力操作中解放出来，摆脱人的行为和环境非安全因素可能带来的不良后果。在未来交通的发展中，人类不仅需要交通自身可持续，而且更需要人类可持续、地球可持续，这也离不开技术的支撑。

在交通基础设施建设与运营管理中，如何监测设施设备的状态，及时发现可能的问题，对设施设备进行更新维护，是一个重要课题。内部损伤可视化技术可以协助管理者"透视"老旧基础设施。

日本在经济高速增长期修建的基础设施当前濒临荒废的边缘，低利用率、老化且维护不良的设施开始引发事故。2012年12月，连接山梨县甲州市和大月市的中央机动车道笹子隧道路段由于连接顶板的锚栓老化脱落发生顶板掉落事故，事故地段长达100多米，共有270块混凝土顶板出现问题，每块顶板质量达1t以上。隧道内遭遇事故的汽车引发火灾，9人不幸遇难。2013年2月，滨松市"152号国道"和水洼川连接处的行人专用吊桥发生事故。1965年投用的桥体部件老化，加上雨水侵蚀桥体，导致桥体内部严重腐蚀，连接电缆和地基的构件断裂，桥体倾斜，桥上6名高中生摔倒擦伤，幸好这几名高中生在事故瞬间抓住扶手免于跌落桥下。

基于上述教训，日本率先运用土木、IT（信息技术）组合技术，研究基础设施管理策略。通过无人机和感应设备，掌握不同位置基础设施的内部状况。借助人工智能全面分析设施设备状态，预测建筑的安全程度和老化情况，自动判断并制定维修和加固方案。2016年10月，首都高速公路公司（Metropolitan Expressway）建立了基础设施智能管理系统"i-DREAMs"，该系统从高速公路的设计施工到维护管理，通过GIS获得道路数据和状态信息，实行全过程数据综合管理，监测设施设备状态，最终用于确定设施的维修计划。

14.6 小结

当前，全球总体上已处于第四次技术革命的起点，科技发展及其累积效果对社会生产与生活的影响日益增大。从科技发展看，先进技术的集成化降低了技术保密难度；而人工智能与机器人的发展将进一步提升技术密集型产业的占比，发展中国家劳动密集型产业下低劳动力成本的"福利"空间被压缩。在多种因素作用下，未来就业问题可能超过劳动力成本问题成为国家治理的重要课题，制造业向发达国家回流的现象可能更加明显。"就近制造"将降低货物运输需求的规模与强度，更大范围的"居家办公"也将降低人们的出行率，从而导致客运需求下降。研究认识到这些现象及其后果并制定具体可操作的应对策略具有重要现实意义，科技与新的发展环境视角下2020—2035年交通发展重点问题如图14-1所示。

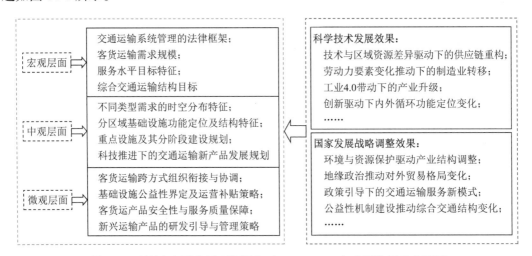

图14-1 科技与新的发展环境视角下2020—2035年交通发展重点问题

从图 14-1 可以看出，未来技术变革下我国交通值得关注的课题有以下几方面。

（1）顶层设计上，应根据不同区域社会与经济发展对运输的需求特点研究运输资源的科学配置问题

与注重速度与数量的快速发展时期相比，大数据支撑下新时期的发展规划应当更精细，这当然需要更多的时间与经费投入。传统"轻规划、重建设"理念下的工作模式已使我们付出了不少资源浪费与污染排放代价。改革开放几十年来交通运输业快速发展，并取得了巨大的成就，也为我们赢得了喘息之机，是时候全面、系统地思考我们的长远发展战略了。例如，未来客货运输需求的总走势将受到哪些科技因素、在何种程度上的作用？不同区域的交通运输系统发展目标是否需要更多地兼顾其社会、经济乃至地理环境的特点？作为一个幅员辽阔的大国，不同区域是否应该有差异化的交通服务水平目标？我国传统对外贸易中约 2/3 依靠沿海港口实现，未来对外贸易目的地的变化是否会对未来我国沿海港口功能定位和"中欧班列"发展带来影响？

（2）科技发展带来的变革效果亟须纳入各级发展战略与发展规划

如前所述，科技进步给人类社会生产与生活的推动力愈来愈大，及时、准确地应对才会给我们带来"后来居上"的机遇。就交通运输相关行业而言，尽管我国总体上与发达国家还有差距，但在很多科技领域也确实已位居世界前列，这些离不开过去几十年来国家制度优势的支撑。不同地区应结合自身的资源、环境特征与社会经济发展需求，应系统研究未来科技变革在客货运输需求、供需匹配机制、运输系统运行管理等方面产生的效果，制定适合各城市、各地区发展需求的交通运输长远发展战略、规划方案与实施路径。

例如，在"十五五"期间乃至 2035 年，哪些科技成果将在何种程度上影响到我国这一阶段的交通发展战略？如何评估它们对需求侧影响的具体效果？它们对供给侧的影响是否需要以及如何调整我国综合交通运输系统的结构？通过哪些政策工具才能实现上述调整？

（3）通过切实可行的措施促进客货运输服务水平提升

改革开放 40 多年来，我国的基础设施水平有了巨大改善，基本缓解了城市间的出行难问题。城市道路、高速公路、高速铁路、铁路客货分线、民航机场建设也为高质量运输服务奠定了一定的硬件基础。不过，关于交通运输服务水平的改善仍有较大空间，尤其是"软"管理方面。

首先，尽管关于"一体化""综合运输"的提法已有很长时间，国家也在着力推进大部制改革，但在不同方式的紧密衔接和建立"以用户为本"的服务理念方面还有许多工作要做。其次，在基础实施建设方面，虽然枢纽越做越大，但旅客在枢纽内标志标识不清环境下的长距离步行并没有产生美好感受；高速铁路建设投资巨大，许多车站设施不亚于机场，但车站管理几乎还是沿袭传统铁路模式，如何设计并打造现代化的枢纽服务产品需要

研究。第三，网购给很多人带来了居家购物的方便，但城市道路上行驶的快递车辆也制造了大量险象环生的事件，给城市道路上人车造成不好的出行体验；规范对这些新交通服务形式的管理十分必要。

在信息化环境下，打通不同方式、不同运营商之间的合作壁垒，推行公共交通出行"一票到家""换乘优惠"等服务；建立更完善、更有效的出行服务、引导信息推送制度具有重要现实意义。

（4）研究新形势下部分既有交通运输设施延伸服务策略

如前所述，科技发展与我国经济结构转型给交通运输行业带来的可能不再是运输需求规模的持续增长，而是服务质量提升的新要求；这将导致部分专业化基础设施的能力过剩。在这一形势下，如何优化既有设施的合理分工，通过少量更新改造来引导部分既有设施向更合理的功能过渡具有现实意义。

多数重大基础设施如沿海港口的建设与运营商均属国有企业，与西方国际大企业相比，目前国内多数企业对发展战略的思考不足、重视不够，这可能导致在发展方向上出现偏差，最终将增加国家负担。结合2020—2035年市场需求变化，从中央层面开展系统研究，为下属行业、企业提供发展指导或参考，也许是一件有意义的事情。

（5）从政府层面研究部分新交通服务方式的发展引导与规范管理政策

大数据技术的应用推动了诸多交通运输服务产品的研究与发展。可以预见，"十四五"时期及以后一段时间，有利于优化资源利用、降低客货运输成本、提高服务质量、预约服务等模式可能得到进一步发展。有必要预先对这些交通运输服务方式的发展与运行管理提出要求，引导它们科学、合理发展，更好地服务于国民经济与社会的发展。

例如，共享单车是一种有利于解决公共交通最后一公里出行问题的方式，与许多城市政府倡导的公共自行车功能基本相同。然而，由于未能解决共享单车停放的规范性问题，许多公众与多数小区对其持否定态度，影响了这种交通形式的发展。从"十四五"时期到2035年，共享汽车、自动驾驶等可能比预期更早地进入我们的生活，这需要我们有充分的准备。

（6）研究制定推进城市群（跨城市）公共交通发展的政策与措施

近年来，城市群已成为我国区域发展的一种重要增长模式。总体上看，不同城市群的运行环境不同，进展也不一样；城市群内的基础设施如何实现一体化的建设与管理是一个重要课题。

与一个城市中的交通问题不同，城市群的决策机制中涉及多个并行的城市主体，难以形成发展共识。从旅客运输角度看，跨城市线路通勤客流比例一般低于某一城市内部线路的通勤客流比例，总体客运强度也较低。这类线路中，票价率过高难以起到鼓励城市群同城化的效果，而要兼顾通勤客流、维系较低票价率则难以盈利，这需要建立对这类线路跨城市的城市群补贴机制。因此，研究建立科学合理的城市群公共交通运行补贴机制对于从交通角度促进城市群发展具有重要现实意义。

以城际铁路为例,2024年底我国开通运营的城际铁路线路近30条,运营里程接近4000km。这些线路采用了较城市轨道交通更高的技术标准,但由于城市群联动发展机制的缺失,加上线路功能定位不清晰,普遍存在需求不足、运营亏损问题,如何发挥它们在城市群综合交通运输体系中的作用是亟须解决的问题。

当前正处于新一轮技术革命作用下的变革时期,为应对这场变革对交通运输行业的影响,需要及早谋划应对措施,主动研究可能发生的新技术革命,不断转变、优化我国交通运输的发展方式,科学合理布局未来发展方向,如此方可确保我国交通运输行业始终行进在健康可持续的轨道上。

参 考 文 献

[1] 阿瑟. 技术的本质[M]. 曹东溟, 王健, 译. 杭州: 浙江人民出版社, 2018.

[2] ALAGGIO R, CARPENITO A, D'OVIDIO G, et al. Transition curve effect on lateral vibration of superconducting experimental maglev bogie: a nonlinear dynamic approach[J]. IEEE Transactions on Applied Superconductivity, 2018, 28(8): 1-9.

[3] ALOP A. The main challenges and barriers to the successful "smart shipping"[J]. TransNav: International Journal on Marine Navigation and Safety of Sea Transportation, 2019, 13(3): 521-528.

[4] ASHTON T S. The Industrial Revolution: 1760—1830[M]. Oxford: Oxford University Press, 1997.

[5] AYDIN G, DZHALEVA-CHONKOVA A. Discussions on rail in urban areas and rail history[J]. Research in Transportation Economics, 2013, 41(1): 84-88.

[6] BAGWELL P S. The transport revolution: 1770—1985[M]. London: Routledge, 1988.

[7] BAINES E. History of the cotton manufacture in Great Britain[M]. Cambridge: Cambridge University Press, 2015.

[8] BANSAL P, KOCKELMAN K M. Forecasting Americans' long-term adoption of connected and autonomous vehicle technologies[J]. Transportation Research Part A: Policy and Practice, 2017, 95: 49-63.

[9] BARDOU J P. The automobile revolution-the impact of an industry[J]. Labour, 1982, 14(4): 284.

[10] BOARD OF TRADE. British and foreign trade and industry: 1854—1908[M]. London: Eyre and Spottiswoode Ltd, 1909.

[11] BOGART D. The transport revolution in industrialising Britain[J]. The Cambridge Economic History of Modern Britain, 2014, 1: 368-391.

[12] BONNOR N. A brief history of global navigation satellite systems[J]. Journal of Navigation, 2012, 65(1): 1-14.

[13] BOULTON S. Growth of the airline industry[J]. Financial Analysts Journal, 1955, 11(4): 29-32.

[14] 布莱恩约弗森, 麦卡菲. 第二次机器革命[M]. 蒋永军, 译. 北京: 中信出版集团, 2016.

[15] CIDELL J. Air transportation, airports, and the discourses and practices of globalization[J]. Urban Geography, 2006, 27(7): 651-663.

[16] COYLE J J, EDWARD J B, ROBERT A N. Transportation 5e[M]. Cincinnati: South-Western

[17] CRAFTS N F R. British economic growth during the industrial revolution[M]. Oxford: Oxford University Press, 1987.

[18] DEMPSEY P S. Transportation: a legal history[J]. Transportation Law Journal, 2003, 30: 2-3.

[19] DONG X, DISCENNA M, GUERRA E. Transit user perceptions of driverless buses[J]. Transportation, 2019, 46(1): 35-50.

[20] EUROPEAN COMMISSION. On the road to automated mobility: An EU strategy for mobility of the future[R]. 2018.

[21] FREEMAN M J, ALDCROFT D H. Transport in Victorian Britain[J]. Geographical Journal, 1988, 43(2).

[22] FURUSE M, OKANO M, FUCHINO S, et al. HTS vector magnet for magnetic circular dichroism measurement[J]. IEEE Transactions on Applied Superconductivity, 2013, 23(3): 4-4.

[23] 宫崎犀一, 奥村茂次, 森田桐郎. 近代国际经济要览: 16 世纪以来[M]. 陈小洪, 任兴洲, 姚玉明, 等, 译. 北京: 中国财政经济出版社, 1990.

[24] GOODRICH K H, THEODORE C R. Description of the NASA urban air mobility maturity level (UML) scale[C]//AIAA Scitech 2021 forum. 2021: 1627.

[25] GREENBERG M, British trade and the opening of China: 1800—1842[M]. Cambridge: Cambridge University Press, 1951.

[26] HARLEY C K. Ocean freight rates and productivity, 1740—1913: The primacy of mechanical invention reaffirmed[J]. Journal of Economic History, 1988, 48(4): 851-876.

[27] HAYEK F A. Capitalism and the Historians[M]. Chicago: University of Chicago Press, 1963.

[28] 黄俊生, 周琪, 肖中圣, 等. 运输速度技术对未来客运业发展的影响研究[J]. 交通运输系统工程与信息, 2020, 20(6): 37-46.

[29] HUTCHINS J G B. The American maritime industries and public policy, 1789—1914: An Economic History[M]. Cambridge: Harvard University Press, 1941.

[30] HUTCHINS J G B. The American shipping industry since 1914[J]. Business History Review 1954, 28(2): 105-127.

[31] JACKS D S, PENDAKUR K. Global trade and the maritime transport revolution[J]. Review of Economics and Statistics, 2010, 92(4): 745-755.

[32] 蒋新松. 人工智能及智能控制系统概述[J]. 自动化学报, 1981(2): 148-156.

[33] 经济产业省, 国土交通省. 自动走行の实现及び普及に向けた取组报告と方针[R]. 2021.

[34] 克拉克, 孙学美, 刘文翠, 等. 英国运河发展史概述[J]. 运河学研究, 2019(2): 200-216.

[35] 肯尼迪. 大国的兴衰[M]. 蒋葆英, 等, 译. 北京: 中国经济出版社, 1989.

[36] KIÆR A N. The shipping trade between the United States and the United Kingdom[J]. Journal of Political Economy, 1896, 5(1): 1-22.

[37] KIRKALDY A W. British shipping its history, organization and importance[M]. New York: Dutton, 1914.

[38] KOVALEV L K, ILUSHIN K V, KOVALEV K L, et al. High output power electric motors with bulk HTS elements[J]. Physica C-Superconductivity and Its Applications, 2003, 386: 419-423.

[39] 库兹涅茨. 各国的经济增长: 总产值和生产结构[M]. 常勋, 等, 译. 北京: 商务印书馆, 2021.

[40] KURZWEIL R. The age of spiritual machines[J]. Work & Think in the New Age of Intelligent Machines, 2001, 38(4): 351-352.

[41] LANDES D S. The unbound prometheus: technological changes and industrial development in western Europe from 1750 to present[M]. Cambridge: Cambridge University Press, 1969.

[42] 里夫金. 第三次工业革命: 新经济模式如何改变世界[M]. 张体伟, 译. 北京: 中信出版社, 2012.

[43] 刘雷, 何传启. 世界产业结构现代化的历史与分析[J]. 理论与现代化, 2019(4): 5-13.

[44] 罗斯. 新一轮产业革命[M]. 浮木译社, 译. 北京: 中信出版集团, 2016.

[45] LOWSON M V. Surface transport history in the UK: analysis and projections[C]// Proceedings of the Institution of Civil Engineers-Transport. London: Thomas Telford Ltd, 1998, 129(1): 14-19.

[46] MAGEE G B. Manufacturing and technological change[M]// The Cambridge Economic History of Modern Britain Volume II: Economic Maturity. Cambridge: Cambridge University Press, 2004: 74-98.

[47] 麦迪森. 世界经济千年史[M]. 伍晓鹰, 许宪春, 叶燕斐, 等, 译. 北京: 北京大学出版社, 2003.

[48] 芒图. 十八世纪产业革命[M]. 杨人楩, 陈希秦, 吴绪, 译. 北京: 商务印书馆, 2009.

[49] 毛保华, 卢霞, 黄俊生, 等. 碳中和目标下氢能源在我国运输业中的发展路径[J]. 交通运输系统工程与信息, 2021, 21(6): 234-243.

[50] 毛保华, 周琪, 李宁海, 等. "双碳"目标下中国货物运输体系可持续发展策略[J]. 科技导报, 2022, 40(14): 65-72.

[51] 米切尔. 帕尔格雷夫世界历史统计: 亚洲、非洲和大洋洲卷（1750—1993）[M]. 3版. 贺力平, 译. 北京: 经济科学出版社, 2002.

[52] 米切尔. 帕尔格雷夫世界历史统计: 美洲卷（1750—1993）[M]. 4 版. 贺力平, 译. 北京:经济科学出版社, 2002.

[53] 米切尔. 帕尔格雷夫世界历史统计: 欧洲（1750—1993）[M]. 4 版. 贺力平, 译. 北京: 经济科学出版社, 2002.

[54] MITCHELL B R. British historical statistics[M]. Cambridge: Cambridge University Press, 1988.

[55] MORRIS C R. The dawn of innovation: the first American industrial revolution[M]. Public Affairs, 2012.

[56] NATIONAL SCIENCE & TECHNOLOGY COUNCIL, U.S. DEPARTMENT OF TRANSPORTATION. Automated vehicles 4.0: ensuring American leadership in automated vehicle technologies[R]. 2020.

[57] NEGROPONTE N. Being digital[J]. Computers in Physics, 1997, 11(3): 261-262.

[58] NILSSON N J. Artificial intelligence: a new synthesis[M]. San Francisco: Morgan Kaufmann, 1998.

[59] ÖZBEK R, ÇODUR M Y. Comparison of hyperloop and existing transport vehicles in terms of security and costs[J]. Modern Transportation Systems and Technologies, 2021, 7(3): 5-29.

[60] 日经 BP 社. 黑科技: 驱动世界的 100 项技术[M]. 艾薇, 译. 北京: 东方出版社, 2018.

[61] RODRIGUE J P, COMTOIS C, SLACK B . The geography of transport systems[M]. London: Routledge, 2020.

[62] SAE INTERNATIONAL. Taxonomy and definitions for terms related to driving automation systems for on-road motor vehicles[R]. 2021.

[63] SALMI P, TORKKELI M. Inventions utilizing satellite navigation systems in the railway industry-an analysis of patenting activity[J]. Journal of Technology Management and Innovation, 2009, 4(3): 46-58.

[64] SAWADA K. Outlook of the superconducting maglev[J]. Proceeding of the IEEE, 2009, 97(11): 1881-1885.

[65] SCHALKOFF R. Artificial intelligence: an engineering approach[M]. New York: McGraw Hill, 1990.

[66] SCHOT J. The usefulness of evolutionary models for explaining innovation. The case of the Netherlands in the nineteenth century[J]. History & Technology, 1998, 14(3): 173-200.

[67] SHAW-TAYLOR L, BOGART D, SATCHELL M. The online historical atlas of transport, urbanization and economic development in England and Wales c. 1680—1911[R/OL]. University of Cambridge. (2019-11-19)[2024-8-20]. https://www.campop.geog.cam.ac.uk/research/projects/transport/onlineatlas/.

[68] 沈志云. 高速磁悬浮列车对轨道的动力作用及其与轮轨高速铁路的比较[J]. 交通运输工程学报, 2001, 1(1): 1-6.

[69] 史密斯, 弗里. 大颠覆: 从 3D 打印到 3D 制造[M]. 余小丹, 陈毅平, 译. 北京: 中信出版集团, 2018.

[70] 施瓦布. 第四次工业革命: 转型的力量[M]. 李菁, 译. 北京: 中信出版集团, 2016.

[71] SOLAR P M. Opening to the east: shipping between Europe and Asia, 1770—1830[J]. Journal of Economic History, 2013. 73(3): 625-661.

[72] SOTELO G G, DE OLIVEIRA R A H, COSTA F, et al. A full scale superconducting magnetic levitation (maglev) vehicle operational line[J]. IEEE Transactions on Applied Superconductivity, 2015, 25(3): 3601005.

[73] SPEAR B, WATT J. The steam engine and the commercialization of patents[J]. World Patent Information, 2008, 30(1): 53-58.

[74] STATISTIC BUREAU. Historical statistics of Japan: 1868—2002[R]. 2005.

[75] STOPFORD M. Maritime Economics[M]. 3rd ed. London: Routledge, 2009.

[76] THORNTON R D. Efficient and affordable maglev opportunities in the United States[J]. Proceedings of the IEEE, 2009, 97(11): 1901-1921.

[77] UMAR B N. Development of satellite technology and its impact on social life[J]. Journal of Information Engineering and Applications 2013, 3: 13-17.

[78] USHER A P. The Growth of English Shipping: 1572—1922[J]. The Quarterly Journal of Economics, 1928, 42(3): 465-478.

[79] U.S. DEPARTMENT OF COMMERCE. Historical statistics of the United States, colonial times to 1970[R]. 1975.

[80] U.S. DEPARTMENT OF TRANSPORTATION. Automated driving systems 2.0: a vision for safety[R]. 2017.

[81] U.S. DEPARTMENT OF TRANSPORTATION. Automated vehicles 3.0: preparing for the future of transportation[R]. 2018.

[82] WACHS M. Transportation policy, poverty, and sustainability: history and future[J]. Transportation Research Record, 2010, 2163(1): 5-12.

[83] 王庆云. 技术进步与交通发展[J]. 综合运输, 2019, 41(10): 1-6.

[84] 王庆云. 交通发展中的技术及技术含量的判断[J]. 交通运输系统工程与信息, 2019, 19(6): 1-5.

[85] 王庆云. 交通运输发展理论与实践[M]. 北京: 中国科学技术出版社, 2006.

[86] 王庆云, 毛保华. 科技进步对交通运输系统发展的影响[J]. 交通运输系统工程与信息,

2020, 20(6): 1-8.

[87] 魏际刚. 第三次工业革命对国际产业分工和竞争格局的影响[J]. 现代经济探讨, 2014(10): 5-7.

[88] WELLS A T, YOUNG S B. Airport planning & management[M]. 5th ed. New York: McGraw Hill, 2004.

[89] 沃尔夫. 十八世纪科学、技术和哲学史[M].下册. 周昌忠, 苗以顺, 毛荣运, 译. 北京: 商务印书馆, 1991.

[90] 严新平, 智能船舶的研究现状与发展趋势[J]. 交通与港航, 2016, 3(1): 23-26.

[91] 杨凤田, 范振伟, 项松, 等. 中国电动飞机技术创新与实践[J]. 航空学报, 2021, 42(3): 624619.

[92] 杨松, 近代英国棉纺织业发展研究 (1760—1860)[D]. 西安: 陕西师范大学, 2016.

[93] 殷瑞钰, 李伯聪, 汪应洛, 等. 工程演化论[M]. 北京: 高等教育出版社, 2011.

[94] 中国社科院工业经济研究所未来产业研究组. 影响未来的新科技新产业[M]. 北京: 中信出版集团, 2017.